高等职业教育校企合作系列教材

铁 路 电 力 监 控

周艳秋　主编

中 国 铁 道 出 版 社

2018 年·北 京

内 容 简 介

本书是高等职业教育校企合作系列教材之一,全书共分八个项目,由浅入深、由硬件到软件,系统地介绍了计算机基础知识、数字通信、计算机网络基本知识、信息量的采集、电力监控系统的结构与原理、调度主站的运行与维护、变电所综合自动化系统的运行与维护、电力监控的抗干扰措施及常见故障分析与处理等内容。

本书可作为高等职业教育铁道供电技术专业的教学用书,也可以作为牵引供电系统远动维护人员、电调人员的培训教材或参考用书。

图书在版编目(CIP)数据

铁路电力监控/周艳秋主编 . —北京:中国铁道出版社,2018.2

高等职业教育校企合作系列教材

ISBN 978-7-113-23768-4

Ⅰ.①铁… Ⅱ.①周… Ⅲ.①铁路工程-电力监控系统-高等职业教育-教材 Ⅳ.①U22

中国版本图书馆 CIP 数据核字(2017)第 217874 号

书　　名:**铁路电力监控**

作　　者:周艳秋　主编

责任编辑:阚济存　　　编辑部电话:010-51873133　　　电子信箱:td51873133@163.com

封面设计:崔丽芳

责任校对:苗　丹

责任印制:郭向伟

出版发行:中国铁道出版社(100054,北京市西城区右安门西街 8 号)

网　　址:http://www.tdpress.com

印　　刷:北京市科星印刷有限责任公司

版　　次:2018 年 2 月第 1 版　　2018 年 2 月第 1 次印刷

开　　本:787 mm×1 092 mm　1/16　印张:13　字数:330 千

书　　号:ISBN 978-7-113-23768-4

定　　价:35.00 元

PREFACE 前言

本教材为高等职业教育校企合作系列教材之一,依据高职铁道供电技术专业人才培养方案和课程实施计划,由东北两省"一企三校"教材编写组规划编写。

随着我国铁路建设的不断发展,电气化铁道的运营里程突破 4 万 km,居世界前列。电力监控作为电气化铁道的重要组成部分,大量采用先进技术与新型设备,对电气化铁道供电相关人员在知识上、技能上提出更高要求。

编者根据多年企业工作经验及从事本课程的教学实践体会,与企业合作共同编写了本教材。本教材力求实现"两个结合":一是充分结合实际工作需要和高职学生的知识基础,精选内容,优化组合,并体现行业新技术的发展;二是充分结合高职学生的学习特点与认知规律,创新内容的组织形式,借鉴企业项目管理理念。

本教材全面系统地介绍了电气化铁路供电技术人员应掌握的电力监控基本技能,紧扣课程标准,以设备运行维护为中心,以技术应用为重点,融入高速铁路电力监控知识,力求做到内容新颖、概念准确、技术先进、联系实际。以完成工作任务的方式组织学习项目,结合铁路电力监控运行操作及维护的工作过程,以岗位"工作过程"为基准,本着简单够用的原则对知识内容结构进行优化设计。

本教材由辽宁轨道交通职业学院周艳秋主编,中国铁路沈阳局集团有限公司供电处许长海主审。具体分工如下:项目一由吉林铁道职业技术学院方小飞编写,项目二、三、五、六、七由周艳秋编写,项目四由辽宁铁道职业技术学院曹阳编写,项目八由吉林铁道职业技术学院张亮编写。在本书的编写过程中充分采纳了中国铁路沈阳局集团有限公司供电段、沈阳地铁运营分公司、中国铁路沈阳局集团有限公司调度所等企业技术人员的建议和意见,并融入企业新技术、新设备的相关资料。

由于作者水平有限,书中错漏难免,敬请广大读者和同行批评指正。

编者
2018 年 1 月

CONTENTS 目录

项目一　计算机基础知识 ·· 001
　　任务一　计算机基本结构认知 ·· 001
　　任务二　计算机中的数制转换与运算 ·· 006
　　复习思考题 ··· 013

项目二　数字通信 ··· 014
　　任务一　识别数字通信方式 ·· 015
　　任务二　数字通信协议认知 ·· 025
　　任务三　现场总线技术的应用 ·· 037
　　复习思考题 ··· 040

项目三　计算机网络基本知识 ··· 041
　　任务一　计算机网络结构认知 ·· 041
　　任务二　Internet 和 Ethernet 认知 ·· 045
　　任务三　计算机网络基本硬件及构成认知 ··································· 051
　　复习思考题 ··· 059

项目四　信息量的采集 ·· 060
　　任务一　模拟量的采集 ·· 060
　　任务二　开关量的采集 ·· 069
　　任务三　脉冲量的采集 ·· 074
　　复习思考题 ··· 078

项目五　电力监控系统的结构与原理 ······································ 079
　　任务一　铁路电力监控系统构成及功能识别 ································ 079
　　任务二　调度端认知 ··· 084
　　任务三　电力监控系统通信信道认知 ··· 092
　　任务四　智能监控装置的运行维护 ·· 104
　　任务五　变配电所综合自动化系统认知 ······································ 122

复习思考题 ………………………………………………………………………… 131

项目六 调度主站的运行与维护 ……………………………………………… 132
　任务一 调度主站的功能界面与操作 ………………………………………… 132
　任务二 调度主站设备的维护 ………………………………………………… 158
　复习思考题 ……………………………………………………………………… 160

项目七 变电所综合自动化系统的运行与维护 ……………………………… 161
　任务一 变电所综合自动化系统功能界面与操作 …………………………… 161
　任务二 变电所综合自动化系统设备的维护 ………………………………… 177
　复习思考题 ……………………………………………………………………… 180

项目八 电力监控的抗干扰措施及常见故障分析与处理 …………………… 181
　任务一 电力监控系统的抗干扰 ……………………………………………… 181
　任务二 常见故障的分析与处理 ……………………………………………… 191
　复习思考题 ……………………………………………………………………… 194

参考文献 ………………………………………………………………………… 195

附录 电力监控常用术语解释 ………………………………………………… 196

项目一 · 计算机基础知识

📝 项目描述

　　计算机的出现给科学技术和工业生产带来一场深刻的革命。当计算机技术发展到一定程度,十分自然地要应用到很多系统,如控制系统。目前,广泛使用的铁路电力监控系统(远动系统)均为微机远动系统。远动系统(Telecontrol System,又称 Remote-Control System)在应用场合和完成其特定的任务方面都有许多种类,有的可能是一个简单的单一对象控制,有的可能是一个很大的综合系统控制,但总而言之远动系统具有远距离的在线(或者机器)和机器之间的交换信息的功能。

任务一　计算机基本结构认知

🔖 学习目标

1. 掌握计算机的硬件系统。
2. 了解计算机的软件系统。

　　一个完整的计算机系统应当包括两大部分,即硬件系统和软件系统。所谓硬件系统,也称"硬设备",是指构成计算机的物理设备,即由机械、电子器件构成的具有输入、存储、计算、控制和输出功能的实体部件,如主机、显示器等。所谓软件系统就是程序系统,也称"软设备",是指控制计算机运行的程序、命令、指令、数据等。平时提到的"计算机"一词,是指含有硬件系统和软件系统的计算机系统。计算机系统的组成如图 1-1 所示。

一、计算机硬件系统

　　计算机的存储器、运算器、控制器、输入设备和输出设备是组成计算机五个主要功能的部件,也称为计算机的五大硬件,它们之间的关系如图 1-2 所示。

　　计算机工作时,首先由控制器控制输入设备将原始数据及程序输入到内存储器中,再由控制器将内存储器中的数据送到运算器进行运算,所得的结果均存入内存储器,最后由控制器将内存储器中的结果通过输出设备输出。控制器根据程序要求控制所有部件的工作。

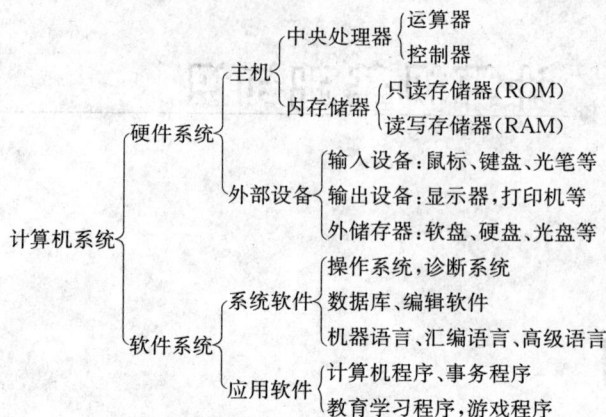

图 1-1 计算机系统的组成

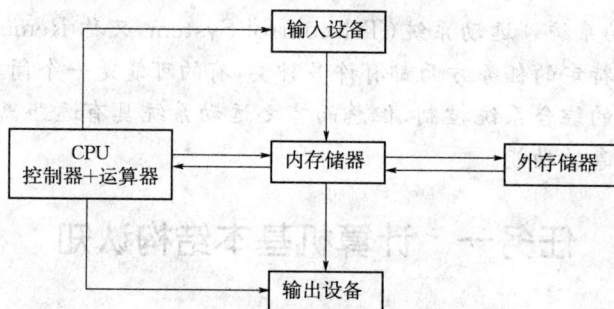

图 1-2 计算机的硬件组成

一台典型微型计算机(简称微机)系统的硬件部分,宏观上可分为主机箱、显示器、键盘、鼠标、打印机等几个部分。主机箱内部装有电源、系统主板、软盘驱动器、硬盘等。系统主板上插有 CPU、内存和各种适配器。

(一)系统主板

系统主板是一块电路板,负责控制和驱动整个微型计算机,是微处理器与其他部件连接的桥梁,是微型计算机的核心部件。系统主板又称主板或母版,主要包括 CPU 插座、内存插槽、总线扩展槽、外设接口插座、串行端口和并行端口等部分。

1. CPU 插座

用来连接和固定 CPU。CPU 一般通过管脚或触点与主板连接,主板上设计了相应的插座。CPU 通过插卡与主板连接,因此在主板上设计了相应的插槽。

2. 内存插槽

内存插槽用来连接和固定内存条。内存插槽通常有多个,可以根据需要插不同数目的内存条。

3. 总线扩展槽

总线扩展槽用来插接外部设备,如显卡、声卡、解压卡、调制解调器(Modem)等。

4. 外设接口插座

外设接口插座主要是连接硬盘和光盘驱动器等的电缆插座,有 IDE、SATA、SCSI 等类型。目前主板上主要采用 SATA 和 IDE 接口。

5. 串行端口和并行端口

串行端口用来与串行设备(如调制解调器、扫描仪等)通信,并行端口用来与并行设备(打印机等)通信。

(二)CPU

CPU(Central Processing Unit,中央处理器)是计算机的心脏。计算机的处理功能由 CPU 来完成,CPU 的性能直接决定了计算机的性能。

衡量 CPU 的性能有以下几个主要指标:

1. 主频

主频是指 CPU 时钟的频率,单位是 MHz。主频越高,CPU 单位时间内能完成的操作越多。

2. 内部数据总线

内部数据总线是 CPU 内部数据传输的通道。内部数据总线一次可传输二进制数据的位数越大,CPU 传输和处理数据的能力越强。

3. 外部数据总线

外部数据总线是 CPU 与外部数据传输的通道。外部数据总线一次可传输二进制数据的位数越大,CPU 与外部交换数据的能力越强。

4. 地址总线

地址总线是 CPU 访问内存时的数据传输通道。地址总线一次可传输二进制数据的位数越大,CPU 的物理地址空间越大。通常,地址总线是 n 位,CPU 的物理地址空间就是 2^n 字节。

(三)内存

内存用来存储运行的程序和数据,CPU 可直接访问。计算机的内存制作成条状(俗称内存条),插在主板的内存插槽中。

内存有以下两个主要指标:

1. 存储容量

储容量反映了内存存储空间的大小。常见的内存容量有多种规格。一台计算机可根据需要同时使用多条内存。

2. 存取速度

存取速度指从存储单元中存取数据所用的时间,以 ns(纳秒)为单位。纳秒数越小,存取速度越快。

(四)显示器与显卡

显示器与主机之间的通信主要是通过插在主机板上的显示适配卡(简称显卡),构成显示系统。

1. 显示器

显示器用来显示字符或图形信息,是计算机必不可少的输出设备。

　　显示器有以下几个主要指标：

　　(1)尺寸：显示器的尺寸即显示器的大小。尺寸越大，支持的分辨率往往也越高，显示效果也越好。

　　(2)分辨率：显示器的分辨率是指显示器的一屏能显示的像素数目。分辨率越高，显示的图像越细腻。

　　(3)点距：显示器的点距是指显示器上两个像素之间的距离。点距越小，显示器的分辨率越高。在图形、图像处理等应用中，一般要求点距较小的显示器。

　　(4)扫描方式：显示器的扫描方式分为逐行扫描和隔行扫描两种。逐行扫描是指在显示一屏内容时，逐行扫描屏幕上的每一个像素。逐行扫描的显示器，显示的图像稳定、清晰度高、效果好。

　　(5)刷新频率：显示器的刷新频率是指 1s 刷新屏幕的次数。刷新频率越高，刷新一次所用的时间越短，显示的图像越稳定。

　　2. 显卡

　　显卡是主机与显示器之间的接口。显卡直接插在系统主板的总线扩展槽上，它的主要功能是将要显示的字符或图形的内码转换成图形点阵，并与同步信息形成视频信号输出给显示器。有的主板也将视频接口电路直接集成在主板上。

　　(五)硬盘

　　硬盘是计算机非常重要的外存储器，它由一个盘片组（包括多个盘片）和硬盘驱动器组成，被固定在一个密封的盒内。硬盘的精密度高、存储容量大、存取速度快。除特殊需要外，一般的计算机都配有硬盘，有些还配有多个硬盘。系统和用户的程序、数据等信息通常保存在硬盘上，处理时系统将其读取到内存，需要保存时再保存到硬盘。

　　硬盘有以下几个主要指标：

　　1. 硬盘与主板的接口

　　主板上的外设接口插座有 IDE、SATA、SCSI 等类型，硬盘接口也相应有这些类型。目前常用的硬盘接口大多为 SATA 类型。硬盘的接口不同支持的硬盘容量不一样，传输速率也不一样。

　　2. 容量

　　硬盘容量是指硬盘能存储信息量的多少，硬盘容量越大，存储的信息越多。

　　3. 转速

　　硬盘转速是指硬盘内主轴的转动速度，单位是 r/min。转速越快，磁盘与内存之间的传输速率越高。

　　硬盘一般被固定在主机箱内。主机箱上通常有一个指示灯，指示硬盘的工作情况，当它闪亮时，表示计算机正在存取数据。主机箱剧烈震动或硬盘读/写时突然断电，都可能损伤硬盘，使用时应该特别注意。

　　(六)键盘

　　键盘是最常用的输入设备，用户可以通过按下键盘上的键来输入命令或数据，还可以通过键盘控制计算机的运行，如热启动、命令中断、命令暂停等。

(七)鼠标

随着 Windows 操作系统的广泛应用,鼠标成为计算机必不可少的输入设备。通过点击或拖动鼠标,用户可以很方便地对计算机进行操作。鼠标按工作原理分为机械式和光电式、光机式、光学式四大类。目前主流产品为光学式鼠标。

1. 机械式鼠标

机械式鼠标的底部有一个滚动球,当鼠标移动时,滚动球随之滚动,产生移动信息给 CPU。机械式鼠标价格便宜,使用时无须其他辅助设备,只需在光滑平整的桌面上即可进行操作。缺点是定位不如光电式鼠标准确,易磨损,易出现光标跳动现象。

2. 光电式鼠标

光电式鼠标的底部有两个发光二极管,当鼠标移动时,发出的光被下面的平板反射,产生移动信息给 CPU。光电式鼠标的定位精确度高。

3. 光机式鼠标

光机式鼠标是在纯机械式鼠标基础上进行改良,通过引入光学技术来提高鼠标的定位精度。

4. 光学鼠标

光学鼠标的底部没有滚轮,也不需要借助反射板来实现定位,其核心部件是发光二极管、微型摄像头、光学引擎和控制芯片。

另外,鼠标还可按外形分为两键鼠标、三键鼠标、滚轴鼠标和感应鼠标。

新型鼠标有无线鼠标和 3D 鼠标。无线鼠标器是为了适应大屏幕显示器而生产的。所谓"无线",即没有电线连接,无线遥控,鼠标器有自动休眠功能,接收范围在 1.8 m 以内。3D 振动鼠标是一种新型的鼠标器,它不仅可以当作普通的鼠标器使用,具有全方位立体控制能力。外形和普通鼠标不同,一般由一个扇形的底座和一个能够活动的控制器构成;具有振动功能,是真正的三键式鼠标。

(八)光盘与光盘驱动器

光盘利用塑料基片的凹凸来记录信息。光盘分为只读光盘(CD-ROM)、一次写入光盘(CD-R)和可擦写光盘(CD-RW)三类。目前计算机系统中使用最广泛的是只读光盘。只读光盘只能读出信息而不能写入信息。

光盘中的信息是通过光盘驱动器(简称光驱)来读取的。

最初的光驱的数据传输速率是 150 kB/s,现在的光驱的数据传输速率一般都是这个速率的整数倍,称为倍速,如 16 倍速光驱、32 倍速光驱、40 传速光驱、52 倍速光驱等。在多媒体计算机中,光驱已成为最基本配置。

(九)打印机

打印机将信息输出到打印纸上,以便长期保存。打印机根据工作原理不同分为针式打印机、喷墨打印机和激光打印机三类。

1. 针式打印机

针式打印机在打印时,打印头上的钢针击打色带,将墨点印在打印纸上。常见的针式打印机有9针和24针打印机,目前常用的是24针打印机。所谓24针打印机就是打印头上有24根钢针,通常排成两排。

2. 喷墨打印机

喷墨打印机工作时打印机的喷头喷出墨汁,将墨点印在打印纸上。由于喷墨打印机是非击打式,所以工作时噪声较小。

3. 激光打印机

激光打印机采用激光和电子放电技术,通过静电潜像,然后再用碳粉使潜像变成粉像,加热后碳粉固定,最后印出内容。激光打印机噪声低、打印效果好、打印速度快,但打印成本较高。

二、计算机软件系统

软件是指使计算机为某种特定目的运行所需要的程序以及程序运行时所需要的数据和有关的技术文档资料。简而言之,软件是所有的程序及有关技术文档资料的总称。

通常根据软件的用途将其分为系统软件和应用软件两大类。

系统软件是由计算机的设计者提供的,用于计算机的管理、控制、维护和运行,以及对运行程序进行翻译、装入等服务工作。系统软件分为三类:

一是操作系统。操作系统(Operating System,OS)是所有软件的核心。它是一个庞大的程序,它控制在计算机上运行的所有程序并管理计算机的所有软、硬件资源。

二是语言处理系统。它包括各种高级语言的编译程序、解释程序和汇编程序。没有这些程序,用各种语言编写的程序均无法在计算机上运行。

三是服务程序。服务程序的种类很多,通常包括机器的监控管理程序、调试程序、故障检查和诊断程序、连续编辑程序等。

应用程序是指用户利用计算机及其提供的系统软件为解决各类实际问题而编制的计算机程序。如财务管理系统程序、工资管理程序、人事档案管理程序等。应用软件可以标准化、模块化,形成解决典型问题的应用程序组合,即所谓的"软件包"。

任务小结

本任务主要了解计算机的硬件系统组成和软件系统组成:

1. 计算机的硬件系统宏观上可分为主机箱、显示器、键盘、鼠标、打印机等几个部分。主机箱内部装有电源、系统主板、软盘驱动器、硬盘等。系统主板上插有CPU、内存和各种适配器。

2. 根据软件的用途将软件系统分为系统软件和应用软件两大类。

任务二 计算机中的数制转换与运算

学习目标

1. 理解计算机中的数制。

2. 掌握数制之间的转换。

3. 掌握二进制的运算。

计算机内部的信息分为两大类:控制信息和数据信息。对计算机而言,不论是控制命令还是数据信息,它们都要用"0"和"1"两个基本符号(即基2码)来编码表示,这是由于以下三个原因:

①基2码在物理上最容易实现。例如,用"1"和"0"表示高、低两个电位,或表示脉冲的有无,还可表示脉冲的正、负极性等等,可靠性都较高。

②基2码用来表示二进制数,其编码、加减运算规则简单。

③基2码的两个符号"1"和"0"正好与逻辑数据"真"与"假"相对应,为计算机实现逻辑运算带来了方便。

因此,不论是什么信息,在输入计算机内部时,都必须用基2码编码表示,以方便存储、传送和处理。计算机的数据处理或运算都以二进制表示,二进制是以2为基数的数制称为二进位计数制,它只包括0和1两个数码,特点是可以用电子元件的两种不同的状态来表示,例如,用高电平表示1,用低电平表示0。所以,计算机中通常采用二进制数。为了书写和阅读方便,计算机常采用十六进制数作为二进制的缩写形式。十进制数、二进制数、十六进制数的对照表如表1-1所示。

表 1-1 十进制数、二进制数、十六进制数对照表

十进制	二进制	十六进制	十进制	二进制	十六进制
0	0000	0	8	1000	8
1	0001	1	9	1001	9
2	0010	2	10	1010	A
3	0011	3	11	1011	B
4	0100	4	12	1100	C
5	0101	5	13	1101	D
6	0110	6	14	1110	E
7	0111	7	15	1111	F

一、计算机中的常用数制

(一)十进制数

十进制数的主要特点:

①数有10个,即0、1、2、3、4、5、6、7、8、9共10个数码,十进制数逢十进一。

②位权为10^i。同一数码处于不同的数位代表不同的数值,其数值=数码×位权。位权是一个固定常数,它等于以基数为底,数位序数为幂的指数。

这种按数码所在的数位序数乘上相应位权的表示方法称位置记数法。对任意一个十进制数D,按位置记数法可表示为:

$$D = \pm(D_{n-1}\times10^{n-1}+D_{n-2}\times10^{n-2}+\cdots+D_1\times10^1+D_0\times10^0+D_{-1}\times10^{-1}+D_{-2}\times$$

$$10^{-2}+\cdots+D_{-m}\times10^{-m})=\sum_{i=-m}^{n-1}D_i\times10^i$$

式中　D_i——系数,是基数 0~9 十个基数中的任一个;

　　　i——数位序数;

　　　n——小数点左边的位数;

　　　m——小数点右边的位数;

　　　10^i——十进制的位权。

【例 1-1】 按位置记数法表示十进制数 524.23。

2	1	0	−1	−2	数位序数 i
5	2	4	2	3	数
10^2	10^1	10^0	10^{-1}	10^{-2}	位权 10^i

同一数码位于不同的数位上,位权不同,代表的数值也不同,如其中的 2,小数点左边的 2 代表 $2\times10^1=20$,小数点右边的 2 代表 $2\times10^{-1}=0.2$。整个数可以写成:

$$524.23=5\times10^2+2\times10^1+4\times10^0+2\times10^{-1}+3\times10^{-2}$$

(二)二进制数

计算机能识别的数是二进制数,其主要特点是:

①数有 2 个数码,即 0 和 1,二进制数逢二进一。

②位权为 2^i。数码位于不同的数位代表不同的数值。

任意一个二进制数 $(B)_2$,用位置记数法可表示为:

$$(B)_2=\pm(B_{n-1}\times2^{n-1}+B_{n-2}\times2^{n-2}+\cdots+B_1\times2^1+B_0\times2^0+B_{-1}\times2^{-1}+B_{-2}\times2^{-2}$$

$$+\cdots+B_{-m}\times2^{-m})=\sum_{i=-m}^{n-1}B_i\times2^i$$

式中　B_i——二进制的基数 0 或 1;

　　　i——数位序数;

　　　n——小数点左边的位数;

　　　m——小数点右边的位数;

　　　2^i——二进制的位权。

用位置记数法按位权展开相加,可求得任意一个二进制数 $(B)_2$ 对应的十进制数值。

【例 1-2】 按位置记数法表示二进制数 $(101.11)_2$。

$$(101.11)_2=1\times2^2+0\times2^1+1\times2^0+1\times2^{-1}+1\times2^{-2}$$

$$=4+0+1+0.5+0.25$$

$$=(5.75)_{10}$$

通常用脚注 2(或 B)表示二进制数。此二进制数的十进制数值为 5.75,十进制数不加标注或加脚注 10(或 D)。

(三)十六进制

用二进制数表示的数,位数长,使用不方便,利用 $2^4=16$ 这一关系,常常将二进制数写成十六进制数,其特点是:

①基数有 16 个,即 0、1、2、3、4、5、6、7、8、9、A、B、C、D、E、F 共 16 个数码,十六进制数逢

十六进一。

②位权是 16^i。

任意一个十六进制数$(H)_{16}$,用位置记数法可表示为:

$$(H)_{16} = \pm(H_{n-1} \times 16^{n-1} + H_{n-2} \times 16^{n-2} + \cdots + H_1 \times 16^1 + H_0 \times 16^0 + H_{-1} \times 16^{-1} +$$

$$H_{-2} \times 16^{-2} + \cdots + H_{-m} \times 16^{-m}) = \sum_{i=-m}^{n-1} H_i \times 16^i$$

式中　H_i——$0 \sim F$ 十六个基数中的任一个,16 为基数;

　　　i——数位序数;

　　　n——小数点左边的位数;

　　　m——小数点右边的位数;

　　　16^i——十六进制的位权。

用位置记数法按位权展开相加,可求得任意一个十六进制数$(H)_{16}$对应的十进制数值。

【例 1-3】　按位置记数法表示十六进制数$(FE64)_{16}$。

$$(FE64)_{16} = 15 \times 16^3 + 14 \times 16^2 + 6 \times 16^1 + 4 \times 16^0$$

$$= (65124)_{10}$$

二、数制之间的转换

(一)十进制整数转换成二进制数

数制转换常采用"除基取余法",即用基数 2 去除十进制数,所得余数即为二进制数的最低位 B_0,再用 2 去除所得的商,所得余数为二进制数的上一位 B_1,如此下去,直到所得商为零为止,最后得到的余数为二进制数的最高位 B_n。

注意:第一次得到的余数为二进制数的最低位,最后得到的余数为二进制数的最高位。

【例 1-4】　将十进制数 97 转换为二进制数。

解:采用"除基取余法",用基数 2 去除十进制数 97,如下式所示:

```
2 | 97
 2 |  48      余1=B₀(最低位)
   2 |  24    余0=B₁
     2 |  12  余0=B₂
       2 |  6 余0=B₃
         2 | 3 余0=B₄
           2 | 1 余1=B₅
               0 余1=B₆(最高位)
```

即:$97 = B_6 B_5 B_4 B_3 B_2 B_1 B_0 = (1100001)_2$

(二)十进制整数转换为十六进制数

用"除基取余法"也可实现十进制整数到十六进制数的转换,只不过这里的基数为 16。

【例 1-5】　将十进制数 97 转换为十六进制数。

解：采用"除基取余法"，用基数 16 去除十进制数 97，如下式所示：

```
16 | 97
16 |  6        余 1＝H₀(最低位)
        0      余 6＝H₁(最高位)
```

即：$97 = H_1 H_0 = (61)_{16}$

(三)十进制小数转换为二进制小数

其转换方法常采用"乘基取整法"，就是用基数 2 去乘十进制小数，得到一整数(只能是 0 或 1)和小数部分。这整数就是二进制小数部分的最高位 B_{-1}。再用 2 乘小数部分又得一整数和小数部分，这次得到的整数为 B_{-2}……依此类推，直到小数部分为 0，或者到二进制的小数位数已达到给定精度要求为止。最后一次得到的整数是二进制数小数的最低位。

【例 1-6】 将十进制小数 0.687 5 转换为二进制小数。

解：采用乘 2 取整法，用基数 2 去乘十进制小数 0.687 5，转换过程如下：

```
    0.687 5
  ×     2
    1.375 0      取整数部分＝1＝B₋₁(最高位)
  ×     2
    0.750 0      取整数部分＝0＝B₋₂
  ×     2
    1.500 0      取整数部分＝1＝B₋₃
  ×     2
    1.000 0      取整数部分＝1＝B₋₄(最低位)
```

即：$0.687\ 5 = (0.B_{-1}B_{-2}B_{-3}B_{-4})_2 = (0.101\ 1)_2$

三、二进制数的运算

(一)加法运算

二进制数加法运算规则如下：

① $0+0=0$

② $0+1=1$

③ $1+0=1$

④ $1+1=10$(进位为 1)

⑤ $1+1+1=11$(进位为 1)

【例 1-7】 将两个二进制数 1101 与 1011 相加，求和。

解：加法计算过程如下：

```
被加数      1101
加数      + 1011
进位        111
          ————————
和         11000
```

$(1101)_2 + (1011)_2 = (11000)_2$

(二)减法运算

二进制数减法运算规则如下:

①0－0＝0

②1－0＝1

③1－1＝0

④0－1＝1(有借位,借1当2)

⑤0－1－1＝0(有借位)

⑥1－1－1＝1(有借位)

【例1-8】　将两个二进制数1101与1011相减,求差。

解:减法计算过程如下:

被减数	1101
减数	－ 1011
借位	1
差	0010

$$(1101)_2-(1011)_2=(0010)_2$$

(三)乘法运算

二进制数乘法运算规则如下:

①0×0＝0

②0×1＝0

③1×0＝0

④1×1＝1

计算机中两数相乘的过程不但与十进制数相乘类似,而且更为简单,即二进制数的乘法实质上是由"加"(加被乘数到部分积)和"移位"(部分积移位)两种操作实现的。

【例1-9】　将两个二进制数1100与1001相乘,求积。

解:依照十进制乘法计算过程,从低位开始乘起,但遵循二进制的乘法规则,过程如下:

```
      1100           被乘数
×     1001           乘数
   ─────────
      1100       ┐
     0000        │
    0000         ├ 部分积
   1100          ┘
  ─────────
  1101100            乘积
```

$$(1100)_2×(1001)_2=(1101100)_2$$

在机器中,二进制乘法是利用加法的加操作和移位操作来实现的。设先将部分积置为零,过程步骤如下:

```
      1001…………… 乘数
  ×   1100…………… 被乘数
─────────────────────
      0000…………… 初始部分积
  +   1100…………… 乘数位 B₀=1
─────────────────────
     11000………… 第一次部分积（被乘数左移一位）
  +   0000………… 乘数位 B₁=0
─────────────────────
    110000……… 第二次部分积（被乘数左移一位）
  +   0000……… 乘数位 B₂=0
─────────────────────
   1100000…… 第三次部分积（被乘数左移一位）
  +   1100…… 乘数位 B₃=1
─────────────────────
   1101100………乘积
```

上面相乘的过程为右移部分乘积法。用右移部分乘积法时，对乘数位的检查从右边的最低位开始，相反，若用左移部分乘积法，对乘数位的检查则应从最高位开始。

(四)除法运算

除法是乘法的逆运算，它与十进制除法类似，且更为简单。二进制除法实质上是由减（部分被除数减除数）和"移位"（被除数左移）两种操作实现的，步骤如下：

①从被除数最高位开始检查，找到大于除数的位数，找到这一位时，商记为1，并将选定的被除数减除数，得余数；

②然后将被除数的下一位移到余数上，用这个数减除数，若够减，商为1，若不够减，商为0；

③重复步骤②，直至把被除数的所有位都下移完为止。

【例 1-10】 将两个二进制数 1001110 与 110 相除，求商。

解：二进制除法计算过程如下：

```
                    1101………… 商
                 ┌──────────
除数…110 │ 1001110 ………… 被除数
       −      110
       ──────────────
            111………… 余数:11,被除数下移一位1,商=1
       −    110
       ──────────────
             11………… 余数:1,被除数下移一位1,商=1
       −    110
       ──────────────
            110………… 不够减,被除数下移一位0,商=0
       −    110
       ──────────────
              0………… 余数:0,商=1
```

综上所述，二进制数的加、减、乘、除四则运算可归结为加、减、移位三种操作。

任务小结

本任务主要了解计算机中的数制、计算机中数制的转换、二进制数的运算。

1. 计算机中的数制：十进制数，其特点是逢十进一；二进制数，其特点是逢二进一；十六进制数，其特点是逢十六进一。

2. 十进制整数转换成二进制数采用"除基取余法"；十进制整数转换成十六进制数采用"除基取余法"；十进制小数转换成二进制小数采用"乘基取整法"。

3. 二进制数的加、减、乘、除四则运算可归结为加、减、移位三种操作。

项目小结

目前，铁路电力监控系统是基于计算机系统的发展而得到快速发展和广泛的应用，因此了解计算机基础知识，是学习铁路电力监控系统的基础。完成本项目的学习主要实现3个目标。

1. 掌握计算机的硬件系统组成

计算机的硬件系统宏观上可分为主机箱、显示器、键盘、鼠标、打印机等几个部分。主机箱内部装有电源、系统主板、软盘驱动器、硬盘等。系统主板上插有CPU、内存和各种适配器。

2. 理解计算机中的常用数制

计算机中常用的三种数制：十进制、二进制、十六进制。理解三种数制进位规则。

3. 掌握计算机中数制的转换和二进制数的运算

掌握十进制整数转换成二进制整数、十六进制整数的方法；十进制小数转换成二进制小数的方法。能够正确地进行二进制的加、减、乘、除运算。

复习思考题

1. 计算机的基本结构由哪几部分组成？
2. 画图说明计算机的硬件组成。
3. 将下面的十进制数转换成二进制数。
(1)56　(2)143　(3)276
4. 将下面的二进制数转换成十进制数。
(1)110110111　(2)100111.111
5. 完成下面的运算。
(1)111110＋101001
(2)111110－101001
(3)111110×101
(4)111110÷101

项目二 · 数字通信

项目描述

    铁路电力监控系统一般由设在调度中心的调度端、分布在铁路沿线的被控站及连接它们的各种不同信道组成,如图 2-1 所示。在被控站与调度端之间的数据传输和信息交换,是

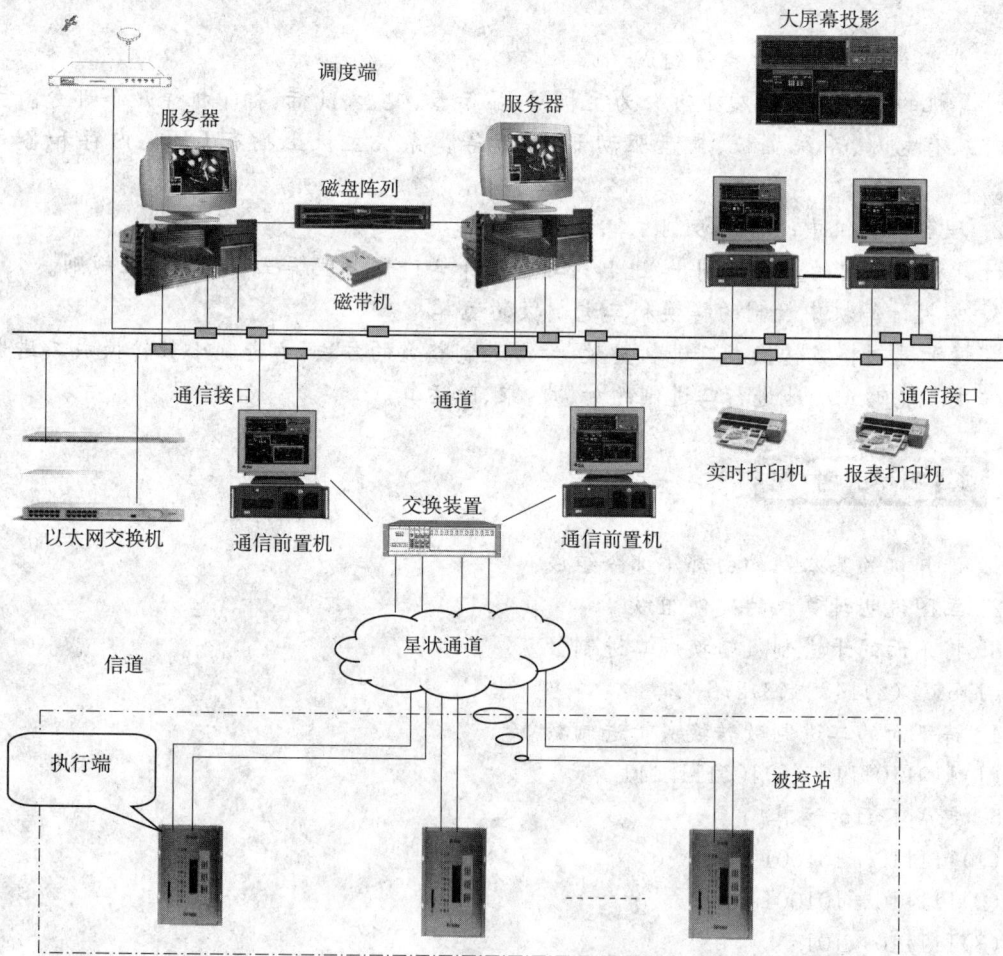

图 2-1 电力监控系统组成图

通过数据通信网(习惯称通道)来完成的。电力监控系统中的数据通信网主要是传输和交换调度人员的操作命令及遥测量、遥信量等信息。因此,要求数据通信具有较强的实时性,较高的可靠性、可用性及可维护性,这是一般系统所作用的数据通信网所不能比拟的。高可靠性的数据通信网是电力监控系统的中枢神经,它的故障将导致整个监控系统陷于瘫痪。

任务一　识别数字通信方式

学习目标

1. 掌握串行、并行通信方式。
2. 理解异步、同步通信方式。
3. 了解信号传输方式、串行接口标准。

一、数据通信概述

数据通信是计算机和通信相结合而产生的一种新的通信方式,它是各类计算机网络赖以建立的基础。通信的基本目的是在信息源和受信者之间交换信息,信息源、受信者及传输通道是通信的三要素。信息源是产生和发送信息的地方,如保护、测控单元,受信者是接收和使用信息的地方,传输通道是信息源和受信者的桥梁。对于计算机网络系统,信息源和受信者的角色并不是固定不变的,它们有时互换角色,但在交换信息的某一瞬间,总是有一个是信息源而另一个是受信者。

(一)通信概述

通信的基本任务是将信息源进行信源编码后,传给发送设备,再由发送设备将待发送信息进行信道编码,转换成适合在通道中传送的信号,送入通道。通道是信号传输的媒介,它可以是有线形式,如载波通道、光纤通道或电话线等,其传输介质采用双绞线、同轴电缆或光纤;也可以是无线通道,如微波通道等,其传输介质有地面微波、卫星微波等。

光纤通信特点是容量大、成本低,不怕电磁干扰,1977 年在芝加哥投入运行,发展相当快。由于新技术的发展,每芯光纤的通话路数可达百万路,中继距离将达到 100 km。而一芯架空明线只可传输 12 路电话,一根小同轴电缆只可传输 600 路电话。

卫星通信特点是距离远,不受地理位置的限制,容量大,建设周期短,可靠性高。一般不在牵引供电系统中使用。

通道传输过程中,受到的干扰可用等效噪声源来表示。信号在通道传输过程中,由于干扰,接收端收到的信号可能与发送端发出的信号不同,因此需要进行差错检查。接收设备把接收到的信号进行信源译码转换,并传给受信者,受信者再把接收到的信号进行信源译码,转换成对应的信息,如图 2-2 所示。

远距离数据通信主要用于调度中心和变电所之间数据通信,如果分布式的设备离变电所或调度中心较远(如电力线路上的电动隔离开关和负荷开关),也需采用远距离数据通信方式对设备进行控制,远距离数据通信基本模型如图 2-3 所示。

图 2-2　通过通信接口完成数据通信功能的结构示意图

图 2-3　远距离数据通信示意图

(二)变电所综合自动化系统通信的内容

变电所综合自动化系统通信包括两个方面的内容:一是变电所内部各部分之间的信息传递,如保护动作信号传递给变电所综合自动化系统报警;二是变电所与调度控制中心的信息传递,即远动通信。向控制中心传送变电所的实时信息,如:电压、电流、功率的数值大小、断路器位置状态、事件记录等;接收控制中心的断路器操作控制命令以及查询和其他操作控制命令。

变电所综合自动化系统是由三个层次组成的,即设备层、间隔层和变电所层,如果将变电所与上级调度归纳在内的话,还有一个调度层,各层次之间、各层次的内部及变电所与上级调度之间均需进行数据通信。在综合自动化系统中,其通信功能包括变电所内部的通信和自动化系统与上级调度的通信两部分。

1. 综合自动化系统与上级调度的通信

变电所综合自动化将站内继电保护、监控系统、信号采集、远动系统等结合为一个整体,将变电所的二次设备经过功能组合和优化设计,利用现代电子技术、通信技术和信号处理技术,实现对全变电所的主要设备和输、配电的自动监视、测量、自动控制和微机保护以及与调度通信等综合性的自动化功能。

2. 综合自动化系统的现场级通信

综合自动化系统的现场级通信,主要解决综合自动化系统内部各子系统与上位机(监控主机)之间的数据通信和信息交换问题,其通信范围是在变电所内部。对于集中组屏的综合自动化系统来说,实际是在主控室内部;对于分散安装的综合自动化系统来说,其通信范围扩大至主控室与子系统的安装地(如断路器屏柜间),通信距离加长了。综合自动化系统现场级的通信方式有并行数据通信、串行数据通信、局域网络和现场总线等。

分层分布式自动化系统中需要传输的信息有如下几种。

(1)设备层与间隔层(单元层)间的信息交换

间隔层中的信息交换主要来源于间隔层中的控制、测量、保护等单元,大多数需要从设备层通过电压和电流互感器,采集正常和事故情况下的电压值和电流值,采集设备的状态信息和故障诊断信息。这些信息包括:断路器和隔离开关位置、主变压器分接头位置,变压器、互感器、避雷器的诊断信息以及断路器操作信息等。

(2)间隔层内部的信息交换

同一个间隔层内部的信息交换主要有保护、控制、监视、测量数据,如测量数据、断路器状态、变压器的运行状态、电源同步采样信息等。

（3）间隔层之间的通信

不同间隔层之间的数据交换有主、后备继电保护工作状态、互锁，相关保护动作闭锁、电压、无功、综合控制装置工作状态等信息。

（4）间隔层和变电所层的通信

间隔层和变电所层的通信内容很丰富，概括起来有以下三类。

①测量及状态信息。正常和事故情况下的测量值，断路器、隔离开关、主变压器分接开关位置、各间隔层运行状态、保护动作信息等。

②操作信息。断路器和隔离开关的分、合命令，主变压器分接头位置的调节，自动装置的投入与退出等。

③参数信息。微机保护和自动装置的整定值等。

（5）变电所层的内部通信

综合自动化系统应具有与电力系统调度中心通信的功能，不另设独立的 RTU 装置，综合自动化系统的上位机（集中管理机）必须兼有 RTU 的全部功能。把变电所需要测量的模拟量、电能量、状态信息和 SOE（事故顺序记录）等类信息传送至调度中心，这些信息是变电所和调度中心共用的。

远距离数据通信主要用于调度中心和变电所之间数据通信，如果分布式的设备离变电所或调度中心较远（如电力线路上的电动隔离开关和负荷开关），也需采用远距离数据通信方式对设备进行控制。

3. 信息传输响应速度的要求

不同类型和特性的信息要求传送的时间差异很大，其具体内容如下。

（1）经常传输的监视信息

①对变电所运行状态的监视，需要采集母线电压、电流、有功功率、无功功率、功率因数、零序电压、频率等参数，这类信息需要经常传送，响应时间需满足 SCADA 系统的要求，一般不宜大于 2 s。

②对有功电能量和无功电能量的计量用信息，传送的时间间隔可以较长，传送的优先级可以较低。

③对于变电所层数据库的刷新，可以采用定时召唤方式，定时采集断路器的状态信息、继电保护装置和自动装置投入和退出的工作状态信息。

（2）突发事件产生的信息

①系统发生事故的情况下，需要快速响应的信息，例如：事故时断路器的位置信号，这种信号要求传输时延最小，优先级最高。

②正常操作时的状态变化信息（如断路器状态变化）要求立即传送，传输响应时间要小；自动装置和保护装置的投入和退出信息，要及时传送。

③故障情况下，继电保护动作的状态信息和事件顺序记录，这些信息作为事故后分析事故之用，不需要立即传送，待事故处理完再送即可。

④故障时的故障录波，带时标的扰动记录的数据，这些数据量大，传输时占用时间长，也不必立即传送。

⑤控制命令、升降命令、继电保护和自动设备的投入和退出命令，修改定值命令的传输

不是固定的,传输的时间间隔比较长。

⑥在高压电气设备内装设的智能传感器和智能执行器,可以高速地和自动化系统间隔层的设备交换数据,这些信息的传输速率取决于正常状态时对模拟量的采样速率以及故障情况下快速传输的状态量。

(三)变电所综合自动化系统通信的特点与要求

变电所的特殊环境和综合自动化系统的要求使变电所综合自动化系统内的数据网络具有以下特点和要求。

1. 快速的实时响应能力

变电所综合自动化系统的数据网络要及时地传输现场的实时运行信息和操作控制信息,网络必须很好地保证数据通信的实时性。

2. 很高的可靠性

电力系统是连续运行的,数据通信网络也必须连续运行,通信网络的故障和非正常运行会影响整个变电所综合自动化系统的协调工作,严重时甚至会造成设备和人身事故,造成很大的损失,因此变电所综合自动化系统的通信系统必须保证很高的可靠性。

3. 优良的电磁兼容性能

变电所是个具有强电磁干扰的环境,存在电源、雷击、跳闸等强电磁干扰和地电位差干扰,通信环境恶劣,数据通信网络须采取相应的措施消除这些干扰的影响。

4. 分层式结构

通信系统的分层造就了分层分布式结构的变电所综合自动化系统,系统的各层次又各自具有特殊的应用条件和性能要求,因此每一层都要有合适的网络系统。设备层和间隔层多采用现场总线,变电所层多采用局域网。

系统通信网络应采用符合国际标准的通信协议和通信规约,应建立符合变电所综合自动化系统结构的计算机间的网络通信。根据变电所自动化系统的实际要求,在保证可靠性及功能要求的基础上,尽量注意开放性及可扩充性,并且所选择的网络应具有一定的技术先进性和通用性,尽量采用规范化、符合国际标准的通信协议和规约。系统可选用应用于RS485 或 RJ45 网络的 IEC61870-5-103 规约、应用于 PBOFIBUS 的 MMS 行规以及应用于TCP/IP 上的 MMS 行规,它们都具有可靠性、可互操作性、安全性、灵活性等特点。

二、串行数据通信及其接口

(一)通信概述

1. 数据通信方式

数据通信的基本方式可分为并行通信与串行通信两种。并行通信是指利用多条数据传输线将一个数据的各位同时传送,特点是传输速度快,适用于短距离通信。串行通信是指利用一条传输线将数据一位一位地顺序传送,特点是通信线路简单,利用电话线路就可实现通信,降低成本,适用于远距离通信,但传输速度慢。

(1)并行数据通信

并行数据通信是指单个数据的各位同时传送,如图 2-4 所示。

其特点如下：

①并行传输速度快，有时可高达每秒几十、几百兆字节，适合高速数据交换的系统。

②并行数据传送的软件简单，通信规约简单。

③并行传输信号线多，成本高。并行传输除了需要数据线外，往往还需要一组状态信号线和控制信号线，数据线的根数等于并行传输信号的位数。

并行传输常用在传输距离短，传输速度要求高的场合。早期的变电所综合自动化系统，多为集中组屏式，由于受当时通信技术和网络技术等具体条件的限制，变电所内部通信大多采用并行通信。

(2)串行数据传输

串行通信是指单个数据一位一位顺序地传送，如图2-5所示。

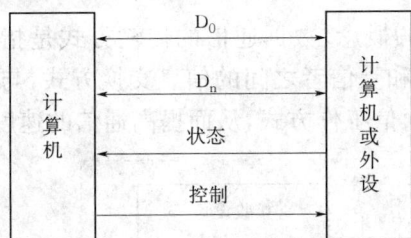

图2-4　并行数据通信示意图　　　　图2-5　串行数据通信示意图

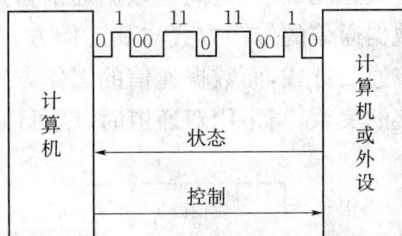

其特点如下：

①串行通信数据可以分时使用同一传输线，故串行通信最大的优点是可以节约传输线，特别是当位数很多和远距离传送时，这个优点更为突出，这不仅可以降低传输线的投资，而且简化了接线。

②串行通信的缺点是传输速度慢，且通信软件相对复杂些。因此适合于远距离的传输，数据串行传输的距离可达数千千米。

在变电所综合自动化系统内部，各种自动装置间或继电保护装置与监控系统间，为了减少连接电缆，简化配线，降低成本，常采用串行通信。

2. 通信系统的工作方式

数字通信系统的工作方式按照信息传送的方向和时间，可分为单工通信、半双工通信、全双工通信三种方式，如图2-6所示。

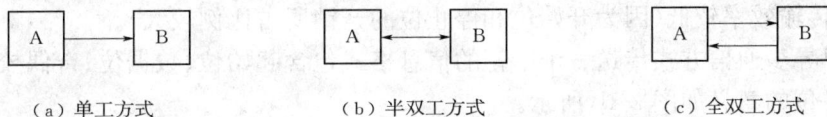

（a）单工方式　　　　　（b）半双工方式　　　　　（c）全双工方式

图2-6　数据传送方式

在计算机串行通信中主要使用半双工和全双工方式。

单工通信是指信息只能按一个方向传送的工作方式，如图2-7所示。

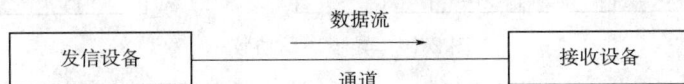

图2-7　单工通信示意图

半双工通信是指信息可以双方向传送,但两个方向的传输不能同时进行,只能交替进行,如图 2-8 所示。

图 2-8　半双工通信示意图

全双工通信是指通信双方同时进行双方向传送信息的工作方式,如图 2-9 所示。这种工作方式速度最快,是高速数据通信首选的工作方式。

数据通信的传输方式与其工作方式是两个不同的概念,数据通信的传输方式是指单个数据流通的方式,而数据通信的工作方式是指信息源和受信者之间的信息交换方式,与通道有直接的关系,当采用双通道时,就可以实现全双工通信工作方式,从而提高通信的速度。

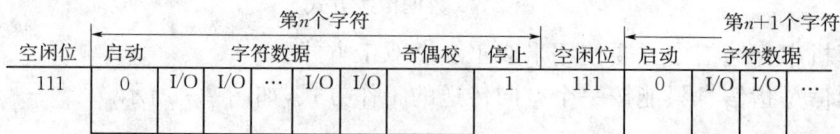

图 2-9　全双工通信示意图

(二)数据串行通信方式

数据串行通信分为两种方式:异步通信(ASYNC)与同步通信(SYNC)。

1. 异步通信协议

异步通信是一种很常用的通信方式。异步通信在发送字符时,所发送的字符之间的时间间隔可以是任意的。当然,接收端必须时刻做好接收的准备(如果接收端主机的电源都没有加上,那么发送端发送字符就没有意义,因为接收端根本无法接收)。发送端可以在任意时刻开始发送字符,因此必须在每一个字符的开始和结束的地方加上标志,即加上开始位和停止位,以便使接收端能够正确地将每一个字符接收下来。异步通信的好处是通信设备简单、便宜,但传输效率较低(因为开始位和停止位的开销所占比例较大)。

例如,以异步通信方式传送一个字符的信息格式包含起始位、数据位、奇偶校验位、停止位等,其中各位的意义如图 2-10 所示。

空闲位	启动	字符数据					奇偶校	停止	空闲位	启动	字符数据		
111	0	I/O	I/O	…	I/O	I/O		1	111	0	I/O	I/O	…

图 2-10　异步通信协议

(1)起始位:先发出一个逻辑"0"信号,表示传输字符的开始。

（2）数据位：紧接着起始位之后。数据位的个数可以是 5、6、7、8 等，构成一个字符采用 ASCII 码。从最低位开始传送，靠时钟定位。

（3）奇偶校验位：数据位加上这一位后，使得"1"的位数应为偶数（偶校验）或奇数（奇校验），以此来校验数据传送的正确性。

（4）停止位：它是一个字符数据的结束标志。可以是 1 位、1.5 位、2 位的高电平。

（5）空闲位：处于逻辑"1"状态，表示当前线路上没有数据传送。

波特率是衡量数据传送速率的指标。表示每秒钟传送的二进制位数。例如数据传送速率为 120 字符/s，而每一个字符为 10 位，则其传送的波特率为 $10 \times 120 = 1\ 200$ bit/s。

2. 同步通信协议

同步通信以一个帧为传输单位，每个帧中包含有多个字符。在通信过程中，每个字符间的时间间隔是相等的，面且每个字符中各相邻位代码间的时间间隔也是固定的。同步通信的数据格式如图 2-11 所示。

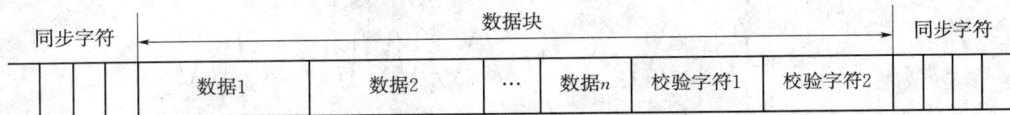

同步字符				数据块						同步字符			
				数据1	数据2	⋯	数据n	校验字符1	校验字符2				

图 2-11　同步通信协议

同步通信的规约有以下两种。

（1）面向比特（bit）型规约

以二进制位作为信息单位。现代计算机网络大多采用此类规程。最典型的是 HDLC（高级数据链路控制）通信规约。

（2）面向字符型规约

以字符作为信息单位，字符是 EBCD 码（扩充的二—十进制交换码）或 ASCII 码（American Standard Code for International Interchange，美国国家标准资讯交换码）。最典型的是 IBM 公司的二进制同步控制规约（BSC 规约），在这种控制规约下，发送端与接收端采用交互应答式进行通信。

（三）信号传输方式

1. 基带传输方式

这种方式下，在传输线路上直接传输不加调制的二进制信号，如图 2-12 所示。它要求传送的频带较宽，传输的数字信号是矩形波。基带传输方式仅适宜于近距离和速度较低的通信。

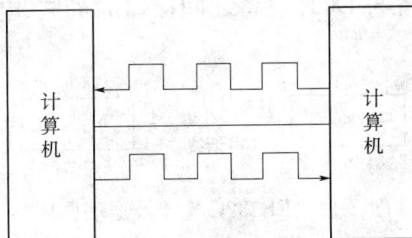

图 2-12　基带传输方式

2. 频带传输方式

在长距离通信时,发送方要用调制器把数字信号转换成模拟信号,接收方则用解调器将接收到的模拟信号再转换成数字信号,这就是信号的调制解调。

实现调制和解调任务的装置称为调制解调器(Modem)。采用频带传输时,通信双方各接一个调制解调器,将数字信号寄载在模拟信号(载波)上加以传输。因此这种传输方式也称为载波传输方式,这时的通信线路可以是电话交换网,也可以是专用线。

常用的调制方式有调幅、调频和调相三种,如图 2-13 所示。

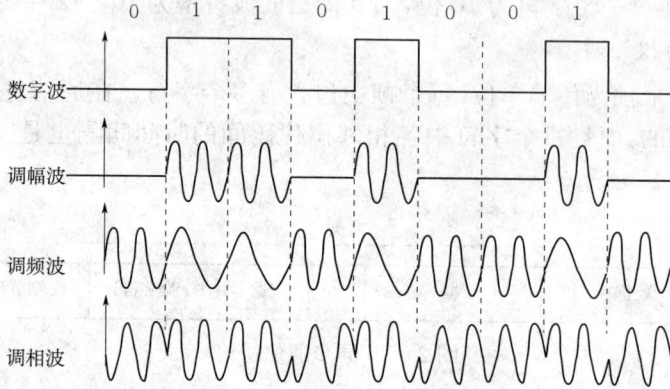

0 1 1 0 1 0 1 0 1

数字波

调幅波

调频波

调相波

图 2-13 调幅、调频和调相波形

(四)串行接口标准

串行接口标准指的是计算机或终端(数据终端设备 DTE)的串行接口电路与调制解调器 Modem 等(数据通信设备 DCE)之间的连接标准。常用的串行通信接口有:RS232C 接口、RS422/422A、RS485 接口。

1. RS232C 标准

RS232C 是在串行通信中广泛应用的接口标准。它是由美国电子工业协会(EIA)制定的,又称为 EIA-232。RS 是英文"推荐标准"一词的缩写,232 是标识号,C 表示此标准修改的次数。

RS232C 主要用于数据终端设备(DTE)和数据通信设备(DCE)的接口。微型计算机之间的串行通信就是按照 RS232C 标准设计的接口电路实现的。如果使用一根电话线进行通信,那么计算机和 Modem 之间的连线就是根据 RS232C 标准连接的,其连接及通信原理如图 2-14 所示。

RS232C 定义了 DTE 设备与 DCE 设备之间接口的机械、电气及功能特性。

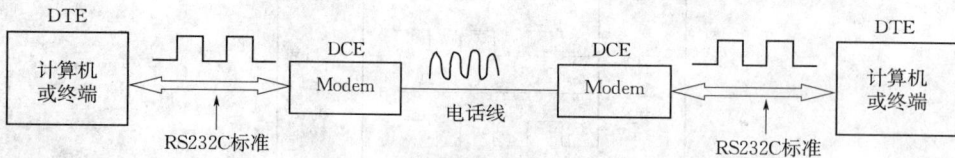

DTE

计算机
或终端

RS232C标准

DCE

Modem

电话线

DCE

Modem

RS232C标准

DTE

计算机
或终端

图 2-14 RS232C 连接及通信原理

(1)机械特性

RS232C 标准规定采用一对物理连接器和电缆进行连接。连接器的实现主要有 DB-25

和 DB-9 两种,分为阳性和阴性。阳性连接头(也叫公插头、针式插头)是指电缆中每根导线都与插头中的一根针相连的连接头。阴性连接头(也叫母插头、孔式插头)是指电缆中每根导线都与插头中的一个金属或鞘相连的连接头。

在 DB-25 连接头中.这些针或孔被排成两排,一排 13 个另一排 12 个。在 DB-9 连接头中一排 5 个另一排 4 个。一般在 DET 侧(计算机侧)采用阳性连接头,如图 2-15 所示。

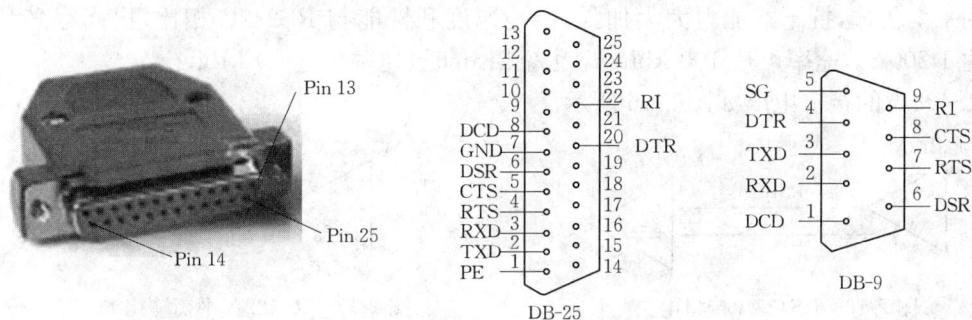

图 2-15　DB-25 和 DB-9 连接头

(2)电气特性

标准的电气规范规定了在 DTE 设备和 DCE 设备之间任何一个方向上传输数据所采用的电压值和信号类型。数据信号以逻辑 1 和 0(称为传号和空号)形式传输,其中 0 对应正电压而 1 对应负电压,数据要被识别出来,对应的电压值必须在 3~15 V 或−15~−3 V 之间。其他的控制、时序等信号高于+3 V 为逻辑 1,低于−3 V 为逻辑 0。

①信号线:RS232C 标准接口有 25 根连线。只有以下 9 个信号经常使用。

引脚和功能分别如下:

TXD(第 2 脚):发送数据,输出。发送数据到 Modem。

RXD(第 3 脚):接收数据,输入。接收数据到计算机或终端。

$\overline{\text{RTS}}$(第 4 脚):请求发送,输出。计算机通过此引脚通知 Modem,要求发送数据。

$\overline{\text{CTS}}$(第 5 脚):允许发送,输入。发出CTS作为对RTS的回答,计算机才可以进行发送数据。

$\overline{\text{DSR}}$(第 6 脚):数据装置就绪(即 Modem 准备好),输入。表示调制解调器可以使用,该信号有时直接接到电源上,这样当设备连通时即有效。

GND(第 7 脚):接地。

DCD(第 8 脚):载波检测(接收线信号测定器),输入。表示 Modem 已与电话线路连接好。

如果通信线路是交换电话的一部分,则至少还需如下两个信号:

RI(第 22 脚):振铃指示,输入。Modem 若接到交换台送来的振铃呼叫信号,就发出该信号来通知计算机或终端。

$\overline{\text{DTR}}$(第 20 脚):数据终端就绪,输出。计算机收到 RI 信号以后,就发出DTR信号到 Modem 作为回答,以控制它的转换设备,建立通信链路。

②逻辑电平:RS232C 标准采用 EIA 电平,正电压为 3~15 V,负电压为−15~−3 V,也就是说,逻辑 1 用 3~15 V 电压表示,0 用−15~−3 V 电压表示。一般在 PC 串行适配卡上设计有电平转换电路,将 TTL 电平转换成 RS232 电平或反之。

2. RS423A 总线

为了克服 RS232C 的缺点,提高传送速率,增加通信距离,同时考虑到与 RS232C 的兼容性,美国电子工业协会在 1987 年提出了 RS423A 总线标准。RS423A 标准优点是采用平衡传输方式,传输一个信号要用两条线,在接收端采用了差分输入。当 AA 线电平比 BB 线电平低于−2 V 时,表示逻辑"1";当 AA 线电平比 BB 线电平高于+2 V 时,表示逻辑"0"。由于采用平衡传输,抗干扰能力大大加强,传输速度和性能与 RS232C 相比,提高很多。如距离可达 1 200 m,速率可达 100 kbit/s,距离 12 m 时,速率可达 10 Mbit/s。

RS423A 的接口电路如图 2-16 所示。

图 2-16　RS423A 接口电路

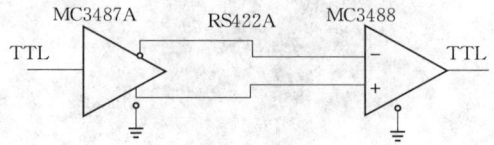

图 2-17　RS422A 平衡输出差分输入图

而差分输入对共模干扰信号有较高的抑制作用,这样就提高了通信的可靠性。RS423A 用−6 V 表示逻辑"1",用+6 V 表示逻辑"0",可以直接与 RS232C 相接。采用 RS423A 标准以获得比 RS232C 更佳的通信效果。

3. RS422A 总线

RS422A 总线采用平衡输出的发送器,差分输入的接收器,如图 2-17 所示。

RS422A 的输出信号线间的电压为±2 V,接收器的识别电压为±0.2 V,共模范围±25 V。在高速传送信号时,应该考虑到通信线路的阻抗匹配,一般在接收端加终端电阻以吸收掉反射波,电阻网络也是平衡的,如图 2-18 所示。

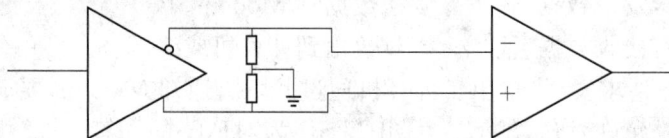

图 2-18　在接收端加终端电阻图

4. RS485 总线

由于 RS422A 在全双工通信时,需要 4 根传输线,增加连接线,有时很不方便。为减少连接线,又为保留平衡传输特点提供可能,因此又由 RS422 标准变形为 RS485 标准。

RS485 的电气特性同 RS422 相似,它与 RS422 不同之处在于:RS422 为全双工,RS485 为半双工。RS485 用于多站互连非常方便,可节约昂贵的信号线,同时可高速远距离传送。因此,目前在变电所综合自动化系统中,各测量单元、自动装置和保护单元中,常配有 RS485 总线接口,以便联网构成分布式系统。

RS485 适用于收发双方共用一对线进行通信,也适用于多个点之间共用一对线路进行总线方式联网,通信只能是半双工的,线路如图 2-19 所示。

典型的 RS232 到 RS422/485 转换芯片有 MAX481/483/485/487/488/489/490/491,SN75175/176/184 等,它们均只需单一路+5 V 电源供电即可工作。

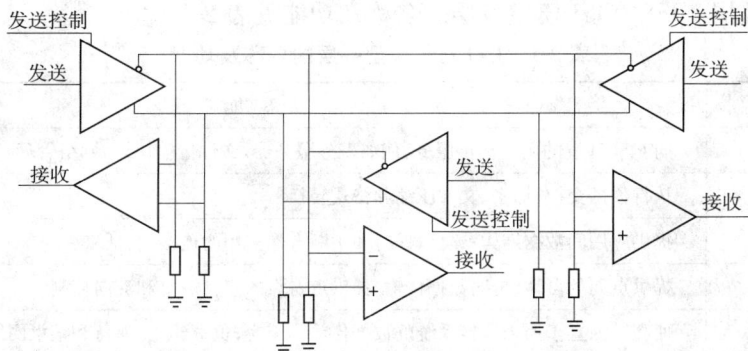

图 2-19　使用 RS485 多个点之间共用一对线路进行总线方式联网

任务小结

1. 了解变电所通信的内容及通信的特点和要求。

2. 掌握数据通信的基本方式：并行通信与串行通信。数字通信系统的工作方式可分为单工通信、半双工通信、全双工通信三种方式。

3. 理解异步、同步通信方式。

4. 了解信号传输方式：基带传输方式、频带传输方式。

5. 了解串行接口：RS232C 标准、RS423A 总线、RS422A 总线、RS485 总线。

任务二　数字通信协议认知

学习目标

1. 理解网络协议（ISO/OSI 模型）。

2. 理解 TCP/IP 协议。

3. 掌握变电所信息传输的通信规约。

4. 掌握 CDT 规约和 Polling 规约。

一、网络协议（ISO/OSI 模型）

设备与设备之间的沟通必须讲述相同的语言，才能互相传输信息，这些规定都是事先讲好的，一般我们称之为"协议"（Protocol）；而这种在网络上负责定义资源传输规格的协议，我们就称为通信协议。

通信协议从广义上讲就是规定两个或多个通信节点之间数据交换的一组标准和规则。

国际标准化组织（International Standard Organization，ISO）提出了著名的开放系统互联模型（Open System Interconnection，OSI）标准。OSI 模型是国际标准化组织创建的一种标准，它为开放系统环境定义了一种七层组成方式的分层模型。具体的通信协议可以只规定七层中的某几层。ISO/OSI 模型各层的名称及功能见表 2-1。

表 2-1　ISO/OSI 模型各层的名称及功能

各层名称	功　　能
第 7 层:应用层	向 OSI 环境的用户提供服务,例如事务服务器,文件传输协议,网络管理
第 6 层:表示层	执行数据交换、加密、文件压缩和格式转换
第 5 层:会话层	提供应用间数据结构;建立、保持和中断合作应用的连接(会话)
第 4 层:传输层	提供点间的可靠、透明数据传输;提供点对点的差错恢复和流向控制
第 3 层:网络层	使高层独立于用来连接系统的数据传输和交换;负责建立、保持和结束网络连接
第 2 层:数据链路层	提供基于物理链路的可靠数据传送;发送带有必要的同步、错误控制和流向控制的数据块
第 1 层:物理层	物理链路上非结构化比特流的传输;涉及如信号电平幅度,位持续时间等参数;处理建立、保持、结束物理链路的机械、电子和过程特性

分层是 ISO 选择的构造技术。通信功能由分等级的多层来实现。每一层都负责相近的功能,并与其他层互通,依靠低层的数据,并为高层服务,任何一层的改变,不影响其他层。

一般来说,第 1 层到第 3 层(物理层、数据链路层、网络层)定义机器到机器(machine-to-machine)之间的通信;第 4 层(传输层)定义端到端(end-to-end)之间的通信;第 5 层到第 7 层(会话层、表示层、应用层)定义面向用户的功能。

1. 物理层

物理层是 OSI 的第一层,是整个开放系统的基础。它提供两个通信实体之间的传输路径,负责在连接两个相邻的节点之间的各种通信媒介上透明地传输任意的位流。

该层定义物理网络结构,包括所使用媒介的机械和电气特性以及位传输编码和计时规则。

物理层为设备之间的数据通信提供传输媒体及互联设备,为数据传输提供可靠的环境。物理层的媒体包括电缆、光纤、无线信道等。

物理层具有以下主要功能:

①数据端设备提供传送数据的通路。数据通路可以是一个物理媒体,也可以是多个物理媒体连接而成。

②传输数据。物理层要形成适合数据传输需要的实体,为数据传送服务,一是要保证数据能在其上正确通过,二是要提供足够的带宽(带宽是指每秒钟内能通过的比特数),以减少信道上的拥塞。传输数据的方式能满足点到点、串行或并行、半双工或全双工、同步或异步等要求。

③物理层要为终端设备间的数据通信提供传输媒体及其连接。

2. 数据链路层

数据链路层可以粗略地理解为数据通道。数据链路层将物理层的"位"组成"帧",定义网络逻辑拓扑结构、媒体访问策略、物理地址、寻址方式,并提供连接服务。

收发两端可以进行不等的一次或多次数据通信,每次通信都要经过建立通信联络和拆除通信联络两个过程。这种建立起来的数据收发关系就叫做数据链路。

链路层是为网络层提供数据传送服务的,这种服务要依靠本层具备的功能来实现。链路层应具备如下功能:

(1)链路连接的建立和拆除。

(2)帧定界和帧同步。

(3)序控制,指对帧的收发顺序的控制。

(4)差错检测和恢复。差错检测多用循环码校验来检测信道上数据的误码,而帧丢失等则用序号检测。各种错误的恢复则常靠反馈重发技术来完成。

(5)链路标志,流量控制等。

数据链路层的功能通常划分为下面两个子层:

①介质访问控制子层(MAC):媒介访问规则有三种,即争用、令牌传递、轮询。在以太网中采用 CSMA/CD 争用策略,即载波侦听多路访问、冲突检测。

②逻辑链路控制子层(LLC):主要提供传输同步服务和连接服务。

计算机网络的连接服务有三种:

①无确认无连接服务。以无流量控制、无差错控制或无报文的顺序控制的方式发送和接收传输数据。

②带确认的无连接服务。使用确认方式,在点到点之间提供流量和差错控制。

③面向连接的服务。通过确认,提供流量和差错控制及报文顺序控制。

3. 网络层

网络层的基本目的是将数据移到一个特定的网络位置。这与数据链路层的寻址功能是有区别的。数据链路层的寻址是在一个网络范围内的,是将数据发送给连接到同一网络上的所有设备,由接收设备来决定是否接收这个数据,即所谓物理地址寻址。而网络层讨论的方法是多个独立的网络,称为网际间传输数据,网络层是选择通过网际网的一个特定路由,而避免将数据发给无关的网络。网络通过交换、网络层寻址(逻辑地址)及路由选择算法来达到这一点。网络层也负责确保正确数据经过路由选择发送到由不同网络组成的网际网,即提供连接服务。

当数据终端增多时,它们之间有中继设备相连,此时会出现一台终端设备要求不只是与唯一的一台而是能和多台终端通信的情况,这就产生了把任意两台数据终端设备的数据链接起来的问题,也就是路由或者寻径。另外,当一条物理信道建立之后,被一对用户使用,往往有许多空闲时间被浪费掉。为此,人们自然会希望让多对用户共用一条链路,为解决这一问题,就出现了逻辑信道技术和虚拟电路技术。

网络层为建立网络连接和为上层提供服务,具备以下主要功能:

①路由选择和中继。

②激活、终止网络连接。

③在一条数据链路上复用多条网络连接,多采取分时复用技术。

④差错检测与恢复。

⑤排序和流量控制。

⑥服务选择。

⑦网络管理。

4. 传输层

传输层提供端到端的数据报文传输,它将下层的信息组成段,并将这些段提交给会话层,或者更上层的协议处理;它使用网络层的路由服务,并提供数据连接服务。

传输层是两台计算机经过网络进行数据通信时,第一个端到端的层次,具有缓冲作用。

传输层还可以进行复用,即在一个网络连接上创建多个逻辑连接。传输层只存在于端开放系统中,是介于低三层通信子网系统和高三层之间的很重要的一层。它是源端到目的端对数据传送进行控制从低到高的最后一层。

传输层采用分流/合流、复用/解复用技术来调节通信子网的差异。

传输层的服务一般要经历传输链接建立阶段、数据传送阶段、数据链接释放阶段三个阶段才算完成一个完整的服务过程。

5. 会话层

会话层实现服务请求者和提供者之间的通信。通信会话是被这样的一些机制控制的,这些机制是用来建立、维护、同步并且管理通信实体之间的对话。通常,本层协议也帮助较高层协议识别和连接到网络上提供的各种服务。

会话层提供的服务可使应用建立和维持会话,并能使会话获得同步。会话层使用校验点,可使通信会话在通信失效时从校验点继续恢复通信。这种能力对于传送较大的文件极为重要。

会话层、表示层、应用层构成开放系统的高三层,对应用进程提供分步处理、对话管理、信息表示、恢复最后的差错等。

会话层主要的功能是会话管理、数据流同步和重新同步。要完成这些功能需要由大量的服务单元功能组成,已经制定的功能单元已有几十种。

6. 表示层

表示层能把数据转换成一种能被各个计算机以及运行的应用程序相互理解的约定格式(传输语法)。表示层的主要作用有两个:翻译和加密。

表示层的作用之一是为异种机通信提供一种公共语言,以便能进行互操作。这种类型的服务之所以需要,是因为不同的计算机体系结构使用的数据表示法不同。例如,IBM 主机使用 EBCDIC 编码,而大部分 PC 机使用的是 ASCII 码。在这种情况下,便需要会话层来完成这种转换。

通过前面的介绍,我们也可以看出,会话层以下 5 层完成了端到端的数据传送,并且是可靠的、无差错的传送。但是数据传送只是手段而不是目的,最终是要实现对数据的使用。

对于用户数据来说,可以从两个侧面来分析,一个是数据含义,被称为语义;另一个是数据的表示形式,称作语法。像文字、图形、声音、文种、压缩、加密等都属于语法范畴。表示层设计了 3 类 15 种功能单位,其中上下文管理功能单位就是沟通用户间的数据编码规则,以便双方有一致的数据形式,能够互相认识。

7. 应用层

应用层包括了针对每一项网络服务的所有问题和功能。换句话说,下面 6 层协议包含了通常支持网络服务的任务和技术,而应用层则提供了完成指定网络服务功能所需的协议。

应用层协议所支持的服务,包括前面讨论过的文件、打印、消息、应用和数据库服务;另外,应用层还要提供服务通告和服务使用。应用层不包括用户软件包,如 WORD、EXCEL、WPS 等,它只包含允许用户软件使用网络服务的技术。

应用层向应用程序提供服务,这些服务按其向应用程序提供的特性分成组,并称为服务元素。有些服务元素可为多种应用程序共同使用,有些则为较少的一类应用程序使用。应用层是开放系统的最高层,是直接为应用进程提供服务的。其作用是在实现多个系统应用进程相互通信的同时,完成一系列业务处理所需的服务。其服务元素分为两类:公共应用服务元素 CASE 和特定应用服务元素 SASE。

8. OSI 网络系统集成

OSI 系统包含两类:终端系统和中介系统。终端系统一般实现 7 层协议;中介系统包括中继器、桥或路由器,只用来连接子网、提供网络路径,或者调整两个子网之间的网络服务,一般仅包括下面一层或几层。OSI 通信模型如图 2-20 所示。

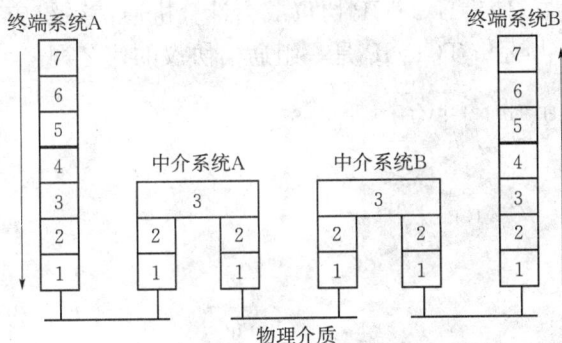

图 2-20 OSI 通信模型

OSI 协议只是提供了一个框架,具体的实现不一定需要完全实现所有的 7 层协议,可以按照实际的需要选择其中的几层。每个层次的具体内容是按照不同的需要制定的,在不同的应用中,相同层次协议的区别可能很大。

例如:TCP/IP 协议只定义了网络层和传输层,对于物理层和数据链路层未作定义;以太网协议只定义了物理层和数据链路层,高层协议没有规定。因此,要完成通信节点之间的数据交换,可能需要集中不同的通信协议共同协作完成,但是这几种通信协议分属不同的层次。为了保证通信协议的通用性和可移植性,通信协议应按照 OSI 模型划分层与层之间的服务接口。

工业现场数据通信要求实时性强、数据量小、数据结构简单,因此采用的通信协议一般比较简单,很多通信协议只定义了物理层、数据链路层和应用层三层。

数据链路层包括数据格式、同步方式、传输速度、传送步骤、检错/纠错方式以及控制字符定义等内容,所以在工业数字通信中提到的"通信协议"经常指的是数据链路层协议。

工业数据通信协议必须与通信的需求相适应,需求包括:

①通信的环境要求:包括电磁环境、通信距离等;

②节点数量,包括同一网段最大节点数量、网络最大节点数量、网络拓扑、星状、总线和环状等;

③数据节点交换关系,如点对点、点对多点(组播和广播)等;

④传输媒体冲突仲裁方式,CSMA/CD、令牌等;数据量大小;

⑤数据传输的实时要求,最坏情况下的延迟时间等;

⑥CPU 处理能力的限制。

由于按照 7 层模式的参考模型,其层间操作与交换很复杂,网络接口造价和时间开销过高,因此,为了满足实时性并降低成本,现场总线采用的通信模型大都在 OIS 模型的基础上进行优化。

二、TCP/IP

TCP/IP(Transmission Control Protocol/Internet Protocol)即传输控制协议/网间协议,是一个工业标准的协议集。TCP 代表网络传输控制协议,仅在终端上执行;IP 代表 Internet 网际协议,它在所有终端和路由器上执行。

互联网技术的大发展,使得 TCP/IP 协议成为计算机通信系统应用最为广泛的协议,其具体使用范围如图 2-21 所示。TCP/IP 是一组通信协议的代名词。

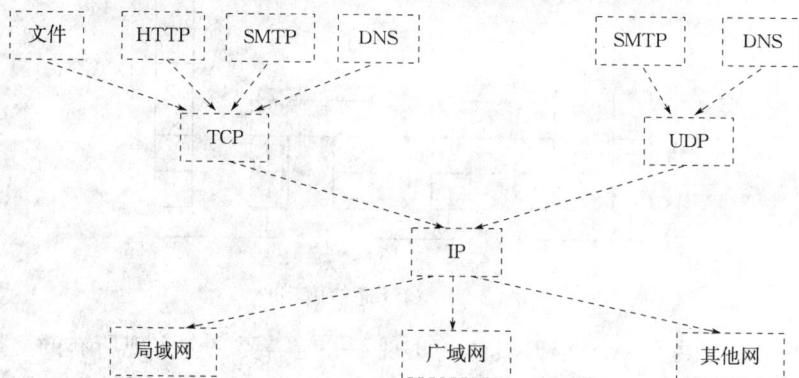

图 2-21 TCP/IP 的使用

1. TCP(传输控制协议)

消息在传送时被分割成一个个的小包,传输控制协议(TCP)负责收集这些信息包,并将其按适当的次序放好后发送,在接收端收到后再将其正确地还原。传输控制协议处理了 IP 协议中没有处理的通信问题,向应用程序提供了可靠的通信连接,能够自动适应网络的变化。它保证数据包在传送中正确无误。

2. IP(网间协议)

Internet 将消息从一个主机传递到另一个主机使用的协议称为网间协议(IP),这就是 Internet 网络协议。网间协议负责将消息发送到指定接收主机。IP 协议可以使用广域网或局域网、高速网或低速网、无线网或有线网等几乎所有类型的网络通信技术。

TCP/IP 规范了网络上的所有通信设备,尤其是一个主机与另一个主机之间的数据往来格式以及传送方式。

TCP/IP 是 Internet 的基础协议,也是一种电脑数据打包和寻址的标准方法。在数据传送中可以形象地理解为 TCP 和 IP 就像是信封,有两个信封要传递的信息被划分成若干段,每一段塞入一个 TCP 信封,并在该信封面上记录有分段号的信息,再将 TCP 信封塞入 IP 大信封,IP 标明目的地址,发送上网。在接收端,一个 TCP 软件收集信封,抽出数据,按发送前的数据还原,并加以校验,若发现差错,TCP 将会要求重发。因此,TCP/IP 在 Internet 中几乎可以无差错地传送数据。

3. TCP/IP 协议特点

确保在特定的时刻能满足一种重要的需求,即世界范围的数据通信。

①开放式协议标准。可免费使用,且与具体的计算机硬件或操作系统无关。由于它受到如此广泛的支持,因而即使不通过 Internet 通信,利用 TCP/IP 来统一不同的硬件和软件也很理想。

②与物理网络硬件无关。这就允许 TCP/IP 可以将很多不同类型的网络集成在一起,可以适用于以太网、令牌环网、拨号线、X. 25 网络以及任何其他类型的物理传输介质。

③通用的寻址方案。该方案允许任何 TCP/IP 设备唯一地寻址整个网络中的任何其他设备,该网络甚至可以像全球 Internet 那样大。

④各种标准化的高级协议,可广泛而持续地提供多种用户服务。

⑤TCP/IP 是一族用来把不同的物理网络连在一起构成网际网的协议。TCP/IP 连接独立的网络形成一个虚拟的网,在网内用来确认各种独立的不是物理网络地址,而是 IP 地址。

⑥TCP/IP 使用多层体系结构,该结构清晰定义了每个协议的责任。TCP 和 UDP 向网络应用程序提供了高层的数据传输服务,并都需要 IP 来传输数据包。IP 有责任为数据包到达目的地选择合适的路由。

对于 TCP/IP 需要澄清的一个概念是 TCP/IP 与以太网并没有必然的关系。TCP/IP 是网络层和传输层协议,以太网规定了物理层和数据链路层,两者是上下层的关系。以太网可以适应 NETBIOS 等各种高层协议,TCP/IP 可以使用 ARCNET。

三、变电所信息传输的通信规约

为了保证通信双方能正确、有效、可靠地进行数据传输,在通信的发送和接收的过程中有一系列的规定,以约束双方进行正确、协调的工作,这些规定称为数据传输控制规程,简称为通信规约。

(一)变电所自动化系统的通信网络

不同类型的变电站对自动化系统的通信网络有不同的要求,变电站自动化系统实质上是由多台微机组成的分层分布式控制系统,包括微机监控、微机保护、电能质量自动控制等多个子系统。在各个子系统中,往往又由多个智能模块组成。例如在微机保护子系统中,有变压器保护、电容器保护、各种线路保护等。因此在变电所自动化系统内部,必须通过内部数据通信,实现各子系统内部和各子系统之间的信息交换和信息共享,以减少变电所二次设备的重复配置并简化各子系统的互连,既减少了重复投资,又提高了系统整体的安全性和可靠性。

变电站内通信网络传输时间要求:设备层和间隔层之间、间隔内各设备之间、间隔层各间隔单元之间为 1~100 ms,间隔层和变电所层之间为 10~1 000 ms,变电所层各设备之间、变电所和控制中心之间为 1 000 ms。各层之间的数据流峰值为：设备层和间隔层之间数据流大概 250 kbit/s，取决于模拟量的采样速度，间隔层各单元之间数据流大概 60 kbit/s 或 130 kbit/s，取决于是否采用分布母线保护，间隔层和变电所层之间及其他链路之间数据流大概在 100 kbit/s 及以下。

间隔单元通过与一次开关设备、CT/PT 等设备接口完成保护、控制、数据采集，并通过间隔单元间的硬接点连接完成所内安全联锁功能。间隔单元与站级管理层设备之间通过所内通信网络组网进行数据交换，实现所内站级管理层设备的控制、监视、测量、数据管理、远程通信及远程维护等综合自动化管理功能。间隔单元不依赖于所内通信网，能独立完成本单元保护测控功能。

站级管理层应冗余配置远动通信单元，实现与调度所系统之间的通信，远动通信单元应具备双机热备用和自动切换功能。所内通信通过配置的网络，完成与各间隔单元的接口功能，实施对间隔单元的数据采集与控制输出，所内通信网络应达到工业级网络标准。

综合自动化系统与交直流系统、计量表计等其他智能设备之间的通信内容和规约在设计联络时确定。系统采取完善的防护措施，保证系统内外的隔离，防止将系统外部故障引入系统内部。牵引变电所应设置计量盘，计量表计型号在设计联络时确定。

（二）内部数据通信网的选择

数据通信网是构成变电站自动化系统的关键环节，网络特性主要由拓扑结构、传输媒体、媒体存取方式来决定。

1. 35 kV 变电站通信网络

在小规模的 35 kV 变电站和 110 kV 终端变电所，可考虑使用 RS422、RS485 或 RJ45 组成的网络；当变电所规模较大时应考虑选择现场总线网络。RS422、RS485 或 RJ45 串口传输速率在 1 000 m 内可达 100 kbit/s，短距离速率可达 10 Mbit/s，RS422 串口为全双工，RS485 串口为半双工，媒介访问方式为主从问答式，属总线结构。这两个网络的不足在于接点数目比较少，无法实现多主冗余，有瓶颈问题，RS422 的工作方式为点对点，上位机一个通信口最多只能接 10 个节点，RS485 串口构成一主多从，只能接 32 个节点，此外有信号反射、中间节点问题。LonWorks 网上的所有节点是平等的，CAN 网可以方便地构成多主结构，不存在瓶颈问题，两个网络的节点数比 RS485 扩大多倍，CAN 网络的节点数理论上不受限制，一般可连接 110 个节点。

2. 110 kV 变电站通信网络

中型枢纽 110 kV 变电站节点数一般为 40 个左右，多主冗余要求和节点数量增加使 RS422 和 RS485 难以胜任，现场总线却能得心应手。总线网将网上所有节点连接在一起，可以方便地增减节点；具有点对点、一点对多点和全网广播传送数据的功能。常用的有 LonWorks 网、CAN 网。两个网络均为中速网络，500 m 时 LonWorks 网传输速率可达 1 Mbit/s，CAN 网在小于 40 m 时达 1 Mbit/s，CAN 网在节点出错时可自动切除与总线的联系，LonWorks 网在监测网络节点异常时可使该节点自动脱网，媒介访问方式 CAN 网为问答式，LonWorks 网为载波监听多路访问/冲撞检测（CSMA/CD）方式，内部通信遵循 Lon Talk 协议。

CAN 网开销小,一帧 8 位字节的传输格式使其服务受到一些限制,LonWorks 网为无源网络,脉冲变压器隔离,具有强抗电磁干扰能力,重要信息有优先级。据近年国内数百个站的经验,LonWorks 网可作为目前一般中型 110 kV 枢纽变电站自动化通信网络。

CAN 总线通信接口中集成了 CAN 协议的物理层和数据链路层功能,可完成对通信数据的成帧处理,包括位填充、数据块编码、循环冗余校验、优先级判别等项工作。CAN 协议的一个最大特点是废除了传统的站地址编码,而对通信数据块进行编码。采用这种方法的优点可使网络内的节点个数在理论上不受限制,数据块的标识码可由 11 位或 29 位二进制数组成,数据段长度最多为 8 个字节,可满足工业领域中控制命令、工作状态及测试数据的一般要求。8 字节不会占用总线时间过长,从而保证了数据通信的实时性。

3. 220 kV 及以上变电站通信网络

220～500 kV 变电站节点数目多,站内分布成百上千个 CPU,数据信息流大,对速率指标要求高(要求速率 130 kbit/s),LonWorks 网络的实时性、宽带和时间同步指标会力不从心,应考虑 Ethernet 网或 Profibus 网。Ethernet 网为总线式拓扑结构,采用 CSMA/CD 介质访问方式,传输速率高达 10 Mbit/s,可容纳 1 024 个节点,距离可达 2.5 km。物理层和链路层遵循 IEEE802.3 协议,应用层采用 TCP/IP 协议。

(三)变电站自动化系统传输规约

和变电站自动化系统的网络标准化的要求相比,数据传输规约统一标准化的要求更为迫切。无论是站内不同厂家设备之间还是在和远方调度的连接中,由规约转换问题引起的软件编程成为实际工程调试量最大的项目,既耗费人力物力,运行维护也不方便,是目前自动化技术发展的一大问题。

1. 变电站和调度中心之间的传输规约

目前现场大多采用各种形式的规约如 CDT、SC-1801. u4F、DNP3.0 等,1995 年 IEC 为了在兼容的设备之间达到互换的目的,颁布了 IEC 60870-5-101 传输规约(即 101 规约,串口规约),该规约为调度端和站端之间的信息传输制定了标准,变电站自动化设备的远方调度传输协议上应采用 101 规约。

随着网络技术的迅猛发展,为满足网络技术在电力系统中的应用,通过网络传输远动信息,IEC TC57 在 IEC 60870-5-101 基本远动任务配套标准的基础上制定了 IEC 60870-5-104 传输规约,采用 IEC 60870-5-101 的平衡传输模式,通过 TCP/IP 协议实现网络传输远动信息,它适用于 PAD(分组装和拆卸)的数据网络。

2. 站内局域网的通信规约

目前各生产厂家基本上各作各的密码,造成不同厂家设备通信连接的困难和以后维护的隐患。IEC 在 1997 年颁布了 IEC60870-5-103 规约(即 103 规约),103 规约为继电保护和间隔层(1ED)设备与变电站层设备间的数据通信传输规定了标准,今后变电所自动化站内协议要求采用 103 规约。

3. 电力系统电能计量传输规约

对于电能计量采集传输系统,IEC 在 1996 年颁布的 IEC 60870-5-102 标准(即 102 规约),是在实施变电站电能计量系统时需要遵守的。

上述的标准即 101(或 104)、102、103 协议,运用于三层参考模型(EPA)即物理层、链路层、应用层结构之上,是相当一段时间里指导变电站自动化技术发展的三个重要标准。这些国际标准按照非平衡式和平衡式传输远动信息的需要制定,完全能满足电力系统中各种网络拓扑结构,得到了广泛的应用。

随着技术的发展,光电 CT、PT 逐步取代电磁 CT、PT,过程层开始出现,网络结构分成3 层,即变电站层、间隔层和过程层。变电所自动化和国际标准接轨,系统结构更趋合理。过程层完成 I/O、模拟量采集和控制命令的发送等,并完成与一次设备有关的功能。间隔层是利用本间隔数据对本间隔的一次设备产生作用,越来越多的间隔层功能下放到过程层;替代模拟传统保护原理的自适应保护将出现,变电所功能将扩展到设备在线监测、电能计费系统、部分配电自动化、无功自动补偿和遥视等。

不同类型的变电站对自动化系统的通信网络有不同的要求,在 35 kV 的变电所可以采用 RS485 或现场总线作为站内系统网络。在 110 kV 变电所可以采用现场总线网络实现间隔层设备数据通信,当站控层设备较多时,变电所层可采用以太网连接。在 220~500 kV 的超高压变电所,由于站内节点数目多,应考虑使用以太网或 Profibus 网。目前变电所自动化系统中使用的传输规约种类较多,各个公司的产品使用的标准尚不统一,系统互联和互操作性差,在变电所和控制中心之间应使用 101 规约(或 104 规约),在变电所内部应使用 103 规约,电能量计量计费系统应使用 102 规约。新的国际标准 IEC61850 颁布实施之后,变电所自动化系统从过程层到控制中心将使用统一的通信协议。

(四)CDT 规约和 Polling 规约

目前,在我国调度自动化系统中常用循环式远动规约(简称 CDT 规约)和问答式信息传输规约(简称 Polling 规约)两种规约。

1. CDT 规约

CDT 规约在 CDT 方式中,发端将要发送的信息分组后,按双方约定的规则编成帧,从一帧的开头至结尾依次向收端发送。全帧信息传送完毕后,又从头至尾传送。这种传送方式实际上是发端周期性的传送信息帧给收端,不要求收端给予回答,收端只是被动地接收。CDT 规定电网数据采集与监控系统中循环式远动规约的功能、帧结构、信息字结构相传输规则等。CDT 适用于点对点的远动通道结构及以循环字节同步方式传送远动信息的远动设备与系统,也适用于调度所间以循环式远动规约转发实时远动信息的系统。

CDT 规约的优点是:

(1)对通道要求不高,响应速度快,允许存在多个主站。

(2)由于不断上报现场数据,即使发生暂时通信失败丢失一些数据,当通信恢复正常后,被丢失的信息仍有机会上报,而不致造成显著危害,因此这种规约对通道的要求不高,适合于在我国质量比较差的通道环境下使用。

(3)采用信息字校验的方式,将整帧信息化整为零,当某个字符出错时,只需丢弃相应的信息字即可,而其他校验正确的信息字就可以接收处理,大大提高了传输数据的利用率,从而更加适合于在我国质量比较差的通道环境下使用。

(4)采用遥信变位优先插入传送的方式,大大提高了事故传送的相应速度,可以传送更大容量遥信和遥测信息。

CDT 规约的缺点是：必须采用双工通道，只能采用点对点方式连接。由于采用现场数据不断循环上报的策略，主机工作负荷大，对一般遥测量变化的响应速度慢。CDT 方式不了解调度端的接收情况和要求，只适用于点对点通道结构，对总线形或环状通道不适用循环传输。

2. Polling 规约

Polling 规约规定了电网数据采集和监视控制系统（SCADA）中主站和子站（远动终端）之间以问答方式进行数据传输的帧的格式、链路层的传输规则、服务用语、应用数据结构、应用数据编码、应用功能和报文格式。适用于网络拓扑结构为点对点、多个点对点、多点共线、多点环状和多点星状网络配置的远动系统中，可以是双工或半双工的通信。

Polling 规约的特点是：

（1）RTU 有问必答，当 RTU 收到主机查询命令后，必须在规定的时间内应答，否则视为本次通信失败。

（2）RTU 无问不答，当 RTU 未收到主机查询命令时，绝对不允许主动上报信息。

Polling 方式的主要特征是主控端发"查询"命令，受控端响应后传输数，因此传输信息的主动权在主控端。采用单工通道就可实现两端间问答式传递信息的功能。

Polling 规约的优点有：

（1）应答式规约允许多台 RTU 以共线的方式共用一个通道，这样有助于节省通道，提高通道占用率。对于区域工作站和为数众多的 RTU 通信的情形，这种方式是很合适的。

（2）应答式规约采用变化信息传送策略，从而大大压缩了数据块的长度，提高了数据传送速度。

（3）应答式规约既可以采用全双工通道，也可以采用半双工的通道；既可以采用点对点方式，又可以采用一点多址或环状结构，因此通道适应性强。

Polling 的主要缺点表现为：

（1）由于不允许主动上报，应答式规约对事故的响应速度慢，尤其是当通道的传输速率较低的情形（如采用配电线载波通信时），这个问题会更突出。

（2）由于采用变化信息传送策略，应答式规约对通道的要求较高，因为一次通信失败会带来比较大的损失。

（3）应答式规约往往采用整帧校验的方式。

（4）SCl801 规约的容量较小，Modbus 规约的对时间隔太短，这些不足均给使用带来较大困难。

（5）应答式规约一般仅允许多个从站和一个主站间进行数据传输。

受控端的紧急信息不能及时传给主控端，因此在实际应用中，要做一些灵活处理，例如，对于遥信变位，子站 RTU 要主动上送。

（五）通信的安全问题

对于电力系统这样一个要求高可靠性和安全稳定性的系统而言，安全问题尤其突出，因此对于变电所综合自动化系统的具体设计和实施而言安全问题十分重要。

可采用的技术措施分为两类：加密技术与防火墙。前者对网络中传输的数据进行加密处理，到达目的地址后再解密还原为原始数据，从而防止非法用户对信息的截取和盗用。防火墙技术通过对网络的隔离和限制访问等方法，来控制网络的访问权限，从而保证变电所综合系统的网络安全。

1. 数据加密技术

加密型网络安全技术是通过对网络中传输的信息进行数据加密来保障网络资源的安全性，加密技术是保证网络资源安全的技术基础，是一种主动安全防御策略。常用的加密方法有对称密钥加密和非对称密钥加密两种。从加密技术应用的逻辑位置来看，有面向网络和面向应用的两种，前者工作在网络层或传输层，它对网络链路上传输的所有数据都进行加密，因而对网络的性能会有一定的影响。

2. 防火墙技术

防火墙是一种访问控制技术，它用于加强两个或多个网络间的边界防卫能力。其工作方法是在公共网络和专用网络之间设立一道隔离墙，检查进出专用网络的信息是否被准许通过，或用户的服务请求是否被允许，从而阻止对信息资源的非法访问和非授权用户的进入，属于一种被动型防卫技术。建立防火墙时要求网络具有明确的边界和服务类型，这样才能够隔离内外网络，达到防护目的。通信是变电所综合自动化系统非常重要的基础功能。实现变电所综合自动化的主要目的不仅仅是用以微机为核心的保护和控制装置来代替传统变电所的保护和控制装置，关键在于实现信息交换。借助于通信技术，变电所信息得以相互交换信息和信息共享，提高了变电所运行的可靠性，减少了连接电缆和设备数量，实现变电所远方监视和控制，从整体上提高自动化系统的安全性和经济性，从而提高整个电网的自动化水平。采用先进的、标准的和成熟的通信网络技术，充分考虑网络的开放性、可扩充性等相关问题，对于变电所综合自动化尤为重要。

任务小结

1. 理解网络协议（ISO/OSI 模型）：第 1 层到第 3 层（物理层、数据链路层、网络层）定义机器-机器（machine-to-machine）之间的通信；第 4 层（传输层）定义端-端（end-to-end）之间的通信；第 5 层到第 7 层（会话层、表示层、应用层）定义面向用户的功能。

2. 理解 TCP/IP 协议：TCP/IP（Transmission Control Protocol/Internet Protocol）即传输控制协议/网间协议，是一个工业标准的协议集。TCP 代表网络传输控制协议，仅在终端上执行；IP 代表 Internet 网际协议，它在所有终端和路由器上执行。

3. 掌握变电所信息传输的通信规约：变电所自动化系统的通信网络实质上是由多台微机组成的分层公布式控制系统；变电所内部数据通信网的选择是变电所自动化系统的关键环节（35 kV 变电站使用 RS422 和 RS485 组成的网络；110 kV 变电站使用现场总线；220～500 kV 变电站应考虑 Ethernet 网或 Profibus 网）；变电站自动化系统传输规约的选择（变电站和调度中心之间的传输规约采用 101 规约或 104 规约，站内局域网的通信规约为 103 规约，电力系统电能计量传输规约为 102 规约）；掌握 CDT 规约和 Polling 规约，了解通信的安全问题。

任务三 现场总线技术的应用

学习目标

1. 理解 PROFI-BUS。
2. 理解 CAN 总线技术。
3. 了解 LonWorks 总线技术。

现代化工业的不断进步,使得许多传感器、执行机构、驱动装置等现场设备,通过内置 CPU 控制器实现智能化控制。对于这些智能现场设备增加一个串行数据接口(如 RS232/485)是非常方便的。有了这样的接口,控制器就可以按其规定协议,通过串行通信方式完成对现场设备的监控。如果设想全部或大部分现场设备都具有串行通信接口并具有统一的通信协议,控制器只需一根通信电缆就可将分散的现场设备连接,完成对所有现场设备的监控,这就是现场总线技术的初始想法。

现场总线技术近几年在变电所综合自动化中的间隔层得到广泛应用。通过总线通信,从现场采集的大量信息和数据被快速、准确、实时地上传到监控中心,同时由监控中心下达的控制命令也被准确无误地发送到控制单元,及时采取措施避免事故发生。传输高效、通信可靠、接口灵活的现场总线为信息繁杂、组态灵活、运行高速的分散式变电所自动化系统提供了通信上的保证,同时选择不同的通信方式、选择不同的现场总线也相应决定了整个变电所自动化系统的不同特点。现场总线控制系统既是一个开放通信网络,又是一种全分布控制系统。它作为智能设备的联系纽带,把挂接在总线上、作为网络节点的智能设备连接成网络系统,并进一步构成自动化系统,实现基本控制、补偿计算、参数修改、报警、显示、监控、优化及控管一体化的综合自动化功能。这是一项以智能传感器、控制、计算机、数字通信、网络为主要内容的综合技术。

现场总线具有集成性、开放性、重用性、智能性、分散性和适应性等优点,能有效地节省投资,减少安装设备费用和维护费用,提高系统可靠性和可操作性。

一、现场总线的种类

国际上现有 100 多种现场总线,对现场总线和网络拓扑结构的选择,不同的厂家有不同的方案,只要能够满足变电所综合自动化系统对通信速度和可靠性的要求,选择都是可行的。在电力系统影响较大的主要有 PROFIBUS、CAN、LonWorks 等。以下是主要的几种现场总线的应用情况。

1. PROFIBUS 现场总线

PROFIBUS 是由西门子、ABB 等十几家公司和德国技术部共同推出的,已经先后成为德国国家标准(DIN19245)和欧洲标准(EU 50170),是一种开放而独立的现场总线标准,PRO-FIBUS 主要应用领域有:制造业自动化、汽车制造(机器人、装配线、冲压线等),造纸、纺织;过程控制自动化(石化、制药、水泥、食品、啤酒);电力(发电、输配电);楼宇(空调、风机、照明)、铁路交通(信号系统)。

2. CAN 现场总线

CAN(Controller Area Network)总线是一种有效支持分布控制和实时控制的串行通信网络,是一种通信速率可达 1 Mbit/s 的多主总线,具有优先抢占方式进行总线仲裁的作用机理,错误帧可自动重发,永久故障可自动隔离,不影响整个网络正常工作,可靠性高,而且协议简单,开放性强,组网灵活,成本较低,能为电力自动化提供开放性、全分布及可互操作性的通信平台。CAN 现场总线网络具有多主、实时、高可靠性、低成本等优点,特别适用于在条件十分恶劣的工业现场进行实时数据传输。CAN 现场总线主要产品应用于汽车制造、公共交通车辆、机器人、液压系统、分散型 I/O。另外在电梯、医疗器械、工具机床、楼宇自动化等场合均有所应用。

3. LonWorks 总线

LonWorks 现场总线全称为 LonWorks NetWorks,即分布式智能控制网络技术。LonWorks 技术的基本部件是同时具有通信与控制功能的 Neuron 芯片。LonWorks 控制网络技术不受通信介质的限制,可使用通信介质类型较多:如双绞线、光纤、同轴电缆、无线、红外等,各种通信介质能够在同一网络中混合使用。目前 LonWorks 应用范围广泛,主要包括工业控制、楼宇自动化、数据采集、SCADA 系统等,国内主要应用于楼宇自动化方面,如图 2-1 所示是 LonWorks 在变电所综合自动化系统中的应用案例。

二、现场总线与其他通信方式的比较

间隔层通信方式的比较见表 2-2。从表 2-2 间隔层通信方式比较中可以看到,现场总线和以太网技术是较理想的通信方式。根据实际应用经验,目前现场总线技术仍是间隔层通信方式的首选,理由如下:

表 2-2　间隔层通信方式比较

通信方式	特　点
基于 RS232 标准的简单传输	传输信息较模拟传输大,地点的连接,主从方式传输,传输速率较快,灵活性差
基于 RS485 标准的简单传输	传输信息量大,可以连成网络,但网络的节点数较少,非平等节点结构,传输速率较快,轮信周期存在,实时性差
基于现场总线技术的传输	传输信息量大,网络连接,节点数较多,平等节点结构,传输速率较快,且实时性好
基于以太网技术的传输	传输信息量大,网络连接,节点数多,平等节点结构,传输速率极快,实时性好

(1)变电站间隔层通信信息量有限,以太网的优势在这一层次表现不充分。按照 LonWorLs 网络的指标,采用双绞线介质或光纤介质,通信速率可以达到 1.25 Mbit/s。这一速率可保证 30 个保护同时动作时,所有的数据不丢失,并在 2 s 之内全部传送到目的地址并在后台画面上有相应的反映。而根据理论分析,以太网在这种情况下,对指标并不会有太大的改善,因为以太网擅长的是大容量数据和长数据帧的传输。

（2）以太网连接目前需要的接口设备较复杂，采用电连接传输的距离相对现场总线也小得多。现场总线在网络器件方面的要求相对于以太网络也简单，一般在本设备上就可以实现接口技术。

综合上述两点，现场总线应用于间隔设备的连接，效益上要优于以太网，因此可采用现场总线作为间隔连接的主要方式。

现场总线与计算机以太网有相似之处，但也有差别。以太网适于一般作数据处理的计算机网络，而现场总线是作为现场测控网络，要求方便地适应多输入、多输出及各种类型的数据传输，要求满足通信的周期性、实时性和确定性，并适用于工业现场的恶劣环境。

现场总线除了具有以太网的一些优点外，最主要的是满足了工业过程控制所要求的现场设备通信的要求，且提供互换操作，使不同厂家的设备可互连也可互换，并可通过组态软件统一组态，使所组成的系统适应性更为广泛。现场总线的开放性，使用户可方便地实现数据共享。

在以太网中，网卡和局域网之间的通信通过双绞线以串行传输方式进行，而网卡和计算机之间的通信则是通过计算机主板的 I/O 总线以并行方式进行传输。网络通信采用 TCP/IP 协议，每一个通信单元均要有唯一的 IP 地址。以太网是局域网中采用总线结构、以同轴电缆为传输介质的典型网络，随着光纤技术的发展，也可以用光纤为传输介质组建以太网，具有可靠性高、灵活、高速、兼容性好等优点，在变电所综合自动化系统的变电所层得到广泛使用。

任务小结

1. 理解各种现场总线技术

（1）PROFIBUS 总线技术：是一种开放而独立的现场总线标准。

（2）CAN 总线技术：一种有效支持分布控制和实时控制的串行通信网络，是一种通信速率可达 1 Mbit/s 的多主总线。

（3）LonWorks 总线技术：LonWorks NetWorks，即分布式智能控制网络技术。LonWorks 技术的基本部件是同时具有通信与控制功能的 Neuron 芯片。

2. 了解现场总线与其他通信方式的比较。

项目小结

变电所综合自动化系统与间隔层设备及调度中心之间都是通过通信网络进行连接和传输信息的，学习数字通信是学习铁路电力监控系统的重要环节。完成本项目的学习主要实现 3 个目标。

1. 识别数字通信方式

了解变电所通信的内容及通信的特点和要求，掌握数据通信的基本方式：并行通信与串行通信。数字通信系统的工作方式：单工通信、半双工通信、全双工通信。理解异步、同步通信方式。了解信号传输方式：基带传输方式、频带传输方式。了解串行接口：RS232C 标准、

RS423A 总线、RS422A 总线、RS485 总线。

2. 数字通信协议的认知

理解网络协议（ISO/OSI 模型）：物理层、数据链路层、网络层、传输层、会话层、表示层、应用层。理解 TCP/IP 协议：TCP 代表网络传输控制协议，仅在终端上执行；IP 代表 Internet 网际协议，它在所有终端和路由器上执行。掌握变电所信息传输的通信规约：101 规约~104 规约；掌握 CDT 规约和 Polling 规约、了解通信的安全问题。

3. 现场总线技术的应用

理解各种现场总线技术了解现场总线与其他通信方式的比较。

复习思考题

1. 串行通信和并行通信有什么异同？它们各自的优缺点是什么？

2. RS232C 的最基本数据传送引脚是哪几根？简述 RS232 与 RS485 的电气特性。

3. 说明 ISO/OSI 模型各层的名称及功能。

4. 为什么要在 RS232C 与 TTL 之间加电平转换器件？一般采用那些转换器件，请以图说明。

5. 比较说明以太网与 LonWorks 通信的特点。

项目三 · 计算机网络基本知识

项目描述

随着科学技术的发展,计算机网络技术得到了迅速发展,全球网络通过光纤通信、卫星通信等技术高速地互连起来,成就了世界性的计算机网络系统。计算机技术和网络技术的发展使得变电所演变成为综合性的网络系统,网络知识是铁路电力监控的学习基础,图 3-1 为变电所通过组网完成所内数字化信息传输。

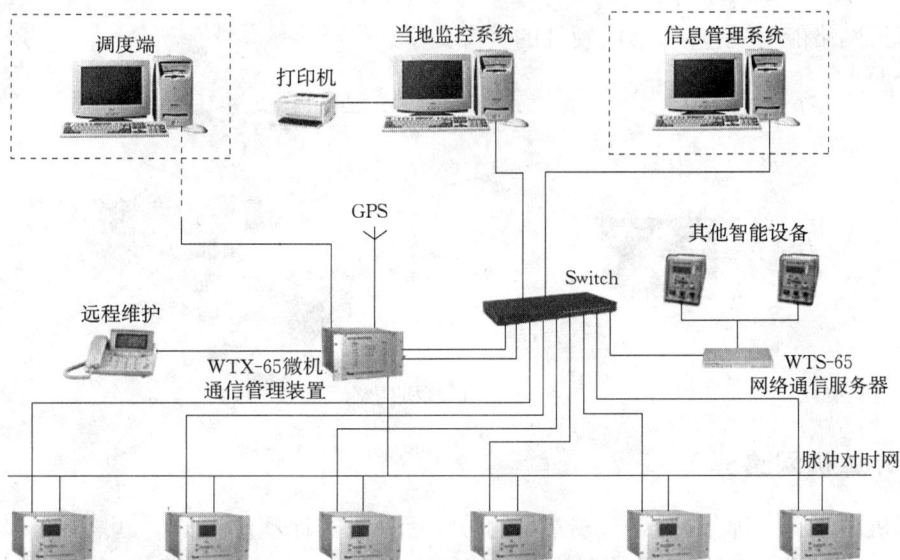

图 3-1 变电所网络构成示意图

任务一 计算机网络结构认知

学习目标

1. 了解网络的特点。

2. 理解网络的分类。

3. 掌握网络的拓扑结构。

一、计算机网络的特点

所谓计算机网络就是利用各种通信手段,把地理上分散的计算机系统,以共享资源为目标有机地结合起来,而它们各自又是具有独立功能的网络系统,如图 3-2 所示。

从这个定义可以看出,计算机网络有如下特点:

1. 地理分散

如果中央处理机之间的距离非常近,比如在 1 m 之内,就不能称为计算机网络,而是多处理机系统。

2. 独立处理

独立处理是指构成计算机网络的各计算机具有独立功能。

3. 通信协议

为了使网络中的各计算机之间的通信可靠有效,通信双方必须共同遵守的规则和约定称为通信协议。

4. 资源共享

计算机网络能实现包括软件、硬件的资源共享。

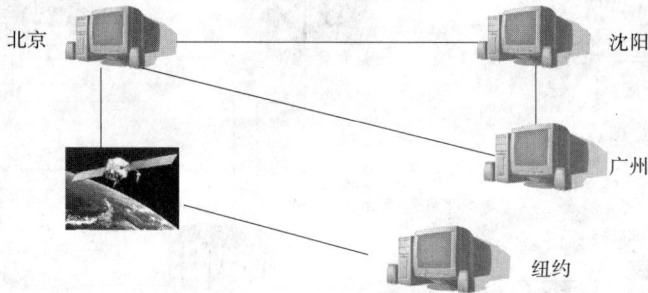

图 3-2　计算机网络

二、计算机网络分类

计算机网络有多种分类标准,较常见的分类标准是按地理位置分类,可分为局域网和广域网,如图 3-3 所示。网络按功能分为通信子网和资源子网,通信子网负责整个网络的数据

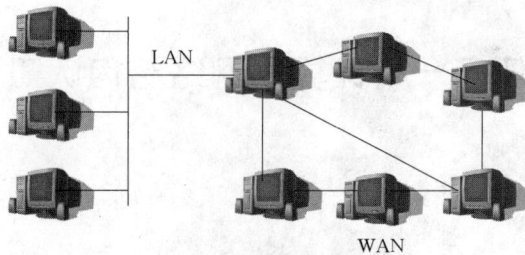

图 3-3　网络的分类与互联

通信部分,资源子网是各种网络资源的集合。主机通过通信子网连接,通信子网的功能是把消息从一台主机传输到另一台主机。

(一)局域网

局域网(Local Area Network),简称 LAN,是一个小地理范围内的专用网络。组建局域网的主要目的是实现软件、硬件的资源共享,数据传输率高(可到 1 000 Mbit/s)、地理覆盖范围较高(0.1~25 km),误码率低,价格便宜。

局域网规模较小,作用范围也往往局限于一幢建筑物内或在一个企业、公司、校园内,这种网络组网方便,传输效率高。

局域网有多种分类标准,常见的一种分类标准是根据网络中有无服务器,可分为对等网(Peer-to-Peer)与客户机/服务器网(Client/Server)。

1. 对等网

所谓对等网(Peer-to-Peer)就是指在局域网上的计算机彼此之间是平等的关系,没有主次之分,在网络结构中,一般没有专用服务器,所有的计算机都是对等的可以相互交流信息的工作站,对等网是最简单的一种网络模式,其结构简单,维护工作轻松。

对等网虽然不需要服务器,成本也较低,但它只是局域网中最基本的一种,有许多管理功能不能实现。

2. 客户机/服务器(Client/Server)

客户机服务器(Client/Server),简称 C/S 网,在 C/S 网络中,计算机划分为服务器和客户机。在网络中有一台或几台较大的计算机集中进行共享数据库的管理和存取,称为服务器,而将其他的应用处理工作分散到网络中其他称为客户机的工作站上去完成,构成分布式的处理系统,服务器控制管理数据的能力由文件管理方式上升为数据库管理方式,它是为了适应网络规模增大所需的各种支持功能设计的。通常将基于服务器的网络都称为 C/S 网络。

C/S 网络应用于大中型企业,可以实现数据共享,对财务、人事等工作进行网络化管理,并可以召开网络化会议,提供了强大的 Internet 信息服务(如 WWW、FTP、SMTP 服务等)功能,是一种常用的局域网构架解决方案。变电所综合自动化的网络系统采用 C/S 网络,如图 3-1 所示。

(二)广域网

广域网(Wide Area Network),简称 WAN,其网络范围通常为几百到几千公里,甚至全球范围,它由多个局域网组成,如城市、国家、洲之间的网络都是广域网。广域网一般由多个部门或多个国家联合组建,能实现大范围内的资源共享,Internet 就是一个最大的广域网。

三、网络的拓扑结构

计算机网络中,网络设备之间的连接方式称为网络拓扑(network topology)。网络拓扑图中忽略了网络连线的长度,只考虑结点的顺序和位置,是网络的一种简化描述。根据计算机网络的拓扑(Topology)结构可以分为总线结构、星状结构、环状结构、树状结构、网状结构等。

1. 总线结构

总线结构如图 3-4 所示。

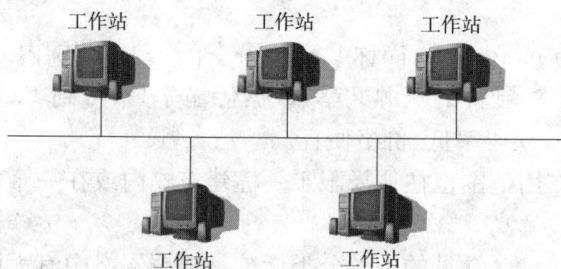

图 3-4　总线结构网络拓扑示意图

总线结构采用单线传输（或称总线）作为公共的传输通道，所有的节点都通过相应的硬件接口直接连到总线上，总线两端安装了终结器。任何一个节点发送的信息都可以沿着总线向两个方向传输，而且传输的任何信息都可以被所有连接到总线上的节点接收到。

2. 星状结构

星状结构要求网络有中央节点，网络中的所有端节点都有各自的专用线路拉入中央节点，形成辐射形网络构型，各节点之间必须经过中央节点才能互相通信，如图 3-5 所示。

3. 环状结构

环状结构是网络中各个节点通过环路连接在一条首尾相接的闭合的环状通信线路中，如图 3-6 所示。

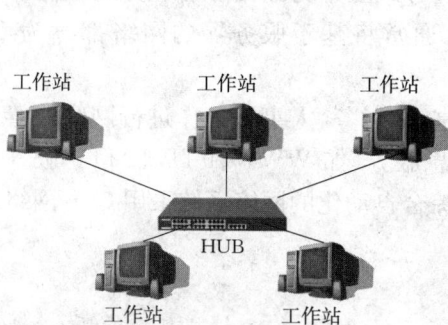

图 3-5　星状结构网络拓扑示意图

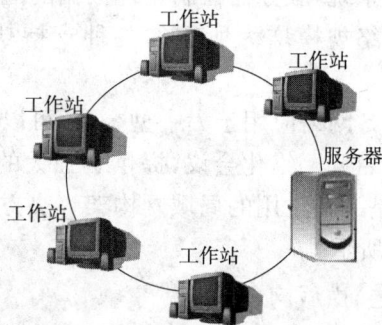

图 3-6　环状结构网络拓扑示意图

4. 树状结构

如图 3-7 所示。树状拓扑结构从总线拓扑演变而来，开头像一棵倒置的树，顶端是树根，树根以下带分支，每个分支还可以带子分支。其优点是易于扩展、故障隔离较容易。缺点是各个结点对根的依赖性太大。

5. 网状结构

网状拓扑结构又称无规则结点之间的连接，如图 3-8 所示。结点之间的连接是任意的、没规律的。其优点是系统可靠性高，缺点是结构复杂。

图 3-7　树状结构网络拓扑示意图

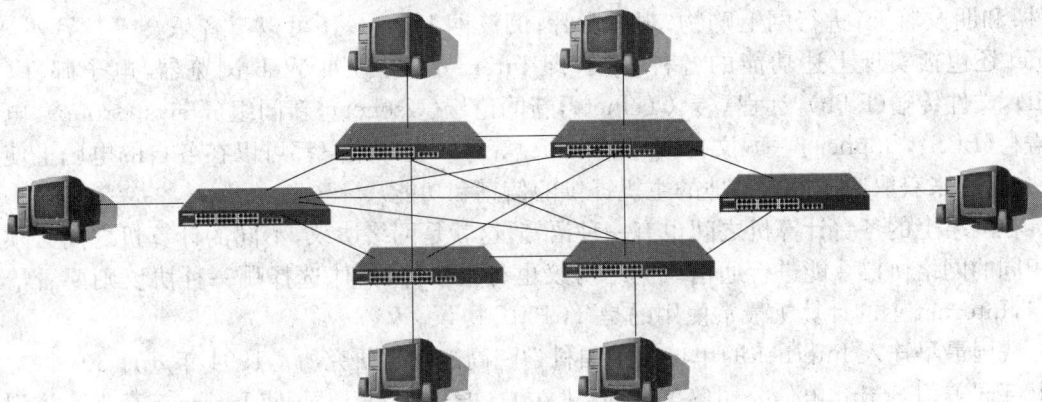

图 3-8　网状结构网络拓扑示意图

任务小结

1. 了解网络的特点：地理分散、独立处理、通信协议、资源共享。

2. 理解网络的分类：按地理位置分类，可分为局域网和广域网；网络按功能分为通信子网和资源子网。

3. 掌握网络的拓扑结构：总线拓扑结构、星状拓扑结构、环状拓扑结构、树状拓扑结构、网状拓扑结构。

任务二　Internet 和 Ethernet 认知

学习目标

1. 掌握 Internet 和 Ethernet 概念。

2. 掌握 Internet 原理功能。

3. 掌握 Ethernet 特征构成。

一、Internet 和 Ethernet 概念

Internet 的快速发展使得"地球村"已不再是一个遥不可及的梦想。人们可以通过 Internet 获取各种信息,如文献期刊、教育论文、产业信息、留学计划、求职求才、气象信息、海外学讯、论文检索等。Internet 已经进入千家万户,成为现代生活和工业发展不可缺少的元素。

1. Internet

简单的网络,可以实现和其他连到网络上的用户一起共享网络资源,如磁盘上的文件及打印机、调制解调器等,也可以互相交换数据信息。

Internet 是一个覆盖全球的网络系统,通过它可以了解来自世界各地的信息;收发电子邮件;和朋友聊天;进行网上购物;观看影片;阅读网上杂志;还可以听音乐会等。另外,Internet 还包括实现上述功能的各种手段,即 Internet 工具,如 Web 浏览器,电子邮件(E-mail),文件传输(FTP),远程登录(Telnet),新闻论坛(Usenet),新闻组(News Group),电子布告栏(BBS),Gopher 搜索,文件搜寻(Archie)等等。全球用户都可以在各自的电脑上使用这些工具,来获取遍布世界各地的主机提供的信息和功能。

在网络上的各台计算机之间也有一种语言,这就是网络协议,不同的计算机之间必须使用相同的网络协议才能进行通信。网络协议也有很多种,具体选择哪一种协议则要看情况而定,Internet 上的计算机最常使用的是 TCP/IP 协议。

我国最早连入 Internet 的单位是中国科学院高能物理研究所。1994 年 8 月 30 日,中国邮电部同美国 Sprint 电信公司签署合同,建立了 CHINANET 网,使 Internet 真正开放到普通中国人。同年,中国教育科研网(CERNET)也连接到了 Internet,目前,各大学的校园网已成为 Internet 网上最重要的资源之一。

2. Ethernet

以太网(Ethernet)指的是由 Xerox 公司创建并由 Xerox、Intel 和 DEC 公司联合开发的基带局域网规范,是当今现有局域网采用的最通用的通信协议标准。以太网络使用 CSMA/CD(载波监听多路访问及冲突检测)技术,并以 10 M/s 的速率运行在多种类型的电缆上。以太网与 IEEE802.3 系列标准相类似。以太网是当今现有局域网采用的最通用的通信协议标准。基本上,以太网由共享传输媒体(如双绞线电缆或同轴电缆)、多端口集线器、网桥或交换机构成。在星状或总线配置结构中,集线器/交换机/网桥通过电缆使得计算机、打印机和工作站彼此之间相互连接。

二、Internet 的工作原理

1. Internet 地址和协议的概念

Internet 的本质是电脑与电脑之间互相通信并交换信息,只不过大多是小电脑从大电脑获取各类信息。这种通信跟人与人之间信息交流一样必须具备一些条件,比如:给一位美国朋友写信,首先必须使用一种对方也能看懂的语言,然后还得知道对方的通信地址,才能把信发出去。同样,电脑与电脑之间通信,首先也得使用一种双方都能接受的"语言"——通信协议,然后还得知道电脑彼此的地址,通过协议和地址,电脑与电脑之间就能交流信息,这就形成了网络,如图 3-9 所示。

2. Internet 协议

Internet 就是由许多小的网络构成的国际性大网络,在各个小网络内部使用不同的协

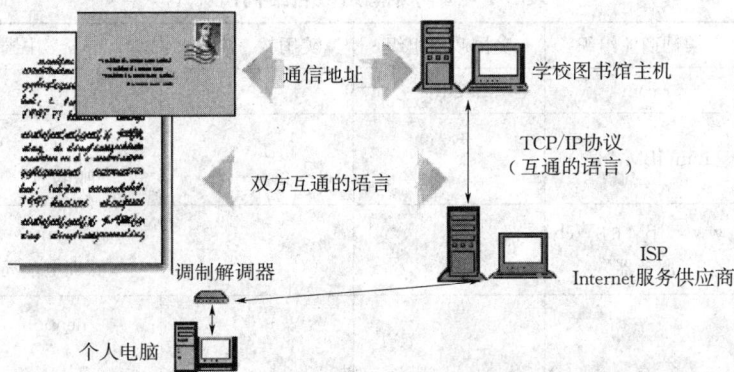

图 3-9 Internet 的地址和协议示意图

议,正如不同的国家使用不同的语言,那如何使它们之间能进行信息交流呢? 这就要靠网络上的世界语——TCP/IP 协议。

TCP/IP(Transmission Control Protocol/Internet Protocol,传输控制协议/互联网协议)是 Internet 采用的一种标准网络协议,它是由 ARPA 于 1977~1979 年推出的一种网络体系结构和协议规范。随着 Internet 网的发展,TCP/IP 也得到进一步的研究开发和推广应用,成为 Internet 网上的"通用语言"。TCP/IP 协议的作用如图 3-10 所示。

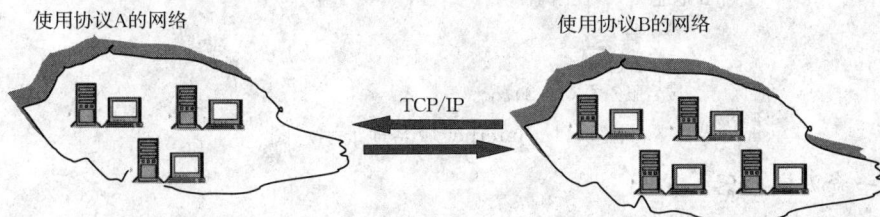

图 3-10 Internet 的地址和协议的作用

3. Internet 的 IP 地址

语言(协议)是有了,那地址怎么办呢? 用网际协议地址(即 IP 地址)就可解决这个问题。它是为标识 Internet 上主机位置而设置的。

一般的 IP 地址由 4 组数字组成,每组数字介于 0~255 之间,如某一台电脑的 IP 地址可为:155.196.3.115,但不能为 259.360.2.48。

4. Internet 的域名地址

以下是一个 IP 地址对应域名地址的例子,例如:北京大学图书馆的 IP 地址是 162.105.140.2,对应域名地址为 pul2.pku.edu.cn。

域名地址是从右至左来表述其意义的,最右边的部分为顶层域,最左边的则是这台主机的机器名称。一般域名地址可表示为:主机机器名.单位名.网络名.顶层域名。如:pul2.pku.edu.cn,这里的 pul2 是北京大学图书馆主机的机器名,pku 代表北京大学,edu 代表教育科研网,cn 代表中国,顶层域一般是网络机构或所在国家地区的名称缩写。国内外用域名结构情况见表 3-1。

表 3-1　国内外常用域名结构情况

机构名称	美国商业组织	美国政府组织	美国教育机构	中国电信网	
顶层域	com	gov	edu	cn	
第二层域	Ibm(IBM 公司)			Net （邮电网）	edu （教育系统网）
第三层域	www(IBM 的 Web 服务器)			szptt （深圳电信局）	pku （北京大学）
第四层域				nenpub	www （北大 web 主机）
第五层域					

这份域名地址的信息存放在一个叫域名服务器(Domain Name Server,DNS)的主机内，使用者只需了解易记的域名地址，其对应转换工作就留给了域名服务器，如图 3-11 所示。

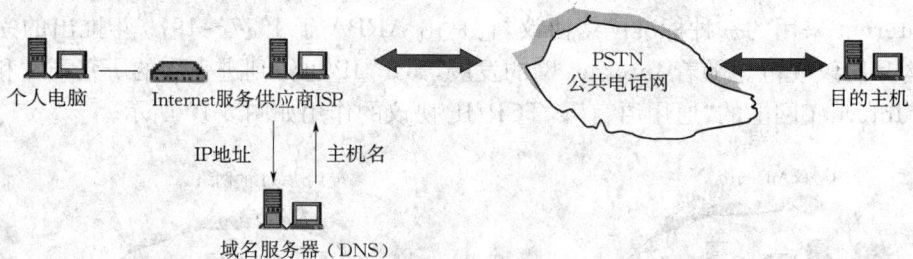

图 3-11　Internet 域名地址示意图

5. 统一资源定位器

统一资源定位器，又叫 URL(Uniform Resource Locator)，是专为标识 Internet 网上资源位置而设的一种编址方式，平时所说的网页地址指的即是 URL，它一般由三部分组成。传输协议://主机 IP 地址或域名地址/资源所在路径和文件名，如今日上海连线的 URL 为：http://china-window. com/shanghai/news/wnw. html，这里 http 指超文本传输协议，china-window. com 是其 Web 服务器域名地址，shanghai/news 是网页所在路径，wnw. html 才是相应的网页文件。

标识 Internet 网上资源位置的三种方式：

(1)IP 地址：162. 105. 140. 2。

(2)域名地址：pul2. pku. edu. cn。

(3)URL：http://china-window. com/shanghai/news/wnw. html。

URL 可以定位和标识的服务或文件：

①http：文件在 Web 服务器上。

②file：文件在自己的局部系统或匿名服务器上。

③ftp：文件在 FTP 服务器上。

6. Internet 的工作原理

有了 TCP/IP 协议和 IP 地址的概念，就很好理解 Internet 的工作原理了。当一个用户想给其他用户发送一个文件时,TCP 先把该文件分成一个个小数据包,并加上一些特定的信息(可以看成是装箱单),以便接收方的机器确认传输是正确无误的,然后 IP 再在数据包上标上地址信息,形成可在 Internet 上传输的 TCP/IP 数据包。

当 TCP/IP 数据包到达目的地后,计算机首先去掉地址标识,利用 TCP 的装箱单检查数据在传输中是否有损失,如果接收方发现有损坏的数据包,就要求发送端重新发送被损坏的数据包,确认无误后再将各个数据包重新组合成原文件。

就这样,Internet 通过 TCP/IP 协议这一网上的"世界语"和 IP 地址实现了全球通信的功能。Internet 的工作原理如图 3-12 所示。

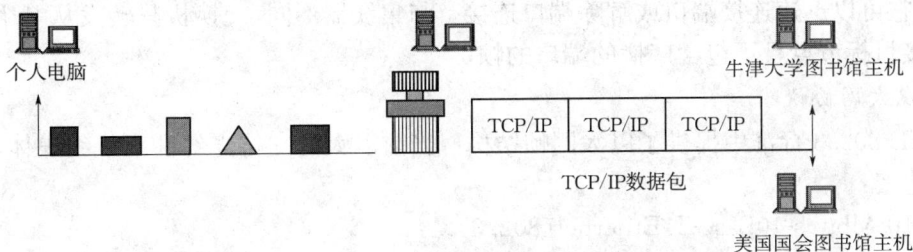

图 3-12 Internet 的工作原理

三、以太网的特征、构成

1. 以太网的特征

(1)共享媒体:所有网络设备依次使用同一通信媒体。

(2)广播域:需要传输的帧被发送到所有节点,但只有寻址到的节点才会接收到帧。以太网采用广播机制,所有与网络连接的工作站都可以看到网络上传递的数据。通过查看包含在帧中的目标地址,确定是否进行接收或放弃。如果证明数据确实是发给自己的,工作站将会接收数据并传递给高层协议进行处理。

(3)CSMA/CD:以太网中利用载波监听多路访问/中突检测方法(Carrier Sense Multiple Access/Collision Detection),以防止 twp 或更多节点同时发送。

以太网采用 CSMA/CD 媒体访问机制,任何工作站都可以在任何时间访问网络。在发送数据之前,工作站首先需要侦听网络是否空闲,如果网络上没有任何数据传送,工作站就会把所要发送的信息投放到网络当中。否则,工作站只能等待网络下一次出现空闲的时候再进行数据的发送。

(4)MAC 地址:媒体访问控制层的所有 Ethernet 网络接口卡(NIC)都采用 48 位网络地址,这种地址全球唯一。

(5)作为一种基于竞争机制的网络环境,以太网允许任何一台网络设备在网络空闲时发信息。因为没有任何集中式的管理措施,所以非常有可能出现多台工作站同时检测到网络处于空闲状态,进而同时向网络发送数据的情况。这时,发出的信息会相互碰撞而导致损坏。工作站必须等待一段时间之后,重新发送数据。补偿算法用来决定发生碰撞后,工作站应当在何时重新发送数据帧。

2. 以太网基本网络构成

(1)共享媒体和电缆:10BaseT(双绞线),10Base-2(同轴细缆),10Base-5(同轴粗缆)。

(2)转发器或集线器:集线器或转发器是用来接收网络设备上的大量以太网连接的一类设备。通过某个连接的接收双方获得的数据,被重新使用并发送到传输双方中所有连接设备上,以获得传输型设备。

(3)网桥:网桥属于第 2 层设备,负责将网络划分为独立的冲突域或分段,以达到能在同一个域/分段中维持广播及共享的目标。网桥中包括一份涵盖所有分段和转发帧的表格,以确保分段内及其周围的通信行为正常进行。

(4)交换机:交换机与网桥相同,也属于第 2 层设备,且是一种多端口设备。交换机所支持的功能类似于网桥,但它可以临时将任意两个端口连接在一起。交换机包括一个交换矩阵,通过它可以迅速连接端口或解除端口连接。与集线器不同,交换机只转发从一个端口到其他连接目标节点且不包含广播的端口的帧。

3. 以太网协议

IEEE 802.3 标准中提供了以太网帧结构。当前以太网支持光纤和双绞线媒体,支持以下传输速率:

(1)10 Mbit/s-10Base-T Ethernet(802.3)。

(2)100 Mbit/s-Fast Ethernet(802.3u)。

(3)1 000 Mbit/s-Gigabit Ethernet(802.3z)。

4. 以太网和 IEEE 802.3 帧的基本结构(表 3-2 和表 3-3)

表 3-2 以太网帧的基本结构

字节数	8	6	6	2	64~1 500	4
名称	前导码	目标地址	源地址	类型	数据	帧校验序列

表 3-3 IEEE 802.3 帧的基本结构

字节数	7	1	6	6	2	64~1 500	4
名称	前导码	SOF	目标地址	源地址	类型	数据	帧校验序列

(1)前导码:前导码由 0、1 间隔代码组成,可以通知目标站作好接收准备。IEEE 802.3 帧的前导码占用 7 个字节,紧随其后的是长度为 1 个字节的帧首定界符(SOF)。以太网帧把 SOF 包含在了前导码当中,因此,前导码的长度扩大为 8 个字节。

(2)帧首定界符(SOF):IEEE 802.3 帧中的定界字节,以两个连续的代码 1 结尾,表示一帧实际开始。

(3)目标和源地址:表示发送和接收帧的工作站的地址,各占据 6 个字节。其中,目标地址可以是单址,也可以是多点传送或广播地址。

(4)类型(以太网):类型占用 2 个字节,指定接收数据的高层协议。

(5)长度(IEEE 802.3):类型表示紧随其后的以字节为单位的数据段的长度。

(6)数据(以太网):在经过物理层和逻辑链路层的处理之后,包含在帧中的数据将被传递给在类型段中指定的高层协议。虽然以太网版本 2 中并没有明确作出补齐规定,但是以太网帧中数据段的长度最小应当不低于 46 个字节。

(7)数据(IEEE 802.3):IEEE 802.3 帧在数据段中对接收数据的上层协议进行规定。

如果数据段长度过小,使帧的总长度无法达到 64 个字节的最小值,那么相应软件将会自动填充数据段,以确保整个帧的长度不低于 64 个字节。

(8)帧校验序列(FSC):该序列包含长度为 4 个字节的循环冗余校验值(CRC),由发送设备计算产生,在接收方被重新计算以确定帧在传送过程中是否被损坏。

任务小结

1. 掌握 Internet 和 Ethernet 概念:Internet 是一个覆盖全球的网络系统,通过它可以了解来自世界各地的信息;收发电子邮件;和朋友聊天;进行网上购物;观看影片;阅读网上杂志;还可以听音乐会等。以太网(Ethernet)指的是由 Xerox 公司创建并由 Xerox、Intel 和 DEC 公司联合开发的基带局域网规范,是当今现有局域网采用的最通用的通信协议标准。

2. 掌握 Internet 原理功能:TCP/IP 协议和 IP 地址、域名地址、统一资源定位器、Internet 的工作原理。

3. 掌握 Ethernet 特征构成:以太网的特征有共享媒体、广播域、CSMA/CD、MAC 地址、允许任何一台网络设备在网络空闲时发信息。以太网基本网络构成有共享媒体和电缆、转发器或集线器、网桥、交换机。了解以太网协议 IEEE 802.3 标准。了解以太网和 IEEE 802.3 帧的基本结构。

任务三　计算机网络基本硬件及构成认知

学习目标

1. 掌握计算机网络硬件构成。
2. 掌握计算机网络设备功能及作用。

组建一个计算机网络,需要的基本硬件包括传输介质、常用接头、网卡、集线设备等。

一、基本硬件简介

(一)传输介质

传输介质是指从一个网络设备连接到另外一个网络设备的用于传递信息的传输媒介,是网络中发送方与接收方之间的物理通路。网络中常用的传输介质有双绞线、同轴电缆和光缆。

1. 双绞线

双绞线(Twisted Pair)就是导线双双绞在一起,其外观如图 3-13 所示。由于电流在导线通过时会产生磁场干扰与它平行的导线内的信号,双绞线可以减少这种干扰,并抑制电线内信号的衰减。剥开外层胶皮,可以见到双绞线共有 4 对 8 芯,如图 3-14 所示。

双绞线分为屏蔽(Shielded Twisted Pair,STP)和非屏蔽(Unshielded Twisted Pair,

UTP)两种。屏蔽就是指网线内部信号线的外面包裹着一层金属网,在屏蔽层外面才是绝缘外皮,屏蔽层可以有效地隔离外界电磁信号的干扰,相应的安装也较复杂。一般用户,如无特殊用途都用非屏蔽双绞线。

Cat5 通常称为 5 类双绞线或超 5 类双绞线,不仅费用低、安装简单、带宽容量大(传输速率范围在 1~155 Mbit/s 之间),而且支持节点最多可达到 1024 个。

图 3-13　双绞线的外观

图 3-14　4 对 8 芯的双绞线

2. 同轴电缆

同轴电缆(Coaxial Cable)是指导体和屏蔽层共用同一轴心的电缆。它是计算机网络中使用广泛的另外一种传输介质。由于它在主线外包裹绝缘材料,在绝缘材料外面又有一层网状编织的屏蔽金属网线,所以能很好地阻隔外界的电磁干扰,提高通信质量。同轴电缆按直径大小可分为粗缆与细缆。

同轴细缆的外观如图 3-15 所示,剥开同轴细缆外层保护胶皮,可以看到里面分别是金属屏蔽网线(接地屏蔽线)、乳白色透明绝缘层和芯线(信号线),芯线由铜线构成,金属屏蔽网线是由金属线编织的金属网,内外层导线之间用乳白色透明绝缘物填充,如图 3-16 所示。

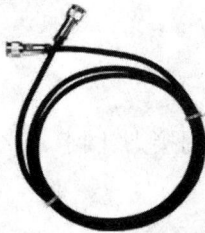

图 3-15　同轴细缆的外观图

图 3-16　同轴细缆的内部结构图

同轴细缆的直径为 0.26 cm,最大传输距离 180 m,线材价格和连接头都比较便宜,且不需要购置集线器等设备,十分适合架设终端设备较为集中的小型以太网络。安装时,同轴细缆线总长不应超过 180 m,否则信号将严重衰减。

同轴粗缆的外观如图 3-17 所示,其直径为 1.27 cm,阻抗为 50 Ω,每隔 2.5 m 有一个标记,该标记用于连接收发器。最大干线段长度为 500 m,最大网络干线电缆长度为 2 500 m,每条干线段支持的最大结点数为 100,收发器之间最小距为 2.5 m,收发器电缆的最大长度为 50 m,最大传输距 500 m。如图 3-18 所示为剥开外层胶皮后的粗缆结构图,可以看见其结构与同轴细缆结构一样,不同的是其线芯是一根完整的铜芯。

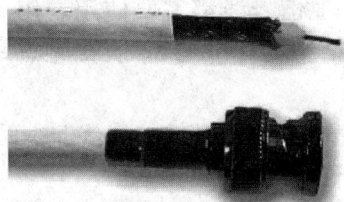

图 3-17 同轴粗缆的外观图

图 3-18 同轴粗缆的内部结构图

同轴粗缆，由于直径较粗，因此弹性较差，不适合在室内狭窄的环境内架设，而且其连接头的制作方法也相对要复杂许多，并不能直接与计算机连接，它需要通过一个转接器转换后，才能连接到计算机上；另一方面，由于粗缆的强度较高，具有较高可靠性，网络抗干扰能力强，最大传输距离也比细缆长，因此粗缆适用于较大型局域网，主要用作网络主干线。

3. 光缆

光缆是以光纤为载体，来实现通信的一种传输介质。光纤具有传输距离长，信号损耗小，抗干扰能力强的优点，但也有连接不方便，施工成本较高的缺点。

光纤是光导纤维的简称，由直径大约为 0.1 mm 的细玻璃丝构成。它透明、纤细，具有把光封闭其中进行传播的功能，它由折射较高的纤芯和折射率较低的包层组成，为了保护光纤，包层外覆盖一层塑料加以保护。光纤可以分为多模和单模光纤（Multimode and single-mode Fiber）。单模光纤适合长途传输，最多可达 10 km。多模光纤比单模光纤便宜，传输距离可达 2 000 m。

如图 3-19 所示是光纤的外观。如图 3-20 所示是将光缆剥开后所看到的有外层保护胶皮的光纤。

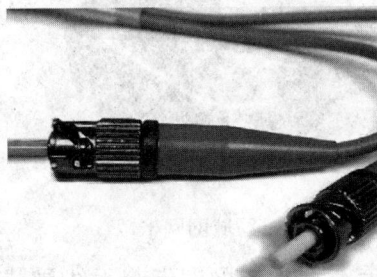

图 3-19 光纤的外观图

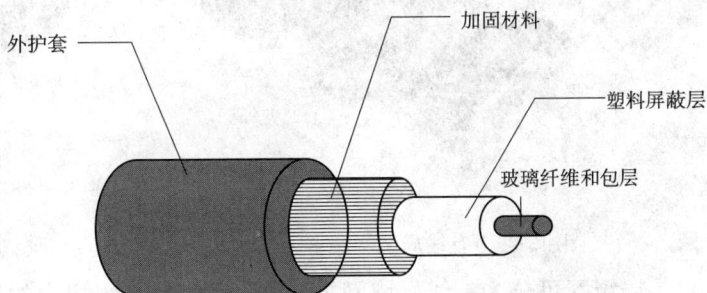

图 3-20 光纤的内部结构图

光纤通信系统是以光波为载体、光导纤维为传输媒体的通信方式，主要组成部分有光源、光纤、光发送机和光接收机。其中光发送机的功能是产生光束，将电信号转变成光信号，再把光信号导入光纤；光接收机则负责接收从光纤上传来的光信号，并将它转变成电信号，经解码后再作相应处理；光纤的传输距离仅受波长影响，衰减率极低，一般使用 1.55 μm 波长光纤，采用相关技术后，可使光纤传输距离达几十公里甚至上百公里。光纤传输可以实现信号无泄漏、无电磁波干扰影响。

（二）常用接头

双绞线的接头习惯称之为 RJ-45 接头（俗称水晶头），如图 3-21 所示。RJ-45 接头是一种只能固定方向插入并带防脱落的塑料接头,网线内部的每一根信号线都需要使用专用压线钳使它与 RJ-45 的金属接触点紧紧连接,根据网络速度和网络结构标准的不同,接触点与网线的接线方式也不同。

RJ-45 接头和电话线的接头有类似之处。不过电话线是两对芯接头,而双绞线是 4 对芯。RJ-45 插头上共有 8 个引脚,从正面看,其编号如图 3-22 所示。

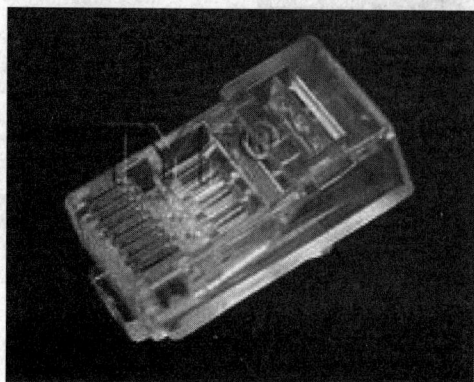

引脚	说明
1	TX+(数据发送正端)
2	TX−(数据发送负端)
3	RX+(数据接收正端)
4	未用
5	未用
6	RX-(数据接收负端)
7	未用
8	未用

图 3-21 RJ-45 接头　　　　　图 3-22 RJ-45 接头引脚示意图

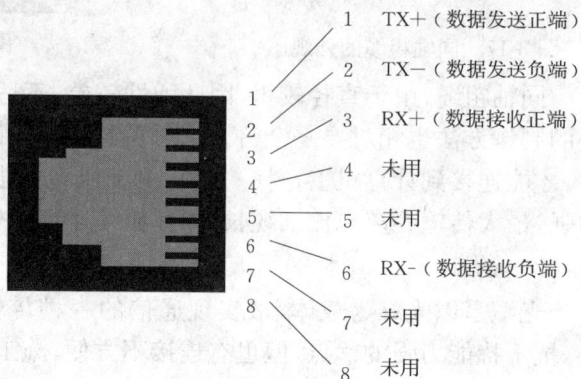

(三)网卡

网卡,也称网络适配器(NIC),用于发出和接收不同的信息,是局域网最基本的组成部分之一。

图 3-23 有线局域网网卡　　　　　图 3-24 无线局域网网卡

局域网可分为有线局域网与无线局域网两种,相应的就有有线局域网网卡与无线局域网网卡两种。有线局域网网卡如图 3-23 所示,无线局域网网卡如图 3-24 所示。

图 3-25 所示为带有光纤接口的 1 000 Mbit/s 网卡,100 Mbit/s 以太网是在基于以太网协议的基础之上,将快速以太网的理论传输速率(100 Mbit/s)提高了 10 倍。如图 3-26 所示为一块采用 RJ-45 双绞线接入的 1 000 Mbit/s 网卡,这款千兆网卡具备更为卓越的性能,可以不通过 CPU 直接与内存进行数据交换,从而减轻主机负载。

(四)集线设备

集线设备,是一种将独立的计算机集中连接在一起的网络硬件设备,集线设备主要有集线器和交换机。

图 3-25 带有光纤接口的 1 000 Mbit/s 网卡

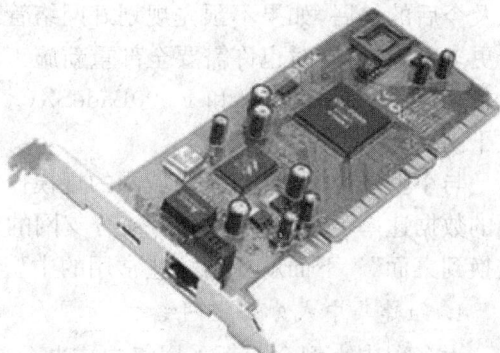

图 3-26 采用 RJ-45 的 1 000 Mbit/s 网卡

1. 集线器

集线器(Hub),是一种较为简单的集线设备,其工作原理是将网络传输中衰减的信号进行整形放大,然后再将信号转发到所有端口。它可以将一个网段上的所有网络信息流传送到其他集线器连接的所有网段上,这样一来就扩展了局域网段的长度。如图 3-27 所示为 10 Mbit/s集线器,支持即插即用的功能,这有利于用户安装。并且还有细缆接口(BNC),便于连接不同介质的网段。再加上与 RJ-45 端口共用的级联端口,可以用直通的双绞线方便地级联到其他的集线器或交换机上。

2. 交换机

交换机,也称作交换式集线器(Switch),和集线器相比,它显得更智能化,它可以记录每一个端口所连接计算机的网卡号(物理地址)。当有信号进入时,它会读出发送信号的计算机地址(即发送信息的计算机网卡号)和接收信息的计算机地址(要发送信息到达的计算机的网卡号),并直接将信息送到目的端口。

交换机与集线器的最大区别是,其只将收到的数据包根据目的地址转发到相应的端口,并不像集线器那样广播到所有端口。而且交换机可以在同一时刻与多个端口相互通信,因此没有使用集线器网络的信息冲突和级联个数的限制。

交换机按其传输速率可分为 10 Mbit/s 交换机、100 Mbit/s 交换机、1 000 Mbit/s 交换机。如图 3-28 所示为一个千兆路由交换机。

图 3-27 10 Mbit/s 集线器

图 3-28 千兆路由交换机

二、计算机局域网络的构成实例

组建小型办公局域网可以选用的网络结构类型有 10BaseTX 星状、100BaseTX 星状和交换式以太网等,而对于一个小型办公局域网来说,如果只有 3～8 台计算机,可以使用常用的交换式以太网。

大型办公局域网络规划不但要满足当前的需求,而且还要顾及到日常的网络维护、管理以及今后的扩展,如果不预先规划好网络管理及扩展,恐怕日后网络管理所需的费用与时间会更多,而且扩展时也许需要全部重新施工和布线。因此,建议选用光纤、双绞线、交换机等设备来建设 100BaseTX 和 1 000BadeSX(多模光纤和 850 nm 激光器,距离为 300~500 m)主干网络。

与小型局域网相比,大局域网的规模比较大,因此,可将其划分为主干网和分支网,主干网的数据速率可为 1 000 Mbit/s,分支网的数据速率为 100 Mbit/s,即"主干千兆位,百兆位交换到桌面"。下面就介绍一些常用的中型局域网。

1. 组建集中式办公室网络

大多数中小型企业都采用集中式办公的方式,即所有部门和人员都在同一座建筑内办公,这种网络的连接距离通常小于 100 m。如图 3-29 所示为一个典型的中型企业网络。

该企业在一座 4 层高的大楼中,1~4 层共有 120 个点。网络中心与各楼层之间全部采用 6 类 STP 建立 1 000BaseT 高速链路,接入层采用 10/100 Mbit/s 交换到桌面。网络中心可采用高端口密度的千兆位主干交换机,各楼层采用千兆位支干交换机。服务器加装 100/1 000 Mbit/s 自适应网卡,确保达到千兆位速率。由于采用可堆叠交换机,因此网络的扩展性强,可以根据企业的发展来增加模块和堆叠交换机的数量,且随着端口数和堆叠数量的增加,其性价比优势就越发明显。

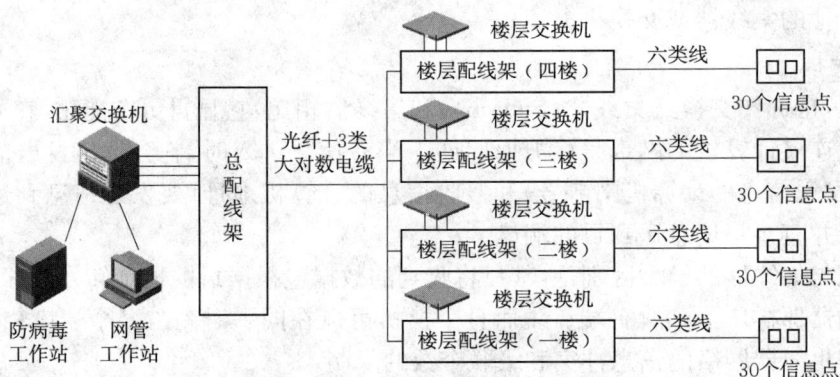

图 3-29   典型的中型企业集中式网络

2. 组建分布式中型企业局域网

分布式办公是指在一个园区内具有多处办公地点,楼宇间网络的连接距离通常大于100 m,所以需要采用光纤进行布线。分布式网络通常具有网络中心及楼宇接入节点两个层次,如果楼宇规模较大,还可能出现第三个层次——楼层设备间。如图 3-30 所示给出了地铁公司的一个分布式中型网络方案。

车辆段共有 N 座建筑,核心层位于车辆段的综合办公楼,核心层为整个网络的核心部分,配置一台 H3C 的高性能交换机 H3C S7502,配置冗余电源,48 端口的千兆 SFP 模块,连接车辆段其他接入交换机,构成传输速率为 1 000 M 网络主干;48 个百兆电口模块,支持10/100 M 自适应功能,连接传输设备和网管管理系统设备。

车辆段其他建筑是根据信息点数,分别来配置 24 端口或者 48 端口的三层接入交换机 H3C S3628P-EI/S3652P-EI,并配置千兆单模模块,通过光纤连接核心交换机 H3C S7502。

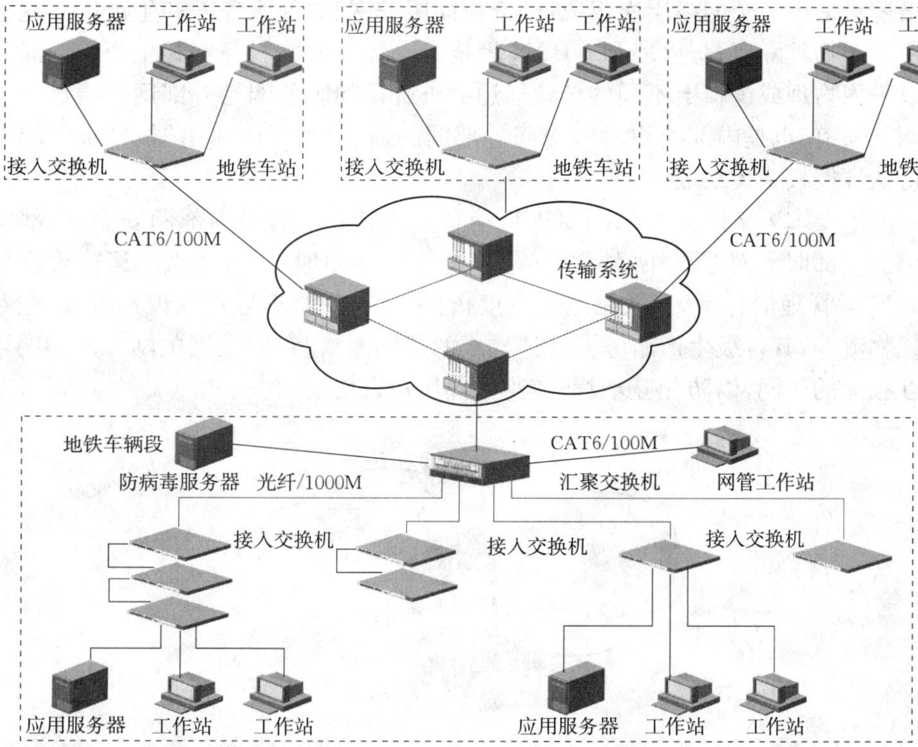

图 3-30　地铁公司的一个分布式中型网络

对于信息点数较多的建筑,配置一台以上的接入交换机,分别放在不同的楼层配线间。

22 个车站各设置 1 台 24 口三层网络交换机,用于本站综合信息管理计算机的接入,网络交换机通过传输系统提供的以太网通道与监控中心、车辆段的网络连接。

3. 大型分布式网络典型应用

大型分布式网络 VPN(Virtual PrivateNetwork,虚拟专用网)融合防火墙,支持网关—网关、移动用户—网关、星状连接等多种方式的 VPN 连接。如图 3-31 所示,企业总部与分公司或移动用户之间通过 VPN 隧道的连接,建立一条可以穿越 Internet 的隧道,通过这条隧道可以实现以下功能:

(1)公司总部与分公司 A(或 B)通过私有地址通信,同时可以访问 Internet 和内部其他主机。

(2)出差用户 A 通过 VPN 客户端与公司总部或者分公司 A(或 B)进行通信,同时可以访问 Internet。

(3)出差用户 B 穿越了 NAT 设备,通过 VPN 客户端可以与公司总部或者分公司 A(或 B)进行通信,同时可以访问 Internet。

(4)出差用户 A 和出差用户 B 通过公司总部建立 VPN 的星状连接,他们之间可以通过隧道互相通信。

铁路计算机网络是一个超大规模的企业内部网,其基本结构是多级局域网络的互联,其中大型局域网采用叠加式的结构,小型(站段)局域网采用平面式的结构。铁路计算机网络采用 TCP/IP 协议,骨干网的协议符合 RFC 标准。从网络应用和安全方面考虑,铁路内部计算机网络逻辑上由三个网络层次组成:外部访问服务网、内部服务网和生产网。这三个网络层面使用动态物理隔离、防火墙和 VPAN 等技术隔离。内部服务网和生产网的局域网与广域网可以采用物理或逻辑上不同的传输通道。外部访问服务网是外部用户通过各种方式进入内部网的通道,也是内部用户对外访问外部网的通道,主要由路由器、异步访问服务器和网络身份认证授权系统组成。

　　铁路的发展要求内部网与外部网要进行信息交换,同时,为了内部网安全,内部网要与外部网隔离。内部服务网是与外部网交换信息的中间缓冲地带,包括铁路运输管理信息系统(TMIS)、客运管理信息系统、铁路运输调度指挥系统、铁路车号自动识别系统、铁路电子商务及现代物流等,其各级生产服务器互连构成的专用网络,它们是网中网。生产网可以是逻辑上相互独立的子网,以防相互干扰,禁止外部用户直接访问。

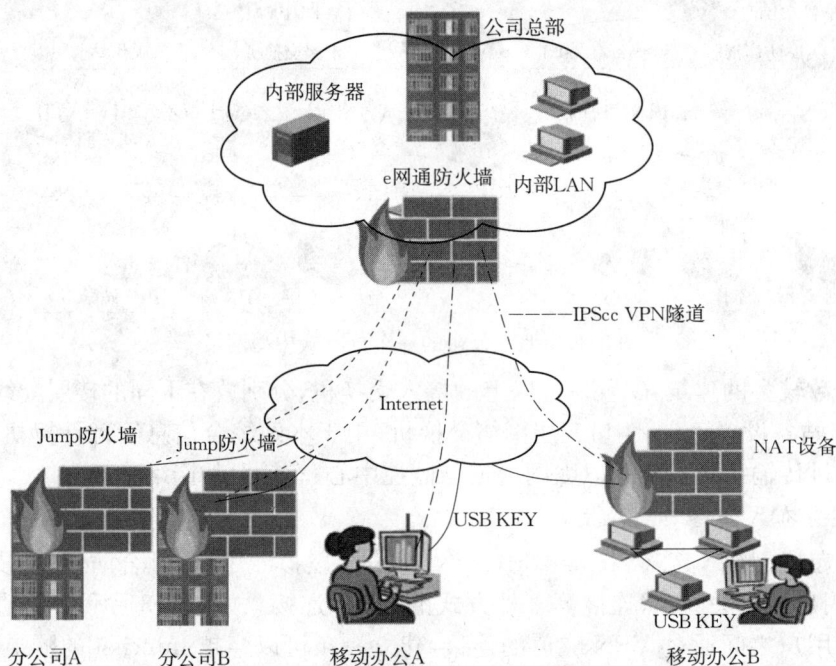

图 3-31　大型分布式网络 VPN 典型应用

任务小结

　　1. 掌握计算机网络硬件构成
　　组建一个计算机网络,需要的基本硬件包括传输介质(双绞线、同轴电缆和光缆)、常用接头(RJ-45 接头)、网卡(有线局域网网卡与无线局域网网卡)、集线设备(集线器和交换机)。
　　2. 掌握计算机网络设备功能及作用
　　组建小型办公局域网可以选用的网络结构类型有 10BaseTX 星状、100BaseTX 星状和交换式以太网等;组建分布式中型企业局域网;大型分布式网络融合防火墙,支持网关—网关、移动用户—网关、星状连接等多种方式的 VPN 连接。

项目小结

变电所综合自动化系统与间隔层设备及调度中心之间都是通过通信网络进行连接和传输信息的,学习计算机网络基本知识是学习铁路电力监控系统的重要环节。完成本项目的学习主要实现以下 3 个目标。

1. 计算机网络结构认知

了解网络的特点、理解网络的分类、掌握网络的拓扑结构:点对点拓扑结构、星状拓扑结构、总线拓扑结构、环状拓扑结构、网状拓扑结构、树形拓扑结构、双总线拓扑结构。

2. Internet 和 Ethernet 认知

掌握 Internet 和 Ethernet 概念、掌握 Internet 原理功能、掌握 Ethernet 特征构成。

3. 计算机网络基本硬件及构成认知

掌握计算机网络硬件构成。组建一个计算机网络,需要的基本硬件包括传输介质、常用接头、网卡、集线设备。掌握计算机网络设备功能及作用。

复习思考题

1. 什么是局域网? 什么是广域网?
2. 什么是 Internet? 什么是 Ethernet?
3. 简要说明 Internet 的工作原理?
4. 比较说明网络的拓扑结构有哪几种?
5. 组建一个计算机网络常用的硬件有哪些? 它们的功能分别是什么?

项目四 · 信息量的采集

📝 **项目描述**

铁路的电力监控系统是对变电所的电力设备进行远方监督和控制,这些功能需要借助于网络通信设备及计算机设备共同完成,需要采集变配电所的电压、电流、有功功率、无功功率、温度等模拟信号,需要采集断路器、隔离开关状态信号等开关量信号,必要时还需要采集电度表的脉冲信号进行远程抄表计量。因此,信息量的采集是电力监控的一个重要环节。

任务一　模拟量的采集

学习目标

1. 理解模拟量的输入、输出原理。
2. 能正确区分各种模拟量信号。
3. 能识别模拟量信号输入、输出端口。

变配电所的电压、电流、有功功率、无功功率、温度等都属于连续变化的模拟量,微机对模拟量处理必须转换为数字量,并且微机对采集到的数据处理后,还需要通过模拟量去控制一些参数,因此模拟量与微机之间的输入/输出是微机远动系统中很重要的一部分。

一、模拟量输入电路

根据模/数转换原理的不同,铁路供电系统中模拟量的输入电路有两种方式:一种是基于逐次逼近型 A/D 转换(ADC)方式,是直接将模拟量转换成数字量的变换方式;另一种是电压/频率变换(VFC)方式,它是将模拟量电压先转换为频率脉冲,通过脉冲计数变换为数字量的变换方式。

典型的 A/D 式模拟量输入电路的结构框图如图 4-1 所示,主要由电压形成回路、低通滤波电路、采样保持电路、多路转换器及 A/D 转换器组成。

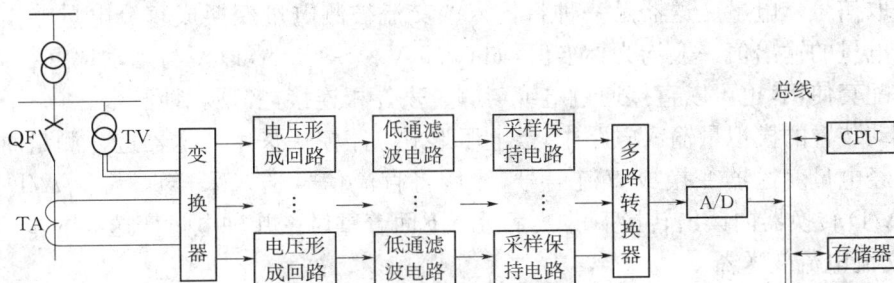

图 4-1　A/D 式模拟量的输入电路框图

1. 电压形成回路

电压形成回路一般采用各种中间变换来实现。先通过电流互感器 TA,电压互感器 TV 或电抗器取得信息。但这些互感器的二次侧电流或电压量不能适应模/数变换器的输入范围要求,故需对它们进行变换,其典型工作原理如图 4-2 所示。

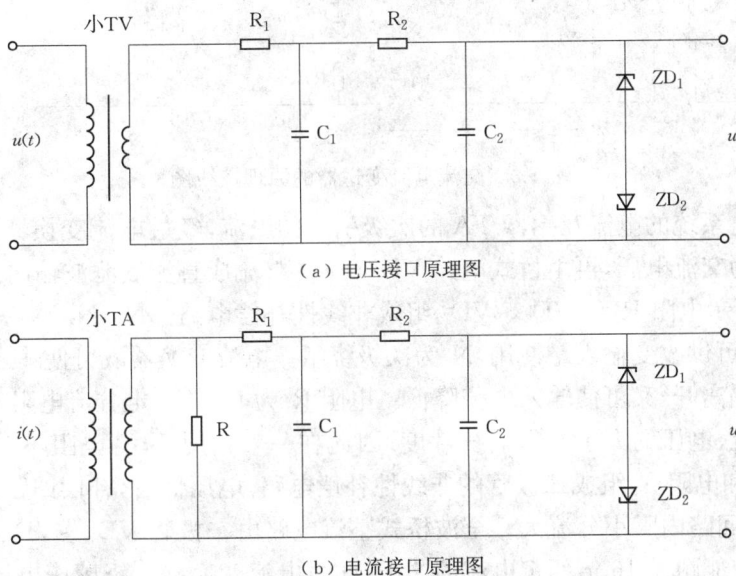

（a）电压接口原理图

（b）电流接口原理图

图 4-2　模拟量输入电压变换原理图

将一次设备电压互感器二次侧引来的电压送至图 4-2(a)所示的中间变换器小 TV 进行降压,将一次设备电流互感器二次侧引来的电流送至图 4-2(b)所示的中间变换器小 TA 变成交流电压,再经低通滤波器及双向限幅电路,变成下一环节中 A/D 转换器所允许的电压范围。

一般模/数转换器要求输入信号电压为±5 V 或±10 V,由此可以决定上述各种中间变换器的变比。图 4-2 所示电路中的稳压管组成双向限幅电路,使电路后面的采样保持器、A/D 转换器的输入电压限制在±5 V 或±10 V 范围内。

电压形成回路除了起电压变换作用外,另一个重要作用是将一次设备的电流互感器 TA、电压互感器 TV 的二次回路与微机 A/D 转换系统完全隔离,以提高抗干扰能力。

交流电压的变换也可以采用从电压变送器获取信号,交流电流的变换也可以采用电流变送器获取信号。电量变送器是一种将输入的交流被测电量变换成直流电量输出的设备。这种直流电量的输出值一般均为标准值,如 0~5 V、0~1 mA,以便与远动巡回检测及计算机等设备配套使用,也可以直接通过电缆与测量表计相连接,实现就地测量。

在远动装置的模拟量输入电路中,当电压形成电路模块采用变送器进行测量时,首先将被测电量经电量变送器变换成直流信号,然后将直流信号送入采样保持器、A/D 转换器。CPU 从 A/D 转换器内读出转换后的数字量。下面着重讨论几种电量变送器的基本原理。

(1)交流电流变送器

交流电流变送器的主要任务就是将交流电流(由电流互感器 TA 二次送来)变换成额定为 5 V 的直流电压。交流电流变送器的原理接线图如图 4-3 所示。

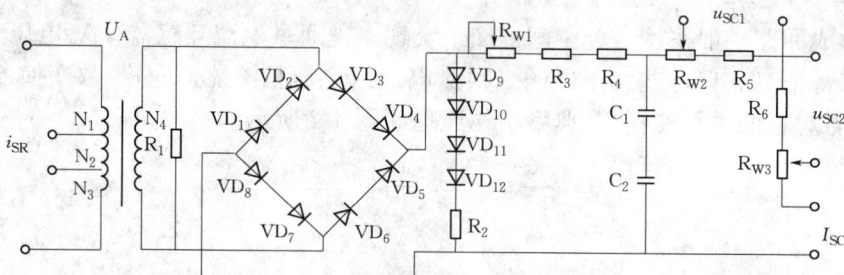

图 4-3　交流电流变送器的原理接线图

由牵引供电系统的电流互感器 TA 的次级引来的电流,经过电流变换器后,把被测的交流电流转换成为交流电压,再由桥式电路 VD_1~VD_8 整流成直流后滤波输出。

图 4-3 中所示电阻 R_2 和 VD_9~VD_{12} 组成非线性补偿电路。N_1、N_2、N_3 为电流变换器的初级绕组抽头,可供改变输入量使用,N_4 为次级绕组。电流变换器既可使输入回路与变送器回路在电气上隔离开,又可使输入电流降低。电阻 R_1 为 U_A 的固定分流电阻,改变 R_1 将会改变输出直流电流、电压的大小并影响线性度,因此在一般情况下 R_1 电阻不允许改变。二极管 VD_9~VD_{12} 和电阻 R_2 组成二极管的非线性补偿电路,电压低时,补偿回路内阻大分流小;电压高时,补偿回路内阻小分流大。全波桥式整流电路由二极管 VD_1~VD_8 组成,考虑到交流电流变送器应能耐受 16 倍额定电流的冲击,此时电流变换器次级感应电压可高达 220 V 左右,所以每个桥臂采用两个锗二极管串联。要求这两个锗二极管正向电阻尽可能小,反向电阻大于 500 kΩ,反向击穿电压大于 220 V,否则不仅会有被击穿的可能,也会在一定程度上影响线性度。

为了满足变送器的输出阻抗不小于 40 kΩ 的要求,所以在线路中接有电位器 R_{w1} 和电阻 R_3、R_4,并将电流变换器的次级电压相应提高到 60 V。当电流输出端所接负载为 0~3 kΩ 时,调整电位器 R_{w1},可使输出直流电流为 1 mA。当有电流流过电位器 R_{w2}、电阻 R_5 及电位器 R_{w3} 电阻 R_6 时,可分别产生 5 V 的电压降,用来作为两组直流电压输出。当两组电压输出端与外接负载并联以后,可调整电位器 R_{w2} 和 R_{w3},分别使两组输出直流电压仍为 5 V。

(2)交流电压变送器

交流电压变送器的主要任务就是将交流电压(由电压互感器 TV 二次送来)变换成额定值为 5 V 的直流电压。交流电压变送器的原理接线如图 4-4 所示。

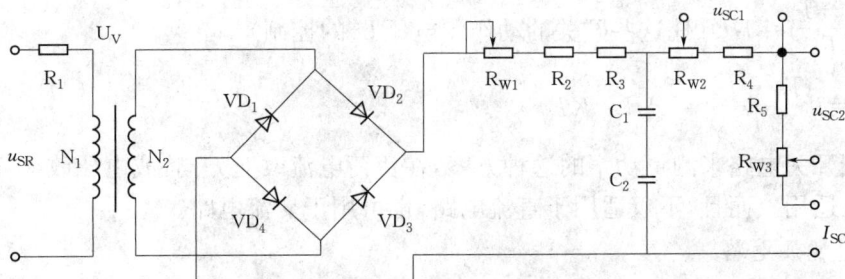

图 4-4　交流电压变送器的原理接线图

由电压互感器 TV 次级引来的电压接至 u_{SR} 端,经电压变换器 U_V 降压,桥式电路 $VD_1 \sim VD_4$ 整成直流后滤波输出。它的电路结构和工作原理基本上与交流电流变送器相同,而不同之处有以下几个方面。

①交流电压变送器一般被测交流电压变化的范围总是在额定值的 $\pm 20\%$ 左右,不可能在过低的情况下使用,也就是 U_V 一般不会使用在磁化曲线的起始部分。因此,交流电压变送器就不必采用像交流电流变送器那样的线性补偿电路。

②由于交流电压变送器承受的过载冲击较小,因此在二极管 $VD_1 \sim VD_4$ 组成的全波桥式整流电路中,每个桥臂就不必像交流电流变送器那样串接两个二极管。

③在 U_V 一次边串一个起降压作用的电阻 R_1,一方面可使体积设计得小些,另一方面可用来改变 U_V 初级电流的大小,也就是改变 U_V 磁化电流的大小,这在一定程度上可调整输出直流电流、电压与输出量之间的线性关系。

(3)功率变送器

功率变送器是用来测量工频电路中的有功和无功功率,把被测电功率变换成和它成线性关系的直流电压。每个功率测量部件为一个时间差值乘法器,它由磁饱和振荡器、恒流电路、桥式开关电路、电压变换器、电流变换器等组成。单相功率变送器的原理框图如图 4-5 所示。

桥式开关以一定顺序轮流接通和断开。S_1 和 S_1' 接通时,S_2 和 S_2' 断开,电流 I 流经仪表 A,方向自左向右。延续时间 T_1 后转为 S_1 和 S_1' 断开,S_2 和 S_2' 接通,于是流经 A 的电流改变方向,成为自右向左。延续 T_2 时间后又转为 S_1 和 S_1' 接通,S_2 和 S_2' 断开,如此不断循环。周期 $T = T_1 + T_2$,如图 4-6 所示。

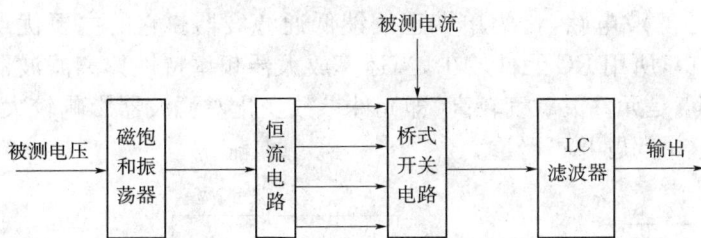

图 4-5　单相功率变送器原理框图

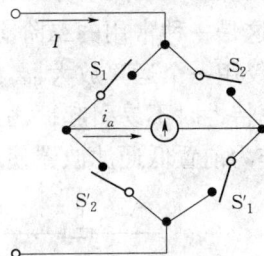

图 4-6　桥式开关电路

流过仪表的平均电流 I_a 为:

$$I_a = \frac{IT_1 - IT_2}{T_1 + T_2} = I\frac{T_1 - T_2}{T}$$

令：$\dfrac{T_1-T_2}{T}=KU$（让这些开关的动作受电压 U 的控制）

则：$I_a=I\dfrac{T_1-T_2}{T}=KUI=KP$

用桥式开关电路来测量功率的这种方案，在负荷电流改变方向，或电压改变极性的情况下仍然可以适用。而且，不仅适用于直流电路，也可用于交流电路。

2. 低通滤波电路

低通滤波电路的作用是在采样之前，将最高工频分量限制在一定频带内，即限制输入信号的最高频率。这样，一方面降低了对硬件的要求，另一方面保证所需最高频率信号的采样不至于发生失真。模拟低通滤波器的频幅特性的最大截止频率，必须根据采样频率的取值来确定。

由于牵引负荷的特殊性，牵引网正常运行时负荷中含有大量高次谐波，空载机车的投入，机车变压器将产生励磁涌流，涌流中含有大量二次谐波，整流式的电力机车和电动车运行时都含有大量的三次谐波。除此以外，牵引网的负荷中还含有更高次的谐波。一般来讲，遥测量主要含有正弦基波、二次、三次的谐波，因此在进行模拟电量信号分析时可以对信号进行滤波处理，然后再计算其电量值的大小。

模拟电量信号的滤波有模拟滤波和数字滤波两种。一般说来，在信号采样前首先对信号进行模拟滤波，采样变换后的数字量可进行数字滤波。

(1)模拟滤波器

电量的测量主要是测量其基波和低次谐波量，滤去高次谐波分量，因而我们多采用低通滤波器（ALF），模拟滤波器通常可分为无源滤波器和有源滤波器两种类型。这里介绍两种简单的低通滤波器。

①RC 低通滤波器

最简单易实现的低通滤波器的模拟滤波电路如图 4-7 所示，其原理是二阶 RC 低通滤波器，其构成为电阻 R 和电容 C。其特点是：结构简单、可靠性高、能耐受较大的过载和浪涌冲击。对于测量信号只利用基波测量来说，具有很好的实用价值。

②有源低通滤波器

如图 4-8 所示，有源滤波器的构成实质上是 R 由 RC 网络与运算放大器构成的滤波电路，这是一种常用的二阶有源低通滤波电路，称为单端正反馈低通滤波器。它的主要优点有：仅用一个运算放大器，结构简单，所用 RC 元件较少，当运算放大器频率特性偏离滤波器频率特性时不易引起振荡。其缺点是元件灵敏度较高，即元件参数变化对滤波器影响较大，但作为前置低通滤波器使用时，这个问题并不严重。

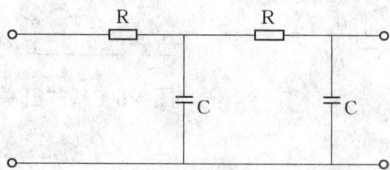

图 4-7 无源模拟滤波电路　　图 4-8 有源滤波电路

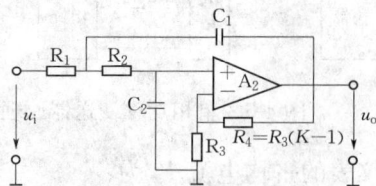

（2）数字滤波器

在数字信号领域，数字滤波器的研究已有完整的理论体系和成熟的设计方法。在电气化铁道监控技术中，一般应用较多的是滤波单元及其级联滤波器，设计上具有计算简单的特点，只需对数字信号进行加减运算。这种数字滤波器虽然对某些整数次和非整数次的谐波滤波效果不好，但正常运行情况下，对于多数电量是整次谐波的电量具有较好的滤波能力。

数字滤波器按照滤波器的设计方法不同可以分为差分滤波器、加法滤波器和加减滤波器。与模拟滤波器相比较，数字滤波器具有滤波精度高、灵活性高、可靠性高、调试方便等优点。

3. 采样保持电路

为了将随时间连续变化的模拟信号转换成微机能够处理的数字信号，首先必须对模拟量进行采样。采样是时间取量化的过程，即在给定的时刻对连续信号进行测量，采样是将一个连续的时间信号变换成离散的时间信号，这个信号称为采样信号，采样过程可用图 4-9 表示。

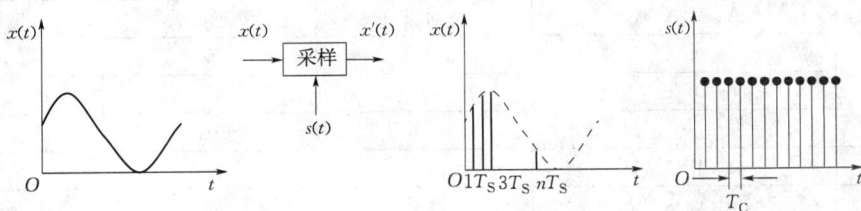

图 4-9　采样过程示意图

采样时间间隔由采样控制脉冲 $s(t)$ 来控制，相邻两个采样时刻的时间间隔称为采样周期。通常用 T_c 表示。采样时每隔 T_c 时间就取一次模拟信号的即时值，显然它在各个采样点上（$0,T_s,2T_s,\cdots,nT_s$）的幅值与输入的连续信号的幅值是相同的。在铁路供电系统中，对电压、电流量的采样是以等采样周期间隔来表示的，采样周期的倒数就是采样频率。

输入模拟信号经过理想采样变成 $x'(t)$ 后表示为：

$$x'(t)=x(t)\big|_{t=nt_s}$$

在铁路供电系统中，被采样的信号主要是工频 50 Hz 的模拟信号，通常以工频在每个周期的采样点数来间接定义采样周期 T 或采样频率 f。

在采样期间，保持输入信号不变的电路称为采样保持电路。由于输入模拟信号是连续变化的，而在 A/D 转换器要完成一次变换是需要时间的，这段时间称为转换时间。不同类型的 A/D 转换芯片，其转换时间不同，对变化较快的模拟信号来说，如果不采取措施，将会引起转换误差。为了保证转换精度，可采用采样保持器，以便在 A/D 转换期间，保持采样输入信号大小不变。

4. 多路转换器

在铁路供电系统中，要监视或控制的模拟量不止一个，即需要采集的模拟量一般比较多，为了简化电路，节约投资，可以采用多路转换器使多个模拟信号共用一个 A/D 转换器进行采样和转换。其作用就是在模拟输入通道中实现"多选一"的功能，即其输入是多路待转换的模拟量，每次只选通一路，输出只有一个公共端接至 A/D 转换器。

多路转换开关有两种类型：一类是机械式的，如干簧继电器、水银继电器和机械振子式继电器等；另一类是电子式的，如晶体管、场效应管和集成电路开关等。目前常用集成电路的多路转换开关，常用的有双四选一多路转换开关，如美国 RCA 公司的 CD4052、AD 公司的 AD7502，有 8 选一多路转换开关，如 CD4051，AD7051、AD7053 等，有 16 路选一多路转换开关，如 CD4067 和 AD7506 等。

多路转换开关包括选择接通路数的二进制译码电路和由它控制的各路电子开关，被集成在一个集成电路芯片中。下面以常用的 16 路多路转换芯片 AD7506 为例说明多路转换开关的工作过程。AD7506 的内部结构电路组成框图如图 4-10 所示。

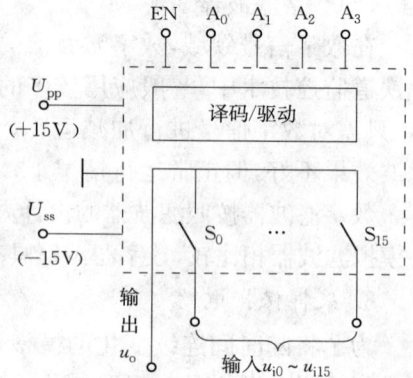

图 4-10　AD7506 的内部结构电路

表 4-1　AD7506 真值表

EN	A_0 A_1 A_2 A_3	选通通道	选通开关	输出 u_o
1	0　0　0　0	0	S_0	$u_o = u_{i0}$
1	0　0　0　1	1	S_1	$u_o = u_{i1}$
…	…	…	…	…
1	1　1　1　1	15	S_{15}	$u_o = u_{i5}$
0	x　x　x　x	禁止	无	无输出

A_0、A_1、A_2、A_3 为四个路数选择线，CPU 通过并行接口芯片或其他硬件电路给它们赋以不同的二进制码，选通 $S_0 \sim S_{15}$ 中相应的一路电子开关闭合。将此路接通到输入端。EN 为使能端，只有在 EN 端为高电平时，AD7506 才工作。该端是为了可以用二片（或更多片）AD7506，将其输出端并联以扩充多路转换开关的路数。$u_{i0} \sim u_{i15}$ 共 16 路输入端，可以接入 16 个输入量。u_o 为输出端。表 4-1 为 AD7506 的真值表，从表中可以看出，当 CPU 按顺序赋予不同的二进制地址，多路转换开关通过译码电路选通相应的地址时，将相应的路径接通，使输出端电压 u_o 等于相应路径的输入量 u_{in}。

5. A/D 转换器

模/数（A/D）转换器（Analog to Digital Converter），简称 ADC，是一种能把输入模拟电压或电流变成与它成正比的数字量，以便计算机进行处理、存储、控制和显示。A/D 转换器的种类很多，但从原理上可以分为计数器式 A/D 转换器、双积分式 A/D 转换器、逐次逼近式 A/D 转换器、并行 A/D 转换器 4 种。A/D 转换器的作用是将模拟输入量转换成数字量，以便由微机读取，进行分析处理。下面介绍常用的逐次逼近式 A/D 转换器。

逐次逼近式 A/D 转换器主要由逐次逼近寄存器 SAR、D/A 转换器、比较器以及时序和控制逻辑等部分组成，其工作原理如图 4-11 所示。

在进行转换时，先将 SAR 寄存器各位清零。

转换开始时，控制逻辑电路先设定 SAR 寄存器的最高位为"1"，其余各位为"0"，将试探值转换成电压 U_c，然后将 U_c 与模拟输入电压 U_x 比较：如果 $U_x \geqslant U_c$，SAR 最高位为"1"保留；如果 $U_x < U_c$，SAR 该位为清零；然后再对 SAR 的次高位置"1"，按上述方法依次进行 A/D 转换和比较。

（a）原理框图　　　　　　　　　　（b）逐次逼近过程

（c）逐次逼近步骤

图 4-11　逐次逼近型模/数转换器转换原理

重复上述过程，直至确定 SAR 寄存器的最低位为止。逐次比较过程结束后，状态线 EOC 改变状态，表明已完成一次转换。最后逐次逼近寄存器 SAR 中的内容是模拟量 U_x 相对应的二进制数字。

二、模拟量输出电路

计算机输出的信号是以数字的形式给出的，而有的执行要求提供电流或电压等模拟信号，故必须采用模拟量输出通道来实现。模拟量输出电路组成如图 4-12 所示。

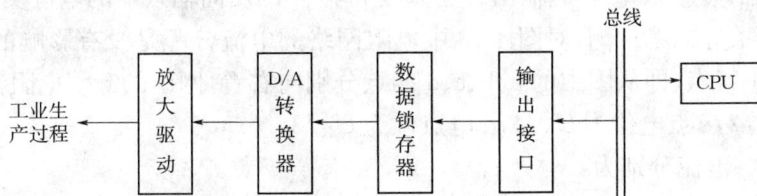

图 4-12　模拟量输出结构框图

模拟量输出电路的作用是把微机输出的数字量转换成模拟量，这个任务主要是由数/模（D/A）转换器来完成。由于 D/A 转换器需要一定的转换时间，在转换期间，输入待转换的数字量应该保持不变，而微机输出的数据，在数据总线上稳定的时间很短，因此在微机与 D/A 转换器间必须用锁存器来保持数字时的稳定。经过 D/A 转换器得到的模拟信号，一般要经过低通滤波器，使其输出波形平滑，同时为了能驱动受控设备，可以采用功率放大器作为模拟量输出的驱动电路。

D/A 转换器的原理很简单，可以总结为"按权展开，然后相加"几个字。换句话说，D/A 转换器要能把输入数字量中的每位都按权值分别转换成模拟量，并通过运算放大器求和相加。因此,D/A 转换器内部必须要有一个解码网络,以实现按权分别进行 D/A 转换。解码网络通常有两种:二进制加权电阻网络和 T 型电阻网络。在二进制加权电阻网络中,每位二进制的 D/A 转换是通过相应位加权电阻实现的,这必然造成加权电阻阻值差别极大,尤其在 D/A 转换器位数较大时更不能容忍。例如,若某 D/A 转换器有 12 位,则最高位加权电阻为 10 kΩ 时的最低位加权电阻应当是 10 kΩ×2^{11}=20 MΩ。这么大的电阻在 VLSI 技术中是很难制造出来的,即便制造出来,其精度也很难符合要求。因此,现代 D/A 转换器几乎毫无例外地采用 T 型电阻网络进行解码。

数/模(D/A)转换器的主要部件是电阻开关网络,其主要网络形式为全电阻网络和 R-2R 梯形电阻网络。由于这种电阻网络只由两种阻值的电阻组成,用集成工艺生产比较容易,精度也容易保证,因此应用广泛。在图 4-13 中,各位开关的状态由数据锁存器的对应位决定。

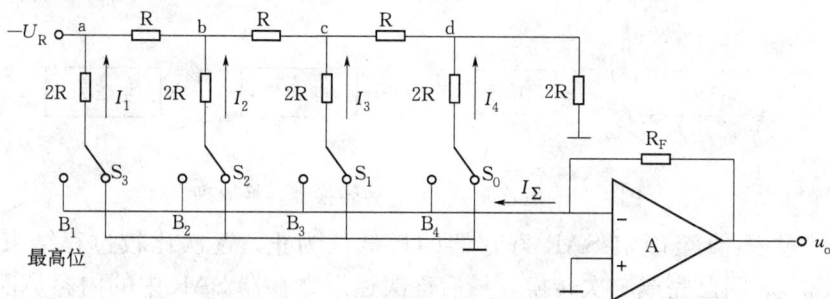

图 4-13 4 位 D/A 转换器原理接线图

图 4-13 中电子开关 $S_0 \sim S_3$ 分别受控于输入的 4 位数字量 $B_4 \sim B_1$,在某一位为"0"时其对应开关导向右侧,即接地;而为"1"时,开关导向左侧,即接至运算放大器 A 的反相输入端。流向运算放大器反相输入端的总电流 I_Σ 反映了 4 位数字量的大小,它经过带负反馈电阻 R_F 的运算放大器,变换成电压 $u_\circ$ 输出。运算放大器 A 的反向输入端的电位实际上也是地电位,因此不论开关导向哪一侧,对图 4-13 中电阻网络的电流分配是没有影响的。另外,这种电阻网络有一个特点,即从图中的 a、b、c、d 四点分别向右看,网络的等值电阻都是 R,因而 b 点电位必为 $U_R/2$,c 点电位为 $U_R/4$,d 电点位为 $U_R/8$。

图 4-13 中各电流分别为:

$$I_1 = \frac{U_R}{2R}, I_2 = \frac{1}{2}I_1, I_3 = \frac{1}{4}I_1, I_4 = \frac{1}{8}I_1$$

而流入放大器的反向端的电流 I_Σ 为:

$$I_\Sigma = B_1 I_1 + B_2 I_2 + B_3 I_3 + B_4 I_4 = \frac{U_R}{R}(B_1 \times 2^{-1} + B_2 \times 2^{-2} + B_3 \times 2^{-3} + B_4 \times 2^{-4}) = \frac{U_R}{R}D$$

而输出电压为 $u_\circ = I_\Sigma R_F = D$

当 $R_F = R$ 时,有:

$$u_\circ = U_R D$$

由此可见输出模拟电压 $u_\circ$ 正比于输入的数字量 D,比例常数为 $(U_R R_E)/R$ 或 U_R,两幅度大小可通过选择基准电压 U_R 和比例来调整。

D/A 转换器的性能指标是选用芯片型号的依据，也是衡量芯片质量的重要参数。D/A 转换器的性能指标颇多，主要有以下几个。

(1)分辨率(Resolution)。这是 D/A 转换器对微小输入量变化的敏感程度的描述，通常用数字量的位数来表示，如 8 位、10 位。一个 n 位的转换器，能够分辨满刻度的 2^{-n} 输入信号。

(2)转换精度(Conversion Accuracy)。转换精度和分辨率是两个不同的概念。转换精度是指满量程时 D/A 转换器的实际模拟输出值和理论值的接近程度。对于 T 型电阻网络的 D/A 转换器，其转换精度和参考电压 U_R、电阻值和电子开关的误差有关。例如，满量程时理论输出值为 ± 0 V，实际输出值是 9.99~10.01 V 之间，其转换精度为 ± 10 mV。通常，D/A 转换器的转换精度为分辨率的一半，即为 LSB/2。这里，LSB 是分辨率，指最低一位数字量变化引起的幅度变化量。

(3)偏移量误差(Offset Error)。偏移量误差是指输入数字量为零时，输出模拟量对零的偏移值。这种误差通常可以通过 D/A 转换器的外接 U_R 和电位器加以调整。

(4)线性度(Linearity)。线性度是指 D/A 转换器的实际转换特性曲线和理想直线之间的最大偏差。通常，线性度不应超出 $\pm$LSB。

(5)温度系数。在规定的范围内，相应于每变化 1℃，增益、线性度、零点及漂移(对双极性 D/A)等参数的变化量。温度系数直接影响转换精度。

(6)稳定时间。指 D/A 转换器加上满刻度的变化(如全"0"变为全"1")时，其输出达到稳定(一般稳定到与 $\pm \frac{1}{2}$ LSB 相当的模拟量范围内)所需的时间，一般为几十毫微秒到几微秒。

任务小结

1. 理解模拟量输入电路原理：模拟量输入电路主要由电压形成回路、低通滤波电路、采样保持电路、多路转换器及 A/D 转换器组成。理解每一组成部分电路结构和工作原理。

2. 理解模拟量输出电路原理：它的作用是把微机输出的数字量转换成模拟量，这个任务主要是由数/模(D/A)转换器来完成。

任务二 开关量的采集

学习目标

1. 理解开关量的输入、输出原理。
2. 能正确区分各种开关量信号。
3. 能识别开关量信号输入、输出端口。

牵引变电所中的开关量主要有断路器、隔离开关的状态,继电器和按钮开关触点的通断、普通开关、刀闸、断路器的触点以及人机联系的功能键的状态等,在远动遥控、遥信信息处理过程中,这些开关量信息的采集与处理是非常重要的。

开关量输入电路的基本功能是将变配电所内需要的状态信号引入微机系统,如断路器状态、继电器保护信号等。输出电路主要是将 CPU 送出的数字信号或数据进行显示、控制或调节,如断路器跳闸命令和屏幕显示、报警信号等。图 4-14 是开关量输入电路的一个配置图。

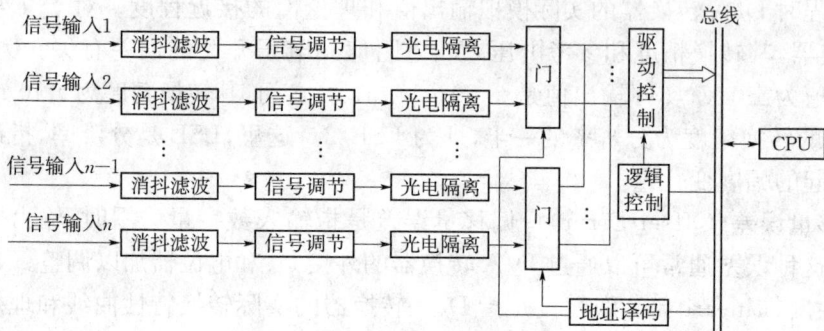

图 4-14　开关量输入电路配置图

由图 4-14 可知,开关量输入电路的由消抖滤波电路、信号调节电路、隔离电路、逻辑控制电路、驱动电路、地址译码电路等组成。开关量输出电路与开关量输入电路基本一样。

开关量信号都是成组并行输入(出)微机系统的,每组一般为微机系统基本字节的整数倍,即 8、16 或 32 位,对于断路器、隔离开关等开关量的状态,体现在开关量信号的每一位上,如断路器的分、合两种工作状态,可用 0、1 表示。

铁路供电系统中的断路器、隔离开关和继电器等常处于强电场中,电磁干扰比较严重,若不采取适当措施,则当断路器或隔离开关动作时,可能会干扰程序的正常执行,产生所谓"飞车"的软故障,甚至损坏接口电路芯片或损耗 CPU。因此为了防止电磁干扰对计算机的影响必须采取抗干扰措施。

一、滤波消噪电路与信号调节电路

当开关量作为输入信号,因长线及空间产生干扰信号时,可能会使状态产生错误,为此,需增加滤波消除噪声,图 4-15 是电路之一。图 4-16(a)、(b)为未采用滤波及采用滤波后的输入、输出波形,可见在加入了滤波电路及施密特触发器后,输出消除了干扰信号。

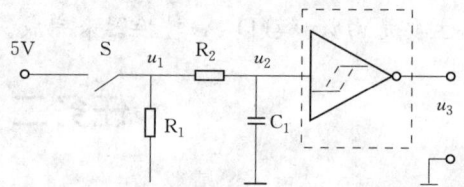

图 4-15　消噪滤波电路

二、开关量的隔离

开关量隔离的主要作用是:使低压输入电路与大功率的电源隔离;外部现场器件与传输线同数字电路隔离,以免计算机受损;限制地回路电流与地线的错接而带来的干扰;多个输入电路间的隔离。

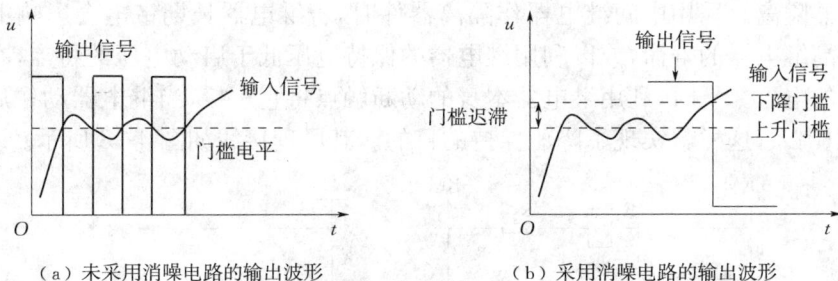

（a）未采用消噪电路的输出波形　　　（b）采用消噪电路的输出波形

图 4-16　消噪滤波电路输出波形比较

常用的开关量的隔离方法主要有以下几种：

1. 光电隔离

利用光电耦合器可以实现现场开关量与计算机之间的完全隔离。光电耦合器由发光二极管和光敏三极管组成，集成在一个芯片内，发光二极管和光敏三极管之间是绝缘的，其间分布电容极少，一般为 0.5～1 pF，而绝缘电阻又非常大，通常在 10^{11}～10^{13} Ω 之间，使可能带有电磁干扰的外部接线回路和微机的电路部分之间无电联系，可大大削弱干扰。在光电耦合器里，信息传送介质为光，但输入和输出信号都是电信号，由于信息传送和转换的过程都是在不透光的密闭环境下进行的，既不会受电磁干扰，也不会受外界光的影响，因此光电耦合器可实现计算机和现场的光电隔离，去掉它们之间公共线的电气联系，隔离效果比较好，现场侧的电磁干扰很难通过它达到计算机的总线上。

当利用光电耦合器作为开关量输入计算机的隔离器件时，其原理接线图如图 4-17所示。

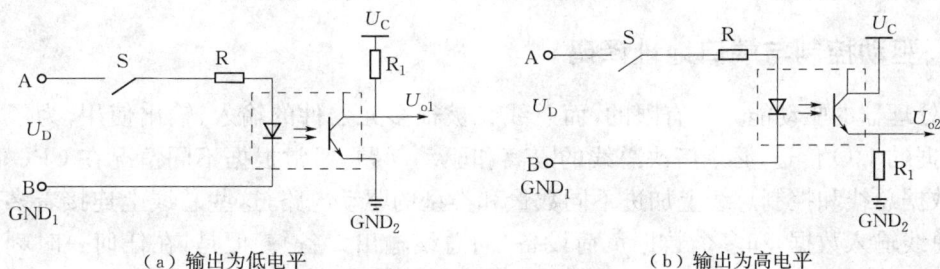

（a）输出为低电平　　　　　　　　（b）输出为高电平

图 4-17　光电耦合器原理接线图

开关 S 闭合，二极管导通，发出光束，使光敏三极管饱和导通，于是输出 U_{o1} 或 U_{o2} 电位发生变化。图 4-17(a)中，S 打开是 U_{o1} 输出电平与 U_c 相同；当 S 闭合时，U_{o1} 输出低电平。

图 4-17(b)所示的情况则相反，S 打开时，输出低电平；S 闭合时，输出 U_{o2} 为高电平（即等于 U_C）。两种接线方式，输出电平不同时，可以灵活选用。实际设计电路时，A 端接电源 U_D 的正极，B 端接电源 U_D 的负极（即 GND_1），而发光二极管输出端电源 U_C，其接地端为 GND_2。必须注意 GND_1 和 GND_2 不能共地。

2. 继电器隔离

随着铁路变电所继电保护技术的发展，继电器在铁路变电所中广泛应用，变电所现场的断路器、隔离开关、继电器的辅助触点和变压器分接开关位置等开关信号，输入计算机时，也可通过继电器隔离。采用中间继电器作隔离器件时,若继电器长期带电会影响继电器的寿命。为了提高继电器的寿命,或以利用继电器的保持电压低于启动电压的特点,在动作线圈上串接一定的电阻。平时,利用继电器本身的动断触点将它短接,当继电器动作后动断触点断开,将电阻串入,这样就实现了降压保持的目的。其原理接线如图 4-18 所示。

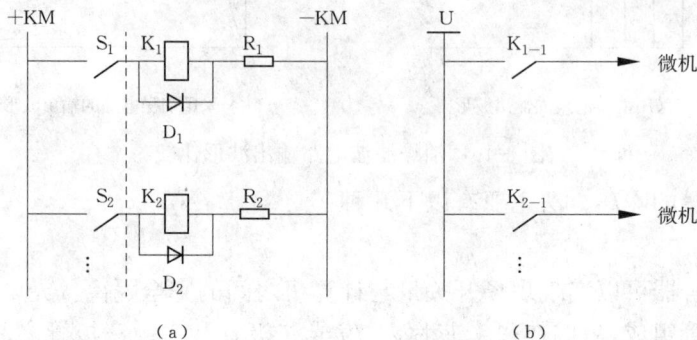

图 4-18 继电器隔离的开关原理接线图

利用现场断路器、隔离开关的辅助触点 S1、S2 接通,去启动继电器 K_1、K_2,然后由 K_1、K_2 的触点 K_{1-1} 和 K_{2-1} 等输入计算机,这样做可起到很好的隔离作用,输入至计算机的继电器触点,可采用与计算机输入接口板相配合的弱电电源。

为了提高抗干扰的能力,同时又能消除抖动,在线中较长、干扰比较严重的场合,还可以同时采用继电器和光电耦合器双重隔离,以加强隔离的效果,即将现场的开关辅助触点先经继电器隔离,继电器的辅助触点再经过光电耦合器隔离,然后现输入至计算机。这样的双重隔离对提高抗干扰能力和消除开关动作时的抖动具有很好的效果。

三、驱动控制与端口地址译码

微处理器的驱动能力是有限的,而总线又被很多元器件的输入、输出使用,为了正确地进行数据的 I/O 传送,必须解决总线的隔离和驱动问题,通常根据不同情况在 CPU 的地址总线、数据总线和控制总线上加进不同数量和类型的驱动电路,这些总线上连接着多个数据源(向总线输入数据)和多个数据负荷设备(向总线输出设备)。但是,在任何一时刻只能进行一个源和一个负荷之间的数据传送,此时要求所有其他设备在电性能上与总线隔离,这就是总线隔离问题。此外由于微处理器功率有限,每个 I/O 引脚的驱动能力也有限,因此,为了驱动负荷,通常采用缓冲器/驱动器。

微机在工作时为了区分不同的外设和设备,为每一个外设和设备都分配了地址,当需要扩展专用的输入/输出通道时,应利用微处理器尚未使用的地址线进行译码。多数 CPU 的 I/O 指令可以用 16 位有效地址 $AB_0 \sim AB_{15}$,可寻址 $0 \sim 65\ 535$ 个地址单元,简称 64 KB 的地址范围,例如 MCS-51 系列和 MCS-96 系列单元都采用 16 位多路复用地址总线,但 IBM PC 系列机的输入/输出指令只用 $AB_0 \sim AB_9$ 十位地址来表示输入/输出空间,因此其输入/输出端口地址仅为 $0 \sim 1\ 023$,即 1 KB,其中前 512 个地址(000~1FFH)由主板上的输入/输出端口使用,其余 200~3FFH 可以由插槽中的输入/输出通道使用,其中又有部分被通用外部设备占用,例如并行打印机、彩色显示适配器都需占用输入/输出端口,若用户需要扩展专用的输入/输出通道,应从尚未使用的端口地址中选择。

四、开关量输入/输出电路

1. 开关量输入电路

开关量输入电路包括断路器和隔离开关的辅助触点、跳合闸位置继电器触点、有载调压变压器的分接头位置输入、外部装置闭锁重合闸触点输入、装置上连接片位置输入等回路,这些输入可分成两大类。

(1)安装在装置面板上的触点。这类触点包括在装置调试时用的或运行中定期检查装置用的键盘触点以及切换装置工作方式用的转换开关等。

(2)从装置外部经过端子排引入装置的触点。例如:需要由运行人员不打开装置外盖就能在运行状态中切换的各种连接片,转换开关以及其他装置和操作继电器等。

对于装在装置面板上的触点,可直接接至微机的并行口,如图 4-19(a)所示。只要在可初始化时规定图中可编程的并行口的 PA0 为输入端,CPU 就可以通过软件查询,随时掌握图 4-19(a)外部触点 K1 的状态。

对于从装置外部引入的触点,如果按图 4-19(a)接线会给微机引入干扰,故应先经光电隔离,如图 4-19(b)所示。当外部触点 K1 接通时,有电流通过光电器件的发光二极管回路,使光敏三极管导通。K1 断开时,则光敏三极管截止。因此,三极管的导通与截止完全反映了外部触点的状态,如同将 K1 接到三极管的位置一样,不同的是阻断了可能带有电磁干扰的外部接线回路和微机的电路部分之间的联系,而光电耦合芯片的两个互相隔离部分的分布电容为几皮法,因此可大大削弱干扰。

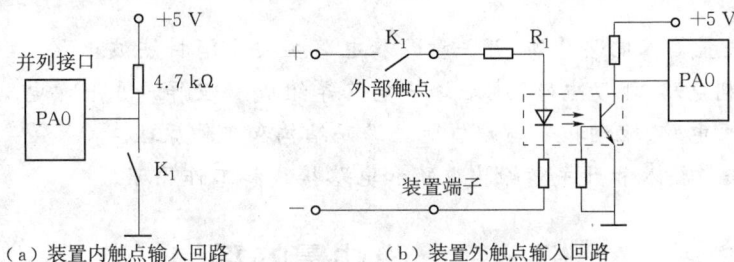

（a）装置内触点输入回路　　　　（b）装置外触点输入回路

图 4-19　开关量输入电路原理接线图

2. 开关量输出电路

在铁路电力监控系统中,开关量输出主要包括保护和跳闸出口以及本地和中央信号等,即对断路器、隔离开关的分、合闸"遥控"控制命令的执行,一般都采用并行接口的输出方式来控制有触点继电器(干簧或密封小中间继电器)的方法,再由继电器的辅助触点接通跳合闸回路,对于有载调压的变压器,则可以驱动主变压器分接开关的控制回路实现"遥调"。不同的开关量输出驱动电路可能不同。但为提高抗干扰能力,最好先经过一级光电隔离,如图 4-20所示。

只要通过软件使并行接口的 PB0 输出"0",PB1 输出"1",便可使与非门 H1 输出低电平,光敏三极管导通,继电器 K 被吸合。在初始化和需要继电器 K 返回时,应使 PB0 输出"1",PB1 输出"0"。

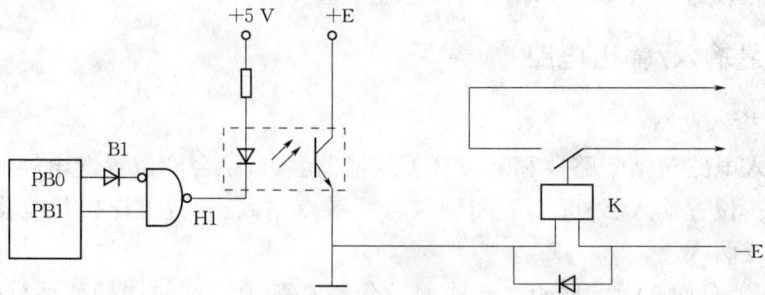

图 4-20　开关量输出电路接线图

设置反相器 B1 及与非门 H1 而不将发光二极管直接同并行接口相连，一方面是因为并行接口带负荷能力有限，不足以驱动发光二极管；另一方面是采用与非门后要满足两个条件才能使 K 动作，增加了抗干扰能力。为了防止拉合电源过程中继电器 K 的短时误动，将 PB0 经一反相器输出，而 PB1 不经反相器输出。因为在拉合直流电源过程中，当 5 V 电源处于某一个临界电压时，可能由于逻辑电路的工作紊乱而造成保护误动作，特别是保护装置的电源往往接有大量的电容器，所以拉合直流电源时，无论是 5 V 电源还是驱动继电器 K 用的电源 E，都可能相当缓慢的上升或下降，从而很可能使继电器 K 的触点短时闭合。采用上述接法后，两个反相条件互相制约，可以可靠地防止误动作。

任务小结

1. 理解开关量输入电路原理：开关量输入电路主要由消抖滤波电路、信号调节电路、隔离电路、逻辑控制电路、驱动电路、地址译码电路等组成。理解滤波消噪电路与信号调节电路、开关量的隔离电路、驱动控制与端口地址译码结构和工作原理。

2. 理解开关量输入和开关量输出电路和电路接线和工作原理。

任务三　脉冲量的采集

学习目标

1. 理解脉冲量的输入原理。
2. 能正确区分脉冲量信号。
3. 能识别脉冲量信号输入端口。

牵引变电所中能量的计量是通过有功和无功电度表完成的，电业管理部门每月定期派人到牵引变电所进行抄表，计算用电量和电费。随着电力监控技术的发展，目前对电能量的计量，多采用电能脉冲计量法、软件计算法或专门的微机电能计量法。以下介绍电能脉冲计量法的原理和实例。电能脉冲计量法，即使电能表转盘每转动一圈便输出一个或两个脉冲，用输出的脉冲代替转盘转动的圈数，并将脉冲量通过计数器计数后输入微机系统，由 CPU 进行存储、计算。

转盘式脉冲电能表发送的脉冲数与转盘的转动圈数（即电能量）成正比。将脉冲量数累计，再乘以系数就得到相应的电能量。为了对脉冲数进行累计，综合自动化系统中设有计数器，每收到一个脉冲，计数值加 1，在对脉冲进行计数时，要对脉冲质量进行检查。正常情况下的脉冲有一定宽度，如收到的脉冲过窄，宽度不符合要求，一般可判断为干扰脉冲，应予舍弃，如图 4-21 所示。

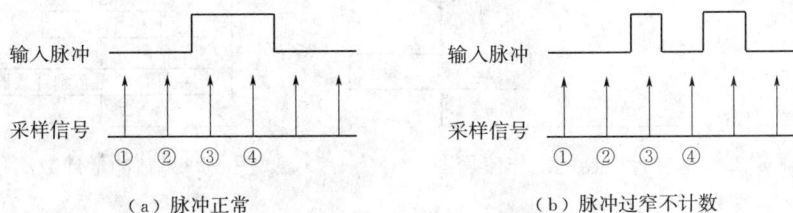

（a）脉冲正常　　　　　　　　　　　（b）脉冲过窄不计数

图 4-21　脉冲质量检测

在图 4-21（a）中，由于①、②处采样脉冲连续检测为低电平，而③、④处采样脉冲连续检测为高电平，即对于正常脉冲，定时采样连续测得脉冲为高电平的次数不少于 2，就确定为有效脉冲，计数器加 1。

在图 4-21（b）中，①、②处采样脉冲连续检测为低电平，但③、④处的采样值不同，因而诊断输入的是尖峰干扰，不是有效脉冲，计数器不予计数。

在铁路供电系统中，电能脉冲的到来是随机的，计数器随时可能要计数。读取计数器的累计值时不应妨碍正常的计数工作，因而一般采用两套计数器，主计数器对输入的脉冲进行计数，副计数器数据平时随主计数器更新，两者的数据保持一致。在收到统一计数的"冻结"命令时，副计数器就停止更新，保持当时的数据不变，而主计数器仍照常计数，因此数据可从副计数器刷新计数，保持与主计数器的数据一致。脉冲计数器的工作流程如图 4-22 所示。

脉冲计数需使用"冻结"措施的原因是：

1. 保证计数的同时性

让全系统所有的被控端脉冲量同时冻结，然后分别提取。

2. 保证读数的正确性

若不冻结，可能会造成读数读错。例如计数值为 29，先读低位 9，这时碰巧来了一个脉冲，计数值已变为 30，再读高位时已为 3，结果计数值读成 39，造成很大读数误差。若先读高位，由于上述情况的出现，则可能读成 20，读数误差也很大。因此脉冲量读取的过程应规定为：自动冻结副计数器，从低字节开始读，等读完后再解冻并更新，流程如图 4-23 所示。

下面以图 4-24 所示的某公司的 PWS 型综合自动化系统脉冲量计数电路图为例，说明计数电路的工作原理。

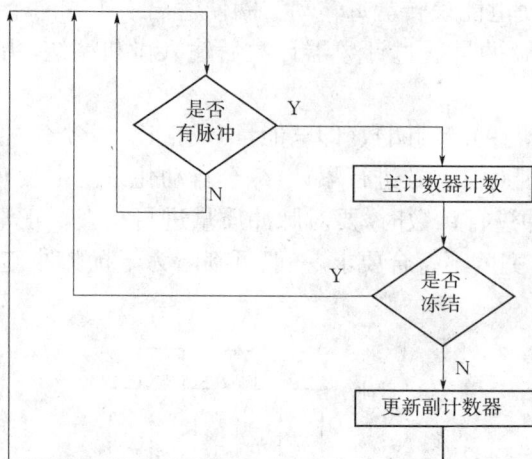

图 4-22　脉冲计数器的工作流程图　　　　图 4-23　脉冲量计数流程图

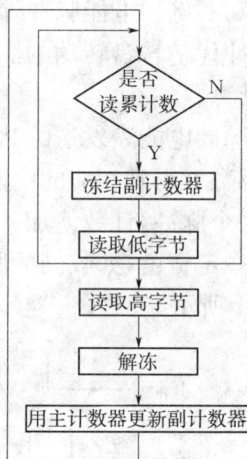

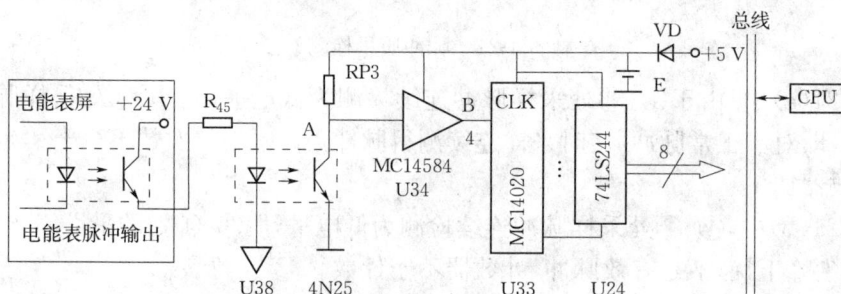

图 4-24　PWS 型综合自动化系统脉冲量计数电路图

　　脉冲电能表所产生的脉冲上升沿,使电能表内部光电隔离器的二极管发光,三极管导通,此时,电能表＋24 V 电源通过该三极管及微机系统模块中的电阻 R_{45} 使光电隔离器 U38 的二极管发光,三极管饱和导通,A 点由高电平变为低电平,在脉冲电能表输出过去以后,U38 无电流通过,A 点由低电平变为高电平,在这一过程中 A 点得到一个低电位脉冲,该脉冲通过 U34(MC14584)整形并反相输出,B 点的脉冲波形与脉冲电能表的相一致。此脉冲接入计数器 U33(MC14020),在 MC14020 的输出端得到脉冲累计数,CPU 控制 U24(74LS244,3 态 8 位缓部器,总线驱动)的选通端,将计数值开放到数据总线,CPU 读入计数值衙进行记录、计算和存储。

　　U38,U34 及 U33 三个芯片的电源可由电池 E 供给,保证在系统失去＋5 V 电源时电能表计数值不丢失,并可继续对脉冲进行计数。

　　74LS244—3 态 8 位缓冲器,它主要用于三态输出,作为地址驱动器、时钟驱动器、总线驱动器和定向发送器等。

　　CPU 本身的驱动能力是有限的,通常只能驱动几个 TTL(或十几个 MOS)门电路。因此,人们常需要根据不同情况在 CPU 的地址总线、数据总线和控制总线上加进不同数量和类型的驱动电路,以增进 CPU 对板内元件或各类总线的驱动能力。驱动器类型很多,使用场合各异。通常,驱动器可分为板内总线驱动器、线驱动器、外围驱动器、显示驱动器、译码器/驱动器等。

板内总线驱动器通常分为两种：一种是数据总线的双向驱动器；另一种是地址总线及有关控制总线的单向驱动器。单向驱动器常采用 74LS244（或 8228）八同相三态缓冲/线驱动器，双向驱动器采用 74LS245（或 8215）八同相三态收发器。

为减少信息传输线的数目，大多数微机系统中信息输出均采用总线形式，即凡要传输的同类信息都走同一组传输线，且信息是分时传送的。在微机系统中一般有三组总线，即数据总线、地址总线和控制总线。为防止信息相互干扰，要求凡挂在总线上的寄存器或存储器等，它的输出端不仅能呈现 0、1 两个信息状态，而且还应能呈现第三种状态，即高阻抗状态（又称高阻状态），此时好像它们的输出被开关断开，对总线状态不起作用，而且此时总线可由其他器件占用。三态门电路即可实现上述功能，它除具有输入/输出端以外，还有一控制端，常用的三态缓冲器 74LS244 外形如图 4-25 所示，其真值表见表 4-2。它采用 8 个同相的三态缓冲器/线驱动器，有两个独立的使能端 $\overline{1G}$ 和 $\overline{2G}$，低电平有效。控制 1A1～1A4 的三态门，而 $\overline{2G}$ 控制 2A1～2A4 的三态门，因此 74LS244 也叫作为两个独立的四同相三态缓冲器/线驱动器。其输出端 1Y1～1Y4 和 2Y1～2Y4 分别与 1A1～1A4 和 2A1～2A4 相对应。当门控信号 $\overline{1G}=0$ 时，输出端 1Y1～1Y4 便等于 1A1～1A4 当 $\overline{2G}=0$ 时，2Y1～2Y4 便等于 2A1～2A4。

图 4-25　74LS244 3 态 8 位缓冲器

表 4-2　74LS244 真值表

Inputs		Output
$\overline{G}$	A	Y
L	L	L
L	H	H
H	×	Z

注：L 表示低电平，H 表示高电平，X 表示不定状态，Z 表示高阻态。

任务小结

1. 通过本任务理解了脉冲量的计数原理和计数流程，能正确区分脉冲量信号。
2. 通过本任务理解了 PWS 型综合自动化系统脉冲量计数电路图工作原理。

项目小结

变电所需要采集电压、电流、有功功率、无功功率、温度等模拟信号，需要采集断路器、隔离开关状态信号等开关量信号，必要时还需要采集电度表的脉冲信号进行远程抄表计量。学习信息量的采集是学习铁路电力监控系统的重要环节。完成本项目的学习主要实现 3 个目标。

1. 模拟量的采集

理解模拟量输入电路原理。能分析每一组成部分电路结构和工作原理。理解模拟量输出电路原理。

2. 信息量的采集

理解开关量输入电路原理,理解滤波消噪电路与信号调节电路、开关量的隔离电路、驱动控制与端口地址译码结构和工作原理。会分析开关量输入和开关量输出电路工作原理。

3. 脉冲量的采集

理解脉冲量的计数原理和计数流程,能正确区分脉冲量信号。能分析 PWS 型综合自动化系统脉冲量计数电路工作原理。

复习思考题

1. 模拟量的输入电路由哪几部分组成? 各部分的作用是什么?

2. 简述采样的定义。

3. 简述逐次逼近式模/数转换器的转换原理。

4. 模拟量的输出电路一般由哪几部分组成?

5. D/A 转换器的性能指标有哪些?

6. 开关量的隔离作用是什么? 有哪些隔离方法?

7. 举例说明开关量输入电路的工作原理。

8. 变电所中电能量的计量方法有哪几种?

9. 简述 PWS 型综合自动化系统脉冲量计数电路工作原理。

项目五 · 电力监控系统的结构与原理

项目描述

远动监控系统目前应用于很多行业,如工业、电力、运输、航空航天、气象和原子能开发利用等领域,在铁路电力监控系统中也得到广泛应用。一般由主控端、被控端和传输通道三部分组成,主要用途是实现主控端与处于分散状态(或远程、危险)的被控端的生产设备的运行实施集中监视、控制和统计管理。

任务一 铁路电力监控系统构成及功能识别

学习目标

1. 了解电力监控概念及发展。
2. 掌握电力监控结构、功能及性能指标。

一、电力监控的概念

数据采集与监视控制系统(Supervisory Control And Data Acquisition,简称 SCADA),又称远动,其定义是:监督控制和数据采集。是建立在自动控制理论、检测技术、计算机技术和现代通信技术基础上的一门多学科应用技术。它集控制、通信、计算机于一体,在多领域广泛应用,并发挥着越来越重要的作用。

电力监控系统(Power Supervisory Control And Data Acquisition,简称 PSCADA),铁路电力监控是设立在中心城市的电力调度所对铁路沿线数百公里(甚至数千公里)范围内的各个牵引变电所、分区所、开闭所的信息交互与传输。实现对牵引变电所、分区所、开闭所的电气设备运行状态进行实时控制与监视,如图 5-1 所示。

铁路电力监控的信息交互主要包括以下几个方面:

1. 各断路器、隔离开关的状态,信号、事故继电器的状态;
2. 进线三相电压、电流、功率、电能,馈线电压、电流、功率、电能;

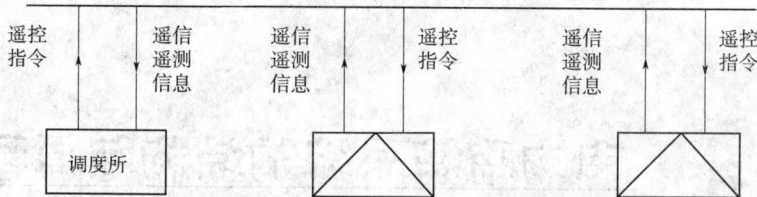

图 5-1　铁路 PSCADA 系统示意图

3. 对断路器、电动隔离开关的切换控制;

4. 对电压、无功的调节。

二、电力监控技术的发展

电力监控技术在 20 世纪 30 年代首先用于铁路运输系统,40 年代用于电力系统。我国在 50 年代末才在电力系统中采用,而电气化铁道远动系统在 60 年代开始研制,80 年代才得到了广泛应用。尽管电力监控技术在我国的应用时间不长,但发展十分迅猛,发展过程中大体经历了三个阶段:

1. 有触点式阶段

这是以继电器为主要元件、配以步进选线器、电子管等元件组成的远动装置。这类远动装置有大量接点,维护工作量大,可靠性较差,寿命短,属早期远动产品。我国电力系统在 20 世纪 50 年代有广泛应用,现已全部淘汰。铁路系统没有经历这一阶段。

2. 布线逻辑式阶段

这一阶段也经历了晶体管、集成电路的过程。布线逻辑式远动装置是无接点式装置,按预定的要求进行设计,使构成装置的各部分逻辑电路按固定的时间顺序工作,以完成预定的功能。这些装置属于硬件式装置,不能随意进行功能的扩展。在 20 世纪 70 年代,我国各大电力系统都使用过这类装置,在电气化铁路上也有过应用。

3. 软件化阶段

计算机的出现给科学技术和工业生产带来一场深刻的革命。当计算机技术发展到一定程度,十分自然地要应用到控制系统上。我国在 20 世纪 70 年代后期开始发展微机化远动装置,在牵引供电系统上研制、试用微机化远动装置是在 80 年代初期。目前,广泛使用的远动系统均为微机远动系统。

目前,我国电气化铁道电力监控技术装备已达到了较为先进的水平,南京自动化研究所、许昌继电器集团公司、西南交通大学等单位形成了集电气化铁道电力监控技术研究、开发、生产、服务于一体的技术团队。

三、电力监控系统的功能

调度端的主要任务就是对被控端送来的信息进行加工、处理,并根据需要进行各种报表、记录的显示、存储、打印,对事故信号进行报警,以及操作员通过人机接口向各被控端发出操作命令等。被控端的主要功能则是采集当地各开关量的状态、电气量的参数并及时上送调度主站,以及执行调度端发来的各种操作命令等。

电力监控技术即是调度端与各被控端之间实现遥控、遥测、遥信和遥调技术的总称。因而电力监控系统的主要功能就是遥控、遥测、遥信、遥调。

1. 遥控（YK，Remote-Control，或 Telecontrol）

遥控是从调度端发出命令以实现远方操作和切换。这种命令只取有限个离散值，通常只取两种状态指令，例如开关的"合"、"分"指令。

（1）单独控制：对被控站内某一开关设备或转换装置进行状态控制。

（2）程序控制：对所控对象内容按预先设定的若干单控操作步骤组合而成一个控制程序，包括站内程控及站间程控。

（3）开关闭锁控制：对被控站内任何开关设备的操作进行闭锁。

（4）手动模拟置位操作：当被控站或通道故障时，可手动设置开关的位置状态，此外，手动隔离开关的状态亦采用手动置位操作方式。

（5）遥控试验：在被控站内设置模拟开关，对此模拟开关进行状态控制，用以检查遥控过程的各环节设备是否正常。

（6）遥控操作方式：基本操作过程分为"选择"和"执行"两步，并对"选择"步骤进行校验。遥控操作均提供控制条件校验及信息提示。

2. 遥测（YC，Telemetering）

遥测是将被控站的某些运行参数传送给调度端。如有功和无功功率、电度、电压、电流、温度等。

3. 遥信（YX，Telesignal）

遥信是将被控站的设备状态信号远距离传送给调度端。如开关位置信号、报警信号等。

（1）正常运行状态的监视：对供电系统及供电设备运行状态的监视。

（2）异常运行状态的监视：对供电系统及供电设备非正常运行状态下的非紧急故障信息内容及发生事故后的紧急故障信息内容的监视。

（3）报警提示：包括画面显示、文本信息、音响报警、报警站名画面显示等。

4. 遥调（YT，Teleadjusting）

遥调是调度端直接对被控站某些设备的工作状态和参数的调整。如调节变配电所的某些量值（如电压等）。

由于计算机的运算速度越来越快、功能越来越强，使得远动系统除了完成常规的"四遥"功能外，还可完成许多其他的数据处理和管理功能，如根据需要，编制各种不同的图形、报表，可提供远动复示终端，可与其他系统联网等功能，还可提供操作人员的在线培训、防误操作以及辅助决策等功能。

四、电力监控系统的基本构成

电力监控系统的基本结构包括主控端（调度端）、传输通道、被控端三部分，从另一个角度来讲就是信息的产生、信息的传送以及信息的接收三个部分，如图 5-2 所示。

电力监控系统的发送端设备是命令的产生部分，电力监控系统的接收端设备是命令的接收部分，而命令的传送部分是电力监控系统的信道。从结构上讲，电力监控系统与一般自动化系统之间最大的区别就在于信道的存在。

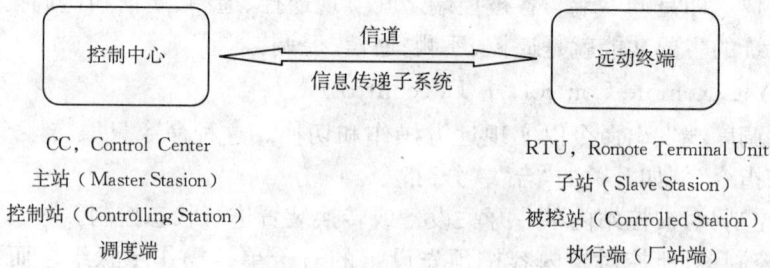

图 5-2　电力监控构成示意图

需要澄清的一个概念是:信息的发送端不一定就是主控端,而信息的接收端也不一定就是被控端。对于遥控和遥调命令,主控端为发送端,被控端为接收端,主控端将命令发送给被控端去执行;而对于遥信、遥测信息,被控端则是发送端,而主控端则是接收端,被控端要将遥测、遥信量送到调度端去显示或记录,如图 5-3 所示。

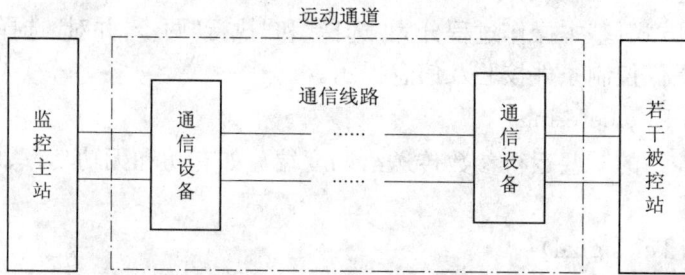

图 5-3　电力监控系统示意图

主控端设备一般安装在单位的调度中心,被控端设备一般装设在沿线的车站信号机械室、箱变和变、配电所内。

目前铁路电力监控系统一般采用开放型分布式双以太网结构,客户机/服务器模式,系统采用服务器、工作站配置。调度端设备包括服务器冗余服务器调度员工作站、模拟屏、通信前置机、网络等设备。通信通道(信道)的传输介质包括音频实回线(电话线)、光纤、电力载波、无线电等。对大型远动系统,远动信息的通路应分群,以保证响应速度。被控端或远方终端(RTU,Remote Terminal Unit)设备主要包括安装在信号通信机械室内的 RTU、箱变内的 RTU、安装在变配电所内的 RTU、分区所内的 RTU,综合自动化型变配电所远动通信管理机、分区所的远动通信管理机。

五、电力监控系统的性能指标

对任何一种计算机监控系统而言,都可以用系统的性能指标,或主要技术要求来衡量其优劣或作为设计、选型的要求。一般主要有如下几点:

1.可靠性

电力监控系统的可靠性是指设备在技术要求所规定的工作条件下,能够保证所规定的技术指标的能力。

电力监控系统也像其他自动化系统一样,往往要求无人监视,并且应用在重要的生产部门或国防部门中,对于装置的可靠性有很高的要求。一次误动或是失效都有可能引起严重的后果,造成生命和财产的损失。可靠性包括装置本身的可靠性及信息传输的可靠性两个主要方面。

电力监控系统中每个设备的可靠性一般用平均故障间隔时间(MTBF),即两次偶然故障的平均间隔时间来表示。而整个系统的可靠性通常可以用"可用率"来表示。

$$系统可用率 = \frac{运行时间}{运行时间 + 停用时间} \times 100\%$$

式中的停用时间包括故障时间和维修时间。影响系统可用率的重要因素有:设备的质量、维护检修情况、环境条件、电源供电可靠性及其备用的程度等。铁路设计规范要求系统的可用率不低于99.8%。

目前,一般远动装置平均故障间隔时间要求调度中心达到 5 000 h 以上,被控站达到 8 000 h以上。

电力监控系统信息传输过程中,会因为干扰而出现差错。传输可靠性是用信息的差错率来表示的。

$$差错率 = \frac{信息出错的数量}{传输信息的总数量}$$

差错率包括误比特率、误码率和误字节率,常用误码率来表示。

2. 容量及功能

通常把遥控、遥调、遥测及遥信等对象的数量,统称为该装置的容量。首先,远动装置的容量要满足实际用户的远动化要求;此外,遥控、遥调、遥测及遥信的功能也要可扩。随着技术的发展,远动装置还要完成事件记录,数据处理、信息转发等功能。对于铁路牵引电力监控系统,通常要求:遥控>64 路,遥测>32 路,遥信>128 路。

3. 实时性

从提高生产效率、加速事故处理的观点出发,对系统实时性提出较高要求是显而易见的。实时性常用"响应时间"来衡量。响应时间是指从发送端事件发生到接收端正确地收到该事件信息的这一段时间间隔。例如,一般电力监控系统的响应时间,遥控、遥信一次平均传输时间小于 2 s;遥测响应时间小于 3 s,所内事件分辨率不大于 10 ms 等。

4. 抗干扰能力

在有干扰的情况下,电力监控系统仍能保证技术指标的能力称为电力监控系统的抗干扰能力。

众所周知,任何信道中都必然存在着人为的或自然的干扰。在自然干扰中最有害的是工业干扰和起伏干扰。此外,在多路传输时还有信道间的路际干扰。因此,在电力监控系统信道接收端所得到的已不是原来的信号,而是信号 $f(t)$ 和干扰 $n(t)$ 的混合,如图 5-4所示。假如信道的输出端没有特殊的方法把原来的信号 $f(t)$ 分离出来,减免干扰的影响,则在遥测时将造成误差,而在遥控时将有可能发生误动作。

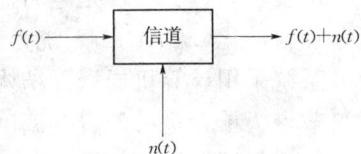

图 5-4　通道干扰

增加抗扰度的方法有两种:其一是在信道输入端适当变换信号的形式,使其不易受干扰的影响;其二是在接收端变换环节的结构上加以改善,使其具有消除干扰的滤波和补偿能力。

电力监控系统的上述主要性能指标对同一系统往往并非同时能够满足,其中存在着矛盾,因此需要权衡利弊,予以选择。另外,电力监控系统还应具有足够的灵活性,以便使系统能在用途改变或容量变更时,只需稍加改动或简单地叠加一些设备就可运用。电力监控系统还应在使用维护方便和成本低廉方面有所要求,设计尽可能地简化,使用户在操作上易于掌握和便于日常维护,尽可能降低成本和提高系统可靠性。

任务小结

1. 理解 SCADA 定义为监督控制和数据采集,PSCADA 定义为电力监控。
2. 了解电力监控的三个发展阶段:有触点阶段、布线逻辑式阶段、软件化阶段。
3. 理解电力监控的"四遥"功能:遥控、遥测、遥信、遥调。
4. 掌握电力监控系统的基本结构组成:其组成包括主控端(调度端)、传输通道、被控端三部分。
5. 掌握电力监控系统的性能指标:可靠性、容量及功能、实时性、抗干扰能力。

任务二　调度端认知

学习目标

1. 掌握调度主站的硬件组成和功能。
2. 了解调度主站的软件组成。

调度端能完成远方操作及监视,能正确和及时地掌握每时每刻都在变化着的牵引供电系统设备运行情况,处理影响整个牵引供电系统正常运行的事故和异常情况;对所有数据进行分析,处理,存储及打印,以友好人机界面向调度员显示,转发其他系统共享。调度端是SCADA 系统的指挥中心,是铁路电力监控系统的重要组成部分之一。

一、调度端硬件组成

调度主站(调度端)是电力监控系统乃至供电系统的调度指挥中心,装设于此的调度远程监控自动化(SCADA)系统为直观实现调度管理意图提供了强有力的技术支持。

系统采用计算机局域网结构、分布式控制系统,以计算机设备为核心、以功能为模块、以网络节点为单元进行配置。调度主站(调度端)设备主要由冗余配置的双主机服务器、调度员操作工作站、通信前置处理机、网络接口设备、维护工作站、流水打印机、报表打印机、模拟屏、电源系统(UPS 及配电盘)、GPS 时钟系统、连接电缆等部分组成,如图 5-5 所示。

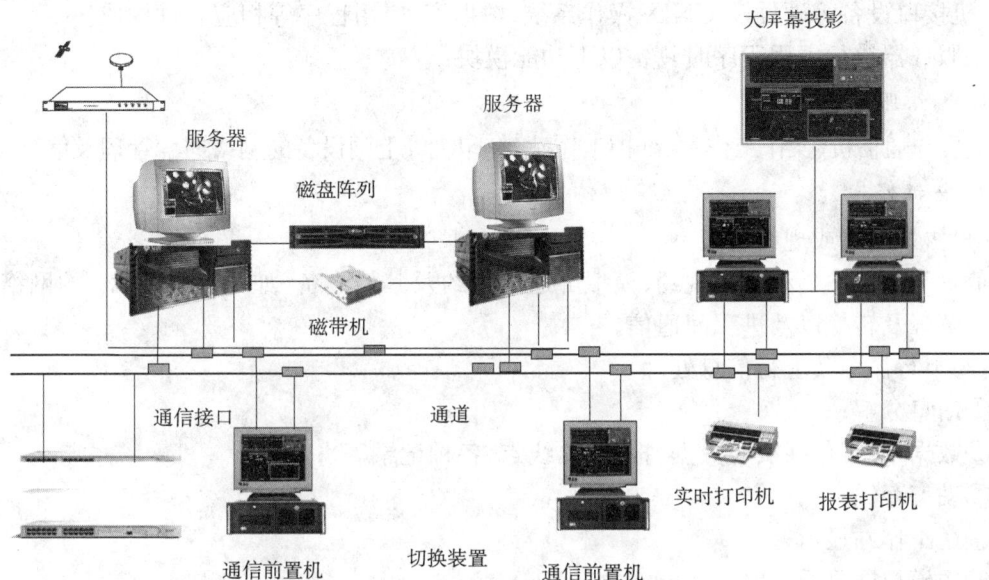

图 5-5　调度端硬件结构示意图

冗余配置的目的是提高系统的运行可靠性。冗余设备可有冷备用和热备用两种备用工作方式。所谓冷备用是指作为备用的设备不运行指定的应用软件或干脆就关电待命,待主用设备故障或视需要切换时再投入运行;热备用是指作为备用的设备运行指定的应用软件监视主用设备,一旦发现主用设备故障,即自动切换运行主用程序以接替原主用设备工作,或收到双机切换命令后自动切换为主用设备工作方式,原主用设备切换为备用工作方式或退出运行休整。我们目前采用的均为热备用方式。

SCADA 系统以主服务器为核心,通过网络与调度员操作工作站、维护工作站、通信前置机、模拟屏、GPS 等设备进行数据交换,并对各设备工作状态进行监视管理,流水打印机、报表打印机通过打印服务器上网与主机相联。

主服务器、维护工作站、操作工作站、通信机配以相应操作系统(如 UNIX、WindowsNT 等操作系统)及监控应用软件,充分利用外设及数据资源,实现遥控、遥信、遥测、遥调"四遥"功能及数据报表统计、记录事故分析等调度自动化管理的各项功能。

主站调度管理自动化系统数据源于调度台调度员的操作命令及被控站采集到的被控对象的有关数据上送信息。前者的远动操作命令称下行命令,后者的上送有效信息部分称上行信息。整个系统围绕下行命令和上行信息展开处理工作。操作工作站作为主要的人机交互界面,接受和初步处理调度操作命令,是下行命令的第一受理者。通信机通过远动通道查询获取被控站有关信息,预处理后通过网络传送给主机处理,因此可以说通信机是上行信息的第一接待站。

(一)主服务器

主服务器系统主要用于数据和网络服务及定时任务管理,进行数据的后台处理,管理实时数据和历史数据,负责网上节点资源的分配、管理和网络信息交换,进行网络信息汇总、组织和派发,为维护工作站、操作工作站提供初加工数据。系统主要由 CPU、内存、硬盘、网卡、人机接口设备等硬件及 UNIX 操作系统、数据库、应用程序等相应软件构成。

主服务器执行主用程序时具备以下功能模块：

1. 网络服务

负责与通信机、操作工作站、维护工作站、打印机等上网设备的网络通信管理及信息交换。

2. 数据处理

(1)协议支持或规约转换

负责与被控站远动通信规约、模拟屏通信规约及其他设备(如 PC 机、UPS)的网络通信协议的解释及转换以及进程间通信。

(2)下行命令及上行信息处理

①信息分解；

②数据统计(包括实时数据、报表、曲线点、各种记录等)；

③动态存储；

④送工作站显示；

⑤送模拟屏显示；

⑥打印服务。

(3)数据服务

①向工作站提供实时及近期数据服务；

②向维护工作站提供数据源；

③向备机提供原始数据。

3. 设备监管

①系统配置管理；

②系统参数及结构定义；

③各设备工作状态监测；

④系统运行状态记录。

4. 定时服务

①定时遥信、遥测、对钟；

②报表定时处理、打印；

③定时检测设备。

5. 进程监管

①进程状态监测；

②进程自举；

③双机切换。

备用机执行备用程序时具备如下功能模块：

①网络通信：即与主机交换信息；

②数据处理：与主机数据处理相似，但不向外部设备输出信息；

③监视主机工作状态；

④双机切换。

(二)操作工作站

操作工作站是实施调度作业的人机界面,并集中反映调度意图和效果,监视供电设备运营状态。每个调度台配备两套操作工作站,互为备用。操作工作站由高可靠性的工业控制用 PC 机(配网卡)、大屏幕彩色显示器、鼠标和键盘等人机接口设备、UNIX 操作系统、应用程序等相应软件构成。

操作工作站监控应用软件具有如下功能模块:

1. 网络通信

与主机交换信息,包括各种操作命令和上行远动信息、设备工作状态信息等。

2. 操作管理

包括远动操作、本地操作和命令管理。

(1)远动操作

远动操作包括遥控、遥信全召、遥测全召、遥调、召取故障记录、故障录波、故障信号复归等操作。

(2)本地操作

本地操作包括各种画面的调出与切换,统计报表(日报、月报、年报、跳闸报、越限报等)的调出与切换,电量曲线的选择显示,记录(包括操作记录、事故记录、预告记录等)的调出显示,对模拟屏的一些操作(如验灯、验警、音警复归、闪光复归等),手动置位开关状态,打印设备(流水打印机、报表打印机)状态标志设置,随机打印报表,记录命令操作,控制权切换,拷屏等操作。

(3)命令管理

命令管理主要针对远动操作,完全由软件完成。命令管理主要是对远动命令进行记忆、超时监视并给出相应提示和处理。

3. 上行实时信息处理

上行实时信息处理包括对上行远动信息进行分解、对网络协议及被控端通信规约进行转换处理、实时信息的存储和显示。

(三)系统维护工作站

系统维护工作站的结构、技术参数和人机接口设备组成及功能要求与调度员工作站等同,并通过网络适配器与计算饥网络相联。系统维护工作站由维护工程师使用,主要用于完成整个系统数据的建立及修改、画面建立及修改、报表生成、以标准数据库格式完成历史数据库的管理、系统运行参数的定义、修改及系统程序的维护和开发。此外,还具有对系统运行状态(包括通道、控制站及被控站设备工作情况)的实时监视、对重要工况参数进行实时打印(如系统各个节点设备的运行状态、被控站工作状态、通道状态等),可以查看系统的各类记录数据。

系统维护工作站可在调度员工作站无法使用时代替其工作,成为调度员工作站设备的备用,以解决系统运行中发生的特殊情况。

(四)通信前置处理机

通信前置处理机、远动通道线路和设备是连接监控主站与被控站的桥梁,是监控站与被控站的信息纽带。每个监控站可配备两套通信前置处理机,互为备用。通信前置处理机由高可靠性的工业控制用 PC 机(配网卡、多串口卡等)、彩色显示器、鼠标和键盘等人机接口设备、操作系统等相应软件、主站 MODEM 等构成。

通信前置处理机通信应用软件具备如下功能模块:

1. 网络通信

与主机交换主站下行命令和被控端上行信息及通信设备交换状态信息等。

2. 查询被控端

对所辖被控端进行信息轮询(Polling),查问有无遥信、遥测变位信息、操作信息需上送。被控端如有信息要上送,则应答该信息,否则返回正常应答。

3. 上、下行信息转发

包括对收到的信息筛选、被控端通信规约与网络规约的转换、信息转发等功能。

4. 信道监视

包括对信道的配置、信道状态的监测和误码统计显示等。

5. 模拟被控端

对被控端进行软件模拟,用于主站调试、演示及用户培训。

(五)调度端其他设备

流水打印机对被控站所发生的事件按发生的时间顺序进行流水打印记录。这些记录包括事故记录、预告记录、操作记录、故障测距记录等。一般每个控制台配备一台彩色打印机用于流水打印,其工作状态可在操作工作站上进行命令控制。

报表打印机用于定时或随机打印报表,也可根据调度员的指令随机打印所需分类记录。整个监控主站系统可配备一台彩色报表打印机,其工作状态也可由调度员进行命令设置。

模拟屏用于对被控站状态的同步显示,并有音响报警、闪光报警、光字牌提示、线路带电显示、时钟及安全天数等显示功能。通过模拟屏对整个供电系统进行全线监视。模拟屏目前已经被大屏幕投影设备所替代。

GPS 同步时钟系统与卫星对时实现设备时间同步。配置一面配电盘,可进行两路进线电源自动切换及多回路输出,输出容量应满足用电负荷需要。

UPS 一般采用免维护进口铅酸电池,电池容量满足失电后保证 30 min 系统运行。

二、调度端软件组成

电力监控系统调度软件是指对在调度端系统运行的所有程序总称。一般分为系统软件、应用软件和数据库软件。

系统软件是指计算机中所使用的操作系统,面向计算机本身,不针对特定用户,具有一般性。支持软件是开发支持环境和数据库管理系统(DBMS)应用软件是在远动监控系统中特指为实现调度自动化功能设计的应用程序,面向用户,具有针对性。实现四遥、数据报表统计、记录事件分析等调度自动化管理各项功能。调度端软件结构图如图 5-6 所示。

调度员

应用软件（数据处理，人机界面）

支撑软件（数据库，开发平台，应用接口）

系统软件（操作系统）

硬件（计算机，网络、通信、接口）

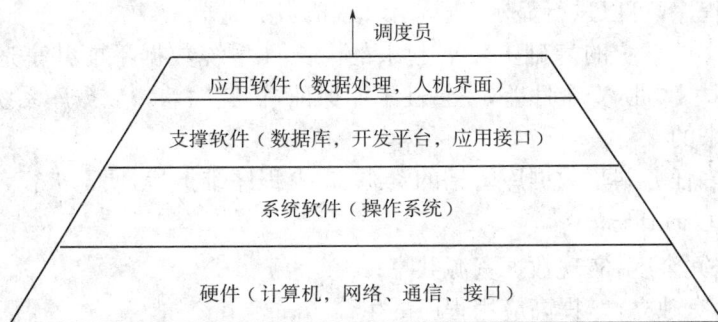

图 5-6　调度端软件结构图

(一)系统软件

系统软件是指计算机中所使用的操作系统,操作系统作为计算机的核心软件,其处理管理对象是计算机的各种硬件资源,包括 CPU,内存,外存,系统程序和数据文件等。

系统软件是最基本的系统软件,是硬件机器的第一级扩充。

根据 TB 10117—2008 铁路供电调度系统设计规范,软件设计要求如下:

(1)软件应包括系统软件、支持软件和应用软件。

(2)系统软件应具有调试、维护及自诊断、在线修改和生成开发功能功能,对系统软件本体不应作任何变动。

(3)应根据需要配备各类支持软件。

(4)计算机系统软件、支持软件应具有安全可靠的防护措施。

(5)应配置稳定的、响应速度快、可维护和可扩性好的实时数据库管理系统。

(6)应用软件应采用符合国际标准的支撑平台,可根据需要进行扩充和修改,宜选用成熟的软件包。

(7)计算机的数据通信规约应符合相关标准在同一系统内通信规约宜统一。

调度端的操作系统通常有以下三种:

(1)Windows 操作系统:基于 INTEL 或相应平台,窗口界面,图形操作系统,用于个人计算机 PC 或 PC 服务器。

特点:操作直观、简便,对系统硬件要求低,但安全性欠缺。

(2)UNIX 操作系统:最早的 PDP-11 机、早期 VAX 机上的 openVMS,现在流行的硬件平台上 SUN-Solaris、ALPHA（DEC,COMPAQ,HP）-Digital Unix、TRU64 Unix、IBM-AIX、HP-HP-UX。字符界面,多用于基于 RISC 的小型机或服务器。

特点:系统可靠性高、安全性强,开放性强,数据处理功能强,但操作不直观,对系统硬件要求高,维护较复杂。

(3)实时多任务操作系统:QNX,VxVorks

常用于对实时性要求较高的 SCADA 系统测控装置及通信装置,如 RTOS,QNX,VxWorks等。

(二)支持软件

支持软件指运行在操作系统之上的开发平台、数据库管理系统平台,是建立数据表格和形式的数据管理程序，可以进行显示、查询、修改和调用数据。

数据库是在文件系统的基础上发展起来的。文件系统数据不能共享造成大量数据重复，易造成数据不一致性，安全性差，完整性不能保证，扩展性差。数据库系统是在文件系统的基础上发展起来的。

BDMS允许多任务共享数据库管辖的资源，减少程序维护量，便于扩容，修改。

1. 数据库管理的目标

(1)减少数据冗余度，实现数据资源共享；

(2)使数据具有独立性，提高应用程序的生命力；

(3)实现数据集中管理，提高安全性和完整性。

2. 数据库管理系统(DBMS)

常用的关系数据库管理系统有：Microsoft SQL SERVER、SYBASE、Oracle等，关系数据库管理系统提供海量数据的存储、更新及查询、检索，负责数据的存储、安全性、完整性、并发性、恢复和访问。

关系数据库管理系统支持ODBC(open database connection，开放数据库连接)接口标准，无论采用何种数据库管理系统，应用软件均可以采用相同的接口访问数据库系统。

3. 数据库在远动监控系统中的作用

(1)远动监控系统的各项功能都是建立在数据库的基础上；

(2)数据库系统为所有的功能子系统提供数据接口；

(3)数据库子系统的性能将大大影响远动监控系统的性能。

4. 远动监控系统调度端数据库类型

(1)实时数据库

实时数据的存储，对实时性要求高，一般保存在内存中，采用专用数据。

实时数据库应满足以下要求：

①实时性：时限短，必须保存在内存中。

②高效性：频繁存取数据。

③关键性：为保证实时性的关键数据。

为了满足系统对实时响应时间的要求，实时数据库系统采用优化结构的自定义数据库，数据库访问高效快捷，并由实时数据库校验程序维护自身数据的一致性和正确性。

实时数据库保存并维护有关SCADA系统运行所需的全部数据，并对调度端客户机系统提供数据服务。实时数据库包括有画面显示数据库、系统运行参数库、遥测数据库、遥信数据库、对象库以及各种实时报表、记录库。

(2)历史数据管库

用于对历史数据的存储，一般采用商用数据库。远动系统的实时数据可以按周期或按变化保存在历史库中。远动系统中除了保存数据库的历史数据外，还可以保存外部事件、SOE。

①短期历史库：保存一段时间内的系统运行记录，因此其典型应用是趋势曲线显示和过程回放。

②长期历史库：大规模历史数据的长期存储通常基于商用数据库DBMS完成。用于具

有统计意义的历史数据。

(三)应用软件

1. 调度端应用软件分类

在操作系统及支持软件之上完成 SCADA 系统特定功能的软件,主要包括服务器软件、调度员工作站软件,通信前置机软件,维护工作站软件等。

(1)通信前置机软件

前置机处理程序,主要完成与站端设备或系统的通信、规约处理以及网络数据发送等功能。

(2)服务器软件

服务器软件主要完成数据库访问、参数管理、数据计算和处理、内存和资源的分配等功能,并为其他模块提供实时数据访问接口。

(3)调度员工作站软件

人机界面监控程序。主要完成各种人机交互功能,包括数据、图形、曲线和各种事项、告警信息的显示和检索,以及接受操作人员的各种指令并下发等。

(4)维护工作站软件

①报表编辑软件:报表管理程序。绘制、编辑、打印和管理调度自动化常用的各种运行报表,如日报表、月报表、年报表等,并完成各种统计、计算功能。

②画面编辑软件:绘图工具。提供各种常用图元和编辑手段,绘制、编辑、管理各种监控图、接线图、主接线图、曲线、棒图等,并与实时数据直接关联,所见即所得。

(5)Web 服务器软件

在 Intranet 或 Internet 范围内提供基于实时数据和信息的 WEB 服务。

2. 调度端应用软件组态功能

①组态功能:硬件组态,软件组态。

②软件组态:系统提供一个很强的软件工具包,该组态软件提供一个友好的用户界面,使用户在不需编什么代码的情况下便可生成自己需要的应用"软件"。

③内容:基本配置组态和应用软件组态。

④优越性:通用性强,可适用一大类应用对象,且系统的执行代码部分一般固定不变。改变数据实体可适应不同的应用对象。提高系统成套速度,保证软件的可靠性和成熟性。

三、调度端的功能

计算机远动系统的多功能化、智能化发展方向,除计算机及网络技术的发展支持外,其各项功能的实现主要依靠软件支持。计算机远动系统调度端的主要功能如下。

(1)数据收集功能。调度端收集各执行端 RTU 发送来的数据,如模拟量、数字量、状态量、脉冲量。

(2)数据处理功能。在调度端上对各执行端 RTU 送来的数据进行处理、运算、判断,如有功功率、无功功率、电量累加、越限告警,连续模拟量输出记录(如电压曲线、负荷曲线)等。

(3)控制与调节功能。通过人机对话界面,生成并下发命令到各个 RTU,实现对被控对象(如断路器、隔离开关等)的遥控操作、系统接地故障查找、开关事故变位、事故画面优先显示、声光告警、事件顺序记录、事故追忆、调节功率因数等功能。

(4)人机对话功能。在调度端收集整理与处理 RTU 上送数据;显示有关数据、变电所实时电气主接线图、实时数据、负荷曲线、电压棒形图、电流棒形图;实现数据库实时修改、图形报表修改;发送遥控、遥测命令及校对命令;完成制表打印,定点打印供电系统负荷、电能、运行报表、召唤记录、操作报表、异常及事故等方面的资料。

随着电气化铁道牵引变电所综合自动化技术的发展和应用,计算机远动调度端的功能也越来越强大,能够获得更多的信息,准确掌握供电系统的运行状况,不断提高供电系统的可控性,逐步实现牵引变电所无人值班。

任务小结

1. 掌握调度主站的硬件组成

调度主站(调度端)设备主要由冗余配置的双主机服务器、调度员操作工作站、通信前置处理机、网络接口设备、维护工作站、流水打印机、报表打印机、模拟屏、电源系统(UPS 及配电盘)、GPS 时钟系统、连接电缆等部分组成。

2. 了解调度主站的软件组成

软件一般分为系统软件、支持软件(数据库软件)和应用软件三部分。

3. 掌握调度主站的主要功能

调度端的主要功能有:数据收集功能、数据处理功能、控制与调节功能、人机对话功能。

任务三 电力监控系统通信信道认知

学习目标

1. 了解被控站通信网络结构原理。
2. 了解通信信道相关知识。
3. 掌握通信线路基本形式。

铁路电力监控系统一般由设在调度中心的调度端、分布在铁路沿线的被控站及连接它们的各种不同信道组成。在被控站与调度端之间的数据传输和信息交换,是通过数据通信网(习惯称信道)来完成的。远动系统中的数据通信网主要是传输和交换调度人员的操作命令及遥测量、遥信量等信息。因此,要求数据通信具有较强的实时性,较高的可靠性、可用性及可维护性,这是一般系统所使用的数据通信网所不能比拟的。高可靠性的数据通信网是远动系统的中枢神经,它的故障将导致整个监控系统陷于瘫痪。

一、被控站通信网络结构及原理

铁路电力监控系统的被控站分布于铁路沿线,一般延伸几百公里。它们通过数据通信网中各种信道与调度端连接。由于可使用的信道有限而且费用昂贵,同时,由于信道存在着较大的不规则噪声,为调度端与被控站间的数据通信网的设计带来较大困难。

被控站的信道结构主要取决于以下几点:

(1)被控站的数量;

(2)被控站的遥测、遥信数量及更新速度;

(3)被控站的位置;

(4)现场提供的通道条件;

(5)现场可以使用的通信设备。

1. 拓扑结构

铁路电力监控系统调度端与被控站通信网常使用的拓扑结构有以下几种:点对点拓扑结构、星状拓扑结构、总线拓扑结构、环状拓扑结构、网状拓扑结构、树状拓扑结构、双总线拓扑结构。

（1）点对点拓扑结构

这种结构只用在少数非常简单的系统里。因为它对每一个被控站要求有一个调度端和一个信道,一般不常用,如图 5-7 所示。

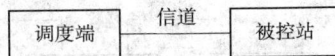

图 5-7 点对点拓扑结构

（2）星状拓扑结构

星状拓扑结构是指在网络中所有的节点都连接在一个中央集线设备上,网络上计算机信息的交换和管理都是通过该中央集线设备来实现,星状结构是设备间相互连接的较常见的一种方法,其组成的关键是集线设备,如集线器、交换机。

星状拓扑结构网络的优点是:网络上的每台机器间的连接由于都是通过集线器实现数据交换,所以即使某台机器出现问题不能在网络上工作,也不会影响到网络上的其他机器。

星状拓扑结构网络的缺点是:由于采用中央节点集中控制,一旦中央节点出现故障将导致整个网络瘫痪。图 5-8 所示为星状拓扑结构图。

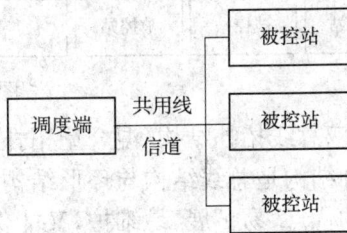

（3）总线拓扑结构

总线拓扑结构采用单根传输线作为传输介质,所有的站都通过相应的硬件接口直接连接到传输介质(或称总线)上。任何一个站点发送的信号都可以沿着介质传播,而且能被其他所有站点接收。图 5-9 所示为总线拓扑结构图。

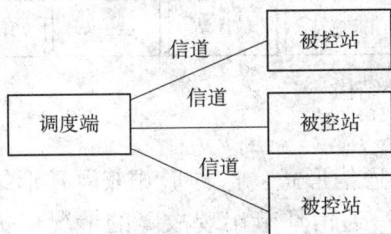

图 5-8 星状拓扑结构

图 5-9 总线拓扑结构

总线拓扑的优点是:结构简单、成本低廉、布线容易。

总线拓扑的缺点是:某台机器出现问题会影响到整个网络的正常运转。

（4）环形拓扑结构

调度端通过两个通信口与远近两个被控站相连,如图 5-10 所示。系统中每个被控站两两相连依次连成一个环,每个被控站单元向相邻者传送数据。

环形拓扑结构的突出优点是网络通信在某一点故障时,不会影响到整个系统通信。除非有两个或两个以上的线路故障点出现,才可能由于双向链路均不通而导致系统通信故障。

（5）网状拓扑结构

调度端与被控站可以组成分散的网状信息交换结构。这时传输的单元为一个"报文包",它相应的附加组织单元内组装有一目的地址和一发信地址的一个或几个远动报文的数据内容。来自调度的报文包由一个被控站传往另一个被控站,这时后续路线将根据目的地址的次序来选择。当个别传输线路故障或繁忙时,传输可以绕道进行,如图 5-11 所示。

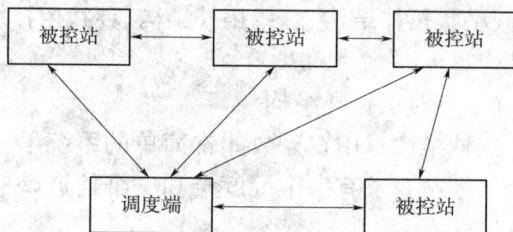

图 5-10　环形拓扑结构

图 5-11　网型拓扑结构

监控系统传输的网状结构正处于探索阶段,在国外有成功应用,采用网状结构时,一节点会有几条路径到达另一节点,可靠性高,但软件设计复杂,投资也相当高。

（6）树状拓扑结构

在树状结构中,调度端与各被控站按层次连接。被控站可按功能分布在两层(多层)上。该结构易于扩展,下层节点故障不会影响上层节点,但对于层次较高的节点可靠性要求也高,如图 5-12 所示。

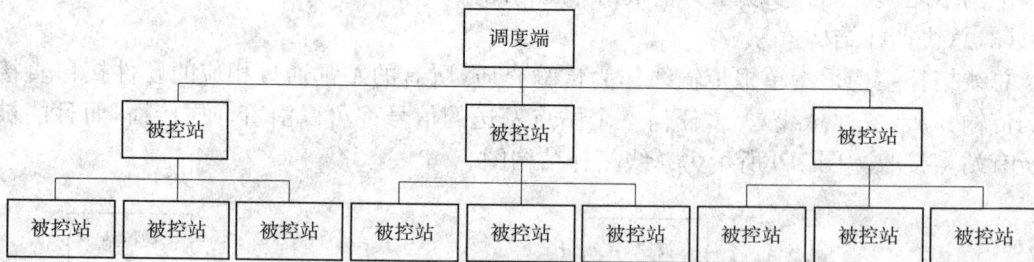

图 5-12　树状拓扑结构

（7）双总线拓扑结构(混合型拓扑结构的一种)

这种结构是总线结构与环形结构相结合得到的通信形式。这种形式兼顾环形结构及总线结构的优点,易扩展、易维护,又能保证系统在某一通信环节出现故障的情况下仍能正常工作,如图 5-13 所示。

在设计通信结构时,为了保证通信信道的高可靠性,一般还配有备用信道。因此,被控站信道通常采用环形结构或双总线结构,也可以采用几种信道结构的组合。具体采用何种信道结构还取决于现场提供的通信设备条件。

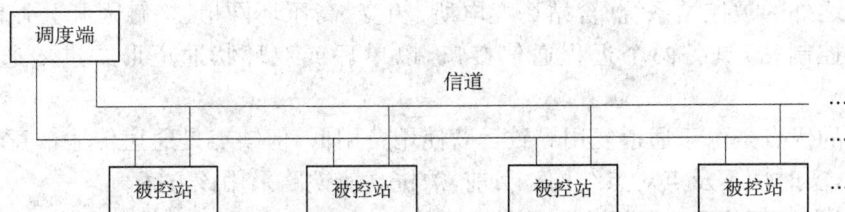

图 5-13　双总线拓扑结构

下面以高速铁路通信信道的拓扑结构为例进行分析。

目前高速铁路通信传输网络中由于 MSTP 专用通道实现方式和接入点各不相同,主要有以下三种方案。

(1)逐级汇聚的点对点方案

当高速铁路供电远动系统中的所有被控站点(包括牵引变电所、开闭所、分区所、AT 所、接触网开关控制站、电力变配电所、箱式变电所等)均设有与通信传输设备的接口,且不考虑供电远动系统投运以后系统运营的通信费用时,一般采用逐级汇聚的点对点结构。

该方案的特点是:

①系统的汇聚层是对进入各高速铁路区域调度所的监控数据流进行汇聚,以减少区域调度所的通信接口数量,各汇聚点为高速铁路的车站。

②牵引变电所自动化系统(含牵引变电所、分区所、开闭所、AT 所)、电力变配电所自动化系统均具备多个远程通信接口,以点对点形式进入通信传输系统中的车站并在此进行汇聚。

③除此之外的被控站系统(含站场变电所、箱变、高压环网柜、接触网开关监控系统、接触网开关无线控制站)具备远程通信接口,以冗余互备的点对点形式进入通信传输系统中的车站汇聚点。

该方案的优点是采用点对点结构,各被控站的通道故障互不影响,通道传输无转发环节,实时性高。但需要支付通信费用的线路,其实际的运营成本较高。目前,该方案在合武、郑西等高速铁路采用。

(2)逐级汇聚的环状通道方案

当高速铁路供电远动系统中的所有被控站点(包括牵引变电所、开闭所、分区所、AT 所、接触网开关控制站、电力变配电所、站场变电所、箱变、高压环网柜)均设有与通信传输设备的接口,且需要考虑供电远动系统投运以后系统运营的通信费用时,监控信息广域网一般采用逐级汇聚的环状通道结构。

该方案的特点是:

①牵引变电所综合自动化系统、电力变配电所综合自动化系统采用双环结构;站场变电所、箱变、高压环网柜、接触网开关控制站、接触网开关无线控制站采用单环或双环结构。区域调度所均串接到每个环状通道中。

②牵引变电所综合自动化系统(含牵引变电所、分区所、开闭所、AT 所)、电力变(配)电所综合自动化系统具备 4 个远程通信接口,以双环状通道形式进入通信传输系统中。

③除此之外的被控站系统(含站场变电所、箱变、高压环网柜、接触网开关控制站、接触网开关无线控制站)具备两个远程通信接口,以单环或双环状通道形式进入通信传输系统中。

该方案的优点是由于通道复用导致运营使用费用低,但缺点是通道传输带宽较小,且存在转发环节,实时性不及点对点结构。目前,沪杭高速铁路采用该方案。

(3)点对点加环状通道的混合拓扑结构方案

考虑到各高速铁路通信传输网络中的 SDH、MSTP 专用通道实现方式和接入点各不相同,有的高速铁路仅在牵引变电所、电力变配电所设有与通信传输设备的接口,而其他的被控站点(包括开闭所、分区所、AT 所、接触网开关控制站、电力变配电所、站场变电所、箱变、高压环网柜)均未设与通信传输设备的接口,此时监控信息广域网一般采用点对点加环状通道的混合拓扑结构。

该方案的特点是:

①系统的汇聚点为高速铁路线路上的牵引变电所和电力配电所,在所内对其相邻的分区所、开闭所、AT 所、接触网开关控制站、站场变电所、箱变、高压环网柜处的监控数据流进行汇聚。牵引变电所和电力变配电所所在的通信机械室作为汇聚层的接入点。

②牵引变电所或电力变配电所内的综合自动化系统具备多个与调度管理层远程通信接口,其中两个以互为备用的点对点通道结构接入各高速铁路区域调度所。

③设在牵引变电所内的综合自动化系统除了要实现上述与调度管理层的通信接口外,还完成对其相邻的、未设有通信传输系统接口的分区所、开闭所、AT 所、接触网开关控制站以光纤环状工业以太网的接入。分区所、开闭所、AT 所、接触网开关控制站的光纤环状工业以太网采用单环或双环结构。

④设在电力变配电所内的综合自动化系统除了要实现上述与调度管理层的通信接口外,还完成对其相邻的、未设有通信传输系统接口的站场变电所、箱变、高压环网柜以光纤环状工业以太网的接入。站场变电所、箱变、高压环网柜的光纤环状工业以太网采用单环或双环结构。

该方案的优点是系统运营的通信费用低,仅只需支付牵引变电所、电力变配电所的通信费用,且通道的传输带宽较大,环状工业以太网的实时性和可靠性高,通道传输性能高。其缺点是需要单独敷设连接分区所、开闭所、AT 所、接触网开关控制站、站场变电所、箱变、高压环网柜的传输电缆。目前,武广高速铁路采用该方案。

2. 信息交换方式

在远动监控系统中,信息都是以数字形式传送,一组数据表示一定的监控信息,称为监控字。监控字的一般结构如图 5-14 所示。

序号	标志	用户数据	监督码元

图 5-14 监控字结构

其中用户数据是指要传送的数据,如遥信状态数据或遥测数据等,标志用于表明该监控字的特征。为了使各监控字能互相区别,给各监控字设置了序号,也称地址码,监督码元用来提高抗干扰能力。

若干监控字可组成一帧,图 5-15 是帧结构示意。帧的开头有帧分界符,作为一帧开始的标志。接着就是控制字,控制字可用来表明这一帧信息的原发站与目的站的地址,还可用来表明这一帧信息的特征,如帧的类型(遥信、遥测)、帧的长度(字节数)等。

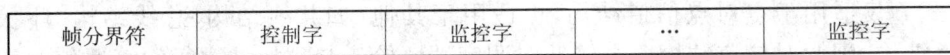

帧分界符	控制字	监控字	...	监控字

图 5-15　帧结构

远动系统中调度端与被控站之间通常以帧为单位进行通信。由一帧或若干帧组成的一个传输单元称为报文或消息(message)。一般把由调度端发往被控站的报文称为下行报文,相应的信道称为下行信道,把由被控站发往调度端的报文称为上行报文,相应的信道称为上行信道。

远动系统信息交换方式是指一个微机监控系统中信息传输的过程及报文的组织顺序。远动系统信息交换方式有以下几种基本类型。

(1)循环工作方式

循环工作方式指被控站的遥测量和遥信量以预先确定的固定不变的顺序循环,周而复始地传输。这种传输与被控站过程中的状态变化无关。信息可由一个较长的报文构成,也可分为若干个报文,按一个固定的顺序重复发送。这种传输方式不需调度端干预。传输信息时只需使用单工信道。由于是循环发送,因此当传输出错时,不需重发,可以用下一循环中的数据来补救。当调度端到被控站不需传输命令信息时,监控系统可采用循环工作方式。

循环工作方式的传输延时与一个循环中发送的监控信息数量有关,数量越多,传送的延时就越长。于是,可能出现状态变化的监视信息只有当传输循环重新返回到相关的信息位置时才会被传输,这意味着传输延时最大可达一个全循环时间,调度端可能不能及时捕捉到遥信变化。此外,这种传输模式不论情况如何,即使用户数据毫无变化,也照样循环不停地向调度端发送数据,因此在正常情况下,信道的有效利用率不高。

(2)自发工作方式

自发工作方式只有在被控端要传输的监控信息发生变化时(例如开关位置状态发生变化,测量量的变化超过给定范围等)才向调度端发送。当被控端要传输的监控信息无变化时,不传输信息,当一个变化"c"出现时,被控站发出一条包含变化信息的报文。在自发工作方式下,若同时出现几个状态变化,则传输的先后次序按固定的优先权确定(如报文地址的顺序)。

采用这一工作方式传输时,受到干扰的报文不会自动重发。因此自发工作方式要求一个双工信道,以便调度端收到干扰报文后能发出重发报文请求。

自发工作方式减轻了正常运行情况下的信道负担,但在异常情况或事故情况下传送的工作量将大量增加,为避免信道拥挤,可采用按优先级分批传送等办法来缓解。

自发工作方式通常和其他工作方式组合使用。

(3)询问工作方式

循环工作方式和自发传输工作方式都是以被控站作为主动方来传送信息的。与此相反,询问工作方式是以调度端为主动方发送信息。由调度端向被控站发出命令报文,被控站按调度端请求内容发送有关信息。这种工作方式通常是以问答方式进行通信,故也称问答式工作方式。

在询问工作方式中,调度端可以要求被控站发送某一监控信息,也可以要求发送某些类型的信息等,工作方式灵活。询问工作方式要进行双工通信,因此需要双工信道。询问工作方式不仅适用于点对点信道结构,也适用于其他(如共线结构、总线结构、环状结构等)信道结构,因此对信道结构要求较低。调度端可轮流与被控站进行问答通信。调度端所发命令中带有目的站地址,因此只有被叫站作出应答,其他站不会受理。当调度端查询到某被控站时,若该被控站有信息上送,则上送相应信息,若无信息上送则上送正常应答字。

询问工作方式通常由调度端逐一轮询各被控站,若调度端有下行命令下发,则下发下行命令,若无下行命令下发,则下发查询命令,如此循环不息。循环一周需要一定时间,如果某被控站有事件发生,但由于传送信息的主动权在调度端,当调度端未查询到该站时,该被控站的信息将无法立即上送调度端。为了使调度端及时掌握各被控站是否有事件发生,应采取辅助措施。例如,在被控站给调度端回答信息中附加标志来表明是否有紧急情况要发送。此外,在遥控操作时,由于遥控是两步操作(先选择,再执行),调度端可能要发多次命令和查询,才能获得一次遥控操作的全部信息(如选择成功,位置信号变位等)。当调度端需查询的被控站较多,且较多的被控站有信息要上送时,循环一周的时间较长,导致完成一次遥控的时间增长。为了解决这一矛盾,可在控制过程中对要进行遥控的被控站插入几次查询命令来解决。

(4)混合工作方式

混合工作方式有多种形式,如循环/自发工作方式。混合工作方式结合了循环及自发工作方式的优点,在点对点信息交换中被控站以循环工作方式传输测量量,以自发方式传送遥信变位信息。当被控站被监控信息无变化时,测量量报文将按一个固定的顺序循环地传输。只要过程中有一监控信息状态发生变化"c",则在正在发送的报文结束之后,循环中断,插入包含监视状态变化的报文。若在此时出现了多个变位信息,则具有较高优先权的报文最先被发出。全部监控变位信息报文发送结束后,循环传输继续进行。此外还可有询问/自发工作方式、循环/询问/自发工作方式等。在循环/询问/自发工作方中,可按循环工作方式传输测量值,按自发方式传输监视信息,按询问方式传输表计读数等。在使用循环/询问/自发工作方式时,必须要确定一个优先准则,定义自发产生的询问要求同时出现时的先后次序。

二、通信信道

在远动系统中,信息传输是一个重要的环节。被控站所采集到的各种运行参数和状态,必须实时地传送到调度中心,而调度中心所发出的各种命令,也要及时传送到各被控站,承担该重要使命的就是监控系统的传输信道及相关的通信设备。可见,信道及通信设备起到监控系统神经的作用。远动系统的信息传递过程可用图 5-16 表示。它是将发送端二进制数据序列,如遥控、遥调和召测等下行信息序列,或遥测和遥信等上行信息序列,经过信道远距离地传送到接收端,并且在接收端被正确无误地恢复成发送数据序列的原形,以便接收端执行命令可输出显示。

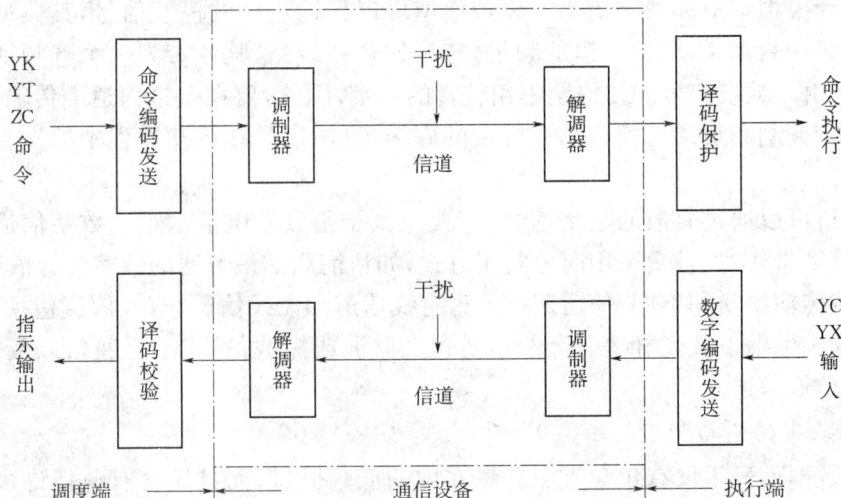

图 5-16 远动信息传递过程

监控系统的信息传输,是靠通信设备来实现的。一般地说,通信设备包括将二进制数据序列转换成数字波形的调制器,含有各种干扰的通信线路即信道或称通道,以及将数字波形恢复成数据序列的解调器。把信息加到载波上,变成已调信号的过程称为调制。产生调制波的最常用办法是用音频正弦作载波。已调信号经过远距离传输后,在接收端用解调器从已调信号中恢复出原信息,这个过程称为解调。之所以要采用调制与解调,一是因为由计算机产生的上、下行信息经编码后仍是数字信号,如果将此数字信号直接在某些通道(如音频实回线)上进行长距离传输,将产生严重的波形畸变而导致严重误码,甚至无法通信;二是便于实现通道的复用。

通信设备是远动系统最重要的组成部分之一。远动系统动作的精确度和可靠度,在很大程度上取决于信道质量的好坏。在远距离传输时,建造通信线路所需的费用很大,因此,远动系统的总体设计,在保证通信设备高度可靠和处于最佳工作状态的前提下,必须最合理地使用各类信道。

1. 频分信道(FDM)和时分信道(TDM)

为了经济地利用信道,可以利用频率变换或调制的方法,将若干路远动信号搬移到信道所占据频谱的不同位置,在同一信道上同时发送。传输到接收端以后,再利用接收滤波器把各路信号区别开来。据此,可建立频分多路通信,相应的信道就称为频分信道。在监控系统中,上行信息和下行信息共用一对通信线路的工作方式,就是一种频分信道的例子。

此外,根据采样原理,将一个一定带宽的连续信号采样后,它就变成了一串离散的脉冲,在时间上被离散化了;再经过量化,在数值上也被离散化了。但不论量化与否,仿照频分多路通信的原理,可以将两相邻样点间的时区划为若干份,轮流传输其他信号,这就形成了时分多路通信,相应的信道称为时分信道。频分信道和时分信道可以是有线线路(普通电缆或低电容对称电缆、同轴电缆、光纤)、无线线路(散射、微波中继),也就是说,它们都可以作为频分信道和时分信道的传输媒介。

2. 模拟信道和数字信道

以上是根据信道复用的形式,把信道分为频分和时分信道。按照允许传输的信号类型,信道又可分为模拟信道和数字信道。模拟信道可以传输连续的模拟信号,其典型例子是模拟电话信道。一般来说,模拟信道的频带较窄,如音频线路,其频带为一个音频话路(300～3 400 Hz)。由于数字信号的传输会占用较宽的频带,因此,要在模拟信道上传输时,需要对数字信号进行调制和解调。模拟信道质量的好坏,可用信号在传输过程中的失真和输出信噪比来衡量。

数字信道可以通过离散的数字信号,其典型例子是数字电话信道。数字信道一般属于宽带信道,其频带较宽,且常采用时分复用方式,如目前用的最普通的数字光纤信道。

此外,按传输媒质的不同,信道还可分为有线信道和无线信道,有线信道包括架空明线、对称电缆、同轴电缆以及光纤等。无线信道包括微波或短波信道、卫星通信以及各种散射、反射等无线传输信道。

3. 数字基带传输与频带传输

原始的数据信号不仅有包含直流分量在内的低频分量,而且还含有包括许多其他频率成分的谐波分量,它所占用的频带称为基本频带,简称基带。因此,我们把原始的数据信号(由数据终端设备产生的二进制数据信号)称为数字基带信号。基带信号的频谱是包含直流分量在内的低通型频谱。直接利用基带信号通过传输信道进行传输的方式称为基带传输,以基带传输方式实现通信传输的系统则称为基带传输系统,数字光纤通信系统就是一种典型的基带传输系统。

与基带信号对应,可以利用载波(如正弦波)对基带信号进行调制,将信号频谱搬移到载波频率附近的一个频带内,我们把这种调制后的信号称之为频带信号,其频谱为带通型频谱。利用频带信号进行数据传输的方式,称为频带传输,以频带传输方式实现的通信传输系统就称为频带传输系统。载波通信系统就属于频带传输系统。

对于很短的距离(几米至几百米),微机输出的二进制电压或电流,经过接口电路(如RS422,RS232等),可直接在线路上进行传输。若距离较远,如几公里至十几公里时,可加基带数传机。另外还有一种基带信号的传输方式是利用电流环。在速率不高时,利用电流环也能传输几公里而且抗干扰性能也较好。基带传输方式其信道为非加感的实回线,如架空明线、双绞线、市内电缆等。当然,光纤数字通信也属于基带传输。

当通信距离为几公里至几十公里时,常采用频带传输方式,即加设调制解调器(Modem)。

在这里,简要介绍一下基带数传机的原理,基带数传机有时也通俗地称为基带 Modem。我们知道,数据传输的任务是保证良好的传输质量,即可靠而有效地传输,错误少,效率高。其首要条件是优良的传输电路。但是,任何传输电路都不可能很理想,即总有缺陷。例如带宽总是有限的,是低通或带通特性,而数字数据信号所具有的频率成分非常广,即带宽是很宽的。所以,数据信号通过传输电路时,总要损失一部分频率成分。这样,发送端原来的脉冲信号(上升沿和下降沿很陡的信号),在接收端变成了具有圆滑波形(上升沿和下降沿缓慢变化)的信号,而且产生了如图 5-17 所示的拖尾现象。

再有,传输电路的频率特性也不是理想的,即对各频率衰减的大小也不一样,相移特性不是线性相移(即对各频率的传输延迟不一样),从而使接收端的数据信号波形产生失真(畸变)。并且,在线路中肯定会加入噪声,也会干扰所传输的数据信号。因此,基带数传机的设计正是要针对上述不理想的情况采取相应的措施,以确保数据信号的传输质量。

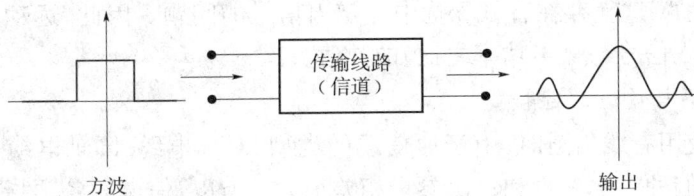

图 5-17　频带受限时的输出波形

基带数传机的一般原理如图 5-18 所示。

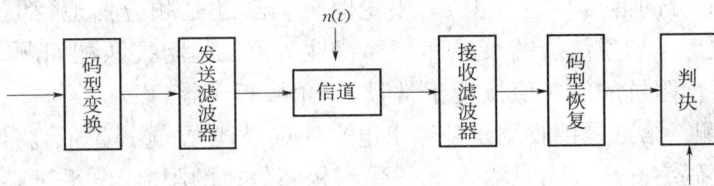

图 5-18　基带数传机原理框图

　　数据信号的传输质量与话音信号的传输质量要求不同。对于数据信号的传输来说,要求在接收端判决电路之前的信噪比足够大,取样值与判决门限比较后就能正确地恢复出原数据信号。因此,在数据传输中我们关心的是判决电路之前的信号。信号频带受限,波形产生拖尾,该拖尾在传输中就会干扰其他数据信号(数据信息由一系列数据信号表示,我们称之为数据序列),这种干扰我们称为码间干扰。为了消除码间干扰,就要按奈奎斯特准则对数据波形进行变换——码型变换(也称为波形形成),借以使产生的拖尾不影响接收端判决点的取样值,这样即可消除码间干扰。例如在发送端制作一个网络,使数据信号的单极性码(二电平)变换成双极性的三电平码(正、0 及负),在代表数据信号中心最大值处取样判决,即可消除拖尾对数据信号的干扰影响。同时,为了消除传输中加进的噪声影响,用接收滤波器滤掉带外噪声。因此,基带数传机的作用主要是进行码型变换和滤除噪声,同时为了加大传输距离,对信号要进行驱动,提高信号功率。有时为了简化设备,在低速数据传输中只对信号进行驱动,该设备有时称为长线驱动器。

　　我们知道,数据信号是由二进制码序列构成的,而每个二进制码用电信号来表示,"1"或"0"的形式是多种多样的。也就是说,可以用各种波形来表示"1"或"0",在基带传输中则可以用各种脉冲波形来表示"1"或"0"。代表"1"或"0"的每一个脉冲波形称为码元。究竟采用哪一种波形,这需要结合实际传输情况合理地选用,原则是选用对传输有利的波形。例如双极性脉冲信号,无直流成分,适合在电话电路中传输。又如多电平信号效率高,但判决门限小,不适宜在噪声大的电路中传输。脉冲波形也不一定是矩形的,例如可以是三角形脉冲波形余弦形脉冲波形等。

　　4. 干扰电平和允许电平

　　在通信技术中,为了保证接收端获得的信号电平不因外界干扰信号的存在而破坏整个通信系统的正常工作,就必须对干扰信号电平的大小和信道中的最大衰耗加以适当限制。同样,远动信号由于在线路中存在一定的衰耗,这就要求远动装置发送的信号具有较高的电平。但如果通过较长的线路,在接收端的信号电平会很微弱,而线路噪声电平虽然很小,却与信号电平可以比拟.这就存在着从干扰中分辨出信号的问题。因此,远动装置接收灵敏度取决于信噪比(输入信号与噪声功率之比)的数值。

5. 接收端设备与信道的连接

当远动系统使用有线信道时,由于通信线的类型(对称电缆、同轴电缆等)、导体材料以及绝缘的不同,它们的一次参量和二次参量相差很大。所以,信道的各项指标以及如何与接收端设备的连接难以具体叙述,只能在以下三方面做些原则性的说明。第一,用有线信道时,由于通信线在全频域和全时间区间内都可以利用,所以可组成频分信道或时分信道,也可以组成频分和时分的混合信道。但是,不论时分信道还是频分信道,都要注意频带的选择,选择频带时须考虑到通信线的衰减和相移特性。第二是阻抗匹配问题。也就是在选择的频带内,力求特性阻抗的绝对值接近于常量,幅角接近于零,以利于与接收端设备的输入与输出阻抗相匹配。第三是接收端设备输出电平的选择,电平选择过低,将使接收端的输入信噪比降低,使误码率升高。同时输入电子受到相邻信道的限制,电平过高,将使相邻信道受到的干扰增大,降低了在该信道中传输的信号质量。由此看来,以上所提出的三点是互相联系的,要全面考虑。

三、通信线路

1. 音频线路

在目前的远动监控系统中,音频线路广泛地被用于远动通道。由于音频线路的频带宽度较窄(300~3 400 Hz),因此只能用作中、低速的模拟信道。

音频线路主要有架空明线和对称电缆。由音频线路提供的话路通道有专用线、租用线和交换网话路之分。专用线是指专门为远动通道提供的音频线路,而租用线表示从交换网专门租用的一个话路作为远动通道,该话路在租用期内不会被其他电话占用。交换网话路即是由交换网提供的一般电话话路。目前广泛采用专用线作为铁路远动系统的传输通道,以保证信息传送的实时性和可靠性。

2. 光纤信道

光纤通信是 20 世纪 70 年代兴起的一门新技术,由于它具有可用频带宽、通信容量大、中继距离长、抗干扰、抗辐射、重量轻、节省金属等一系列优点,因此获得了飞速的发展。尤其在电力和铁路部门中,由于它除了上述优点以外,还彻底克服了强电对通信的电磁干扰,避免了通信设备遭受地电位升高的危险等,因此在远动系统中,获得了越来越广泛的应用。

光纤通信系统的构成如图 5-19 所示,它由光端机、光缆和光中继装置构成的。它常同多重变换装置组合使用,将各种信息变成光信号给以传送。

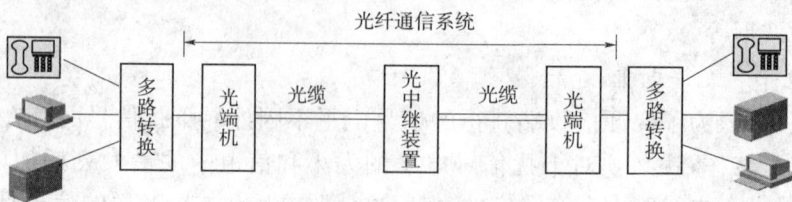

图 5-19 光纤通信系统的构成

光端机是将电信号变成光信号的变换装置。它采用将电信号变换成表示光的强弱的光强度调制 IM(Intensity Modulation)方式。光中继装置，是将因传输而强度衰减的光，再一次转换成电信号，放大后，再转换成光信号，以便于长距离传输。

3. 无线信道

上面介绍的音频线路、光纤信道均属于有线信道。有线信道是远动系统的主要信道。在一些不便使用有线信道的情况下，如区间开关的监控系统，也采用无线信道。无线信道也可用于监控系统的主信道或备用信道，如 GSM-R 移动通信系统。无线信道包括短距离直接传输的无线电信道、通过微波中继的微波信道以及通过卫星中继的卫星信道等。

(1)无线电信道

一般称波长为 0.001~1.0 m，频率为 300 MHz~300 GHz 的无线电波为微波。这里所称的无线电信道是指微波以下频段的无线电信道。这种无线电信道适宜于短距离、直接传输。常用的无线电信道频率一般为几十兆~几百兆赫兹。

由计算机产生的数字信号，经调制器调制成音频信号，送给无线电发射机(无线电台)调制，再经发射天线传送出去。无线电接收机(电台)将天线接收到的信号解调成音频信号，再送给解调器解调以还原成数字信号。

(2)微波中继信道

我们把微波波段的无线电信道称为微波中继信道。由于地球表面是球面，所以微波传送时必须每 40~50 km 置一个中继站，按接力的方式，一站站地传送下去，这种传送方式称为微波中继通信。

微波中继通信的优点是：微波频段的频带很宽，可以容纳许多无线电频道且互不干扰。所以微波收发信机的通频带可以做得很宽。一套设备作多路通信，通信稳定，方向性强，保密性好，不易受干扰，成本较有线通信低。微波中继站分为有源和无源两种，无源中继站实际上是一种改变微波方向的装置，像有高山阻隔时，微波不能通过，故常采用无源中继方式，在高山处加装反射板改变微波行进方向来解决。有源中继站实际是微波放大站，将因传送衰减的微波，再增加功率使其传送的更远。

卫星通信也属于微波通信，中继站设在与地球同步的人造卫星上。由于卫星通信不受地形和距离的限制，所以通信容量大，不受大气层扰动的影响，通信可靠性高。卫星通信的频段上行为 5 925~6 425 MHz，下行为 3 700~4 200 MHz。随着卫星通信技术的发展，卫星通信在微机远动监控系统中将得到越来越多的应用。

任务小结

1. 了解被控站通信网络结构原理

(1)拓扑结构：以高速铁路为例，目前普遍采用逐级汇聚的点对点方案、逐级汇聚的环状通道方案、点对点加环状通道的混合拓扑结构方案三种。

(2)信息交换方式：循环工作方式、自发工作方式、询问工作方式、混合工作方式。

2. 了解通信信道相关知识

信道及通信设备起到监控系统神经的作用。理解频分信道(FDM)和时分信道(TDM)、模拟信道和数字信道、数字基带传输与频带传输原理。

3. 掌握通信线路基本形式

通信线路基本形式有音频线路、光纤信道、无线信道三种,其中无线信道又分为无线电信道、微波中继信道。

任务四　智能监控装置的运行维护

学习目标

1. 掌握箱变智能监控装置的结构、应用。
2. 了解接触网开关监控装置的结构、应用。
3. 了解变配电所低压智能监控装置的结构、应用。

远动智能监控装置(即被控端)主要完成被监控对象的测量、监视、控制、调整,即传统的遥测、遥信、遥控、遥调四遥功能,有的还具有故障录波、故障曲线、故障判断和故障切除等扩展功能。

根据铁路供电远动系统的现状,把远动智能监控装置分成三类,分别是箱变智能监控装置、接触网开关监控装置和变配电所低压智能监控装置。

一、箱变智能监控装置 RTU

铁路电力监控终端 RTU 是铁路电力供电系统中安装在箱式变电站、10/0.4 kV 低压变电所、低压信号电源、开关站、环网柜等处的一种远动装置,它负责采集所在区域电力运行的状态和测量数据,并向调度端传送信息。执行调度端发往该电力监控终端的控制和调度命令。除具备传统的遥信、遥控、遥测和遥调"四遥"功能外,还具备故障录波、故障判断和故障切除等馈线自动化功能,与 10 kV 配电自动化系统共同配合,形成 10 kV 配电自动化系统的一体化解决方案。它具备如下功能:

1. 电量监测

电力监控终端 RTU 实现对自闭/贯通等电力线路的电压、负荷电流、有功功率、无功功率等电量进行采集。目前电力监控终端 RTU 对电压、电流的监测一般采用交流采样方式进行数据采集,在采集的数据基础上进行数据分析及处理。

2. 遥信采集

电力监控终端 RTU 对线路开关的位置信号、通信是否正常及开关操作机构的储能完成情况等状态信号采集,并具备顺序事件记录(SOE)等功能。

3. 遥控输出

电力监控终端 RTU 能够接收调度端的远方控制命令实现开关的合/分操作。

4. 远方定值修改和事件记录

为能够在故障发生时及时启动故障判断和记录,能够进行远方定值修改和事故记录。

5. 通信功能

因为电力监控终端 RTU 是沿铁路线分布,目前大多采用独立的网络通信节点,通过专用信道与调度端通信。

6. 对时功能

可以通过 GPS 硬时钟及与调度端对钟软件实现对时功能。

7. 自检功能

包括开机自检、各单元自检、系统状态检查,并能将自检结果送往调度端,以便维护。

(一)箱变智能监控装置 RTU 的体系结构

目前的箱变智能监控装置 RTU 一般采用功能模块化的分布式体系结构,设备由主处理器单元、遥测采集单元、遥信采集单元、遥控控制单元、电源管理单元构成,主处理器单元与遥测采集单元、遥信采集单元、遥控控制单元之间采用主从式结构。其原理结构如图 5-20 所示。

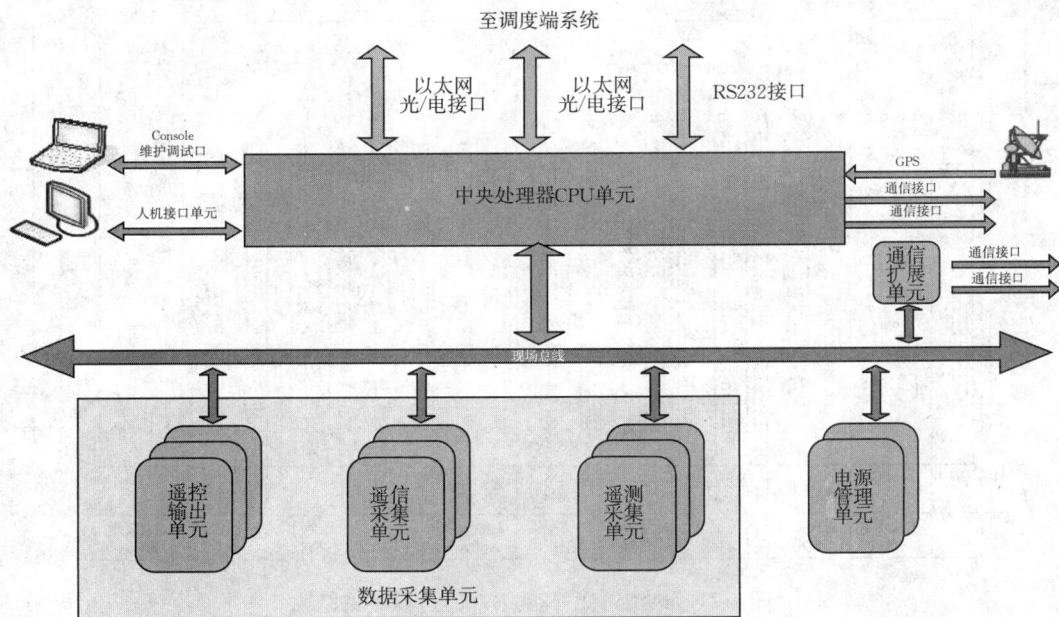

图 5-20 箱变智能监控装置 RTU 的原理结构图

主处理器单元有丰富的各种智能接口,是能实现电气接口及各种协议转换的装置。提供以太网接口或其他串行接口与调度端进行通信,同时,通过以太网接口用户可以方便地进行远程管理以及软件在线升级,提供现场总线或串行接口负责与下位数据采集单元通信,实现对下位数据采集单元的管理。提供维护接口以便技术人员对装置进行在线维护和配置,提供数据转发接口可以接收并转发其他自动化装置的数据。

遥测采集单元、遥信采集单元、遥控控制单元均为下位的数据采集处理单元,三遥功能分层下放到这些底层单元上,各单元自成一体,各自可以并行工作,独立运行,同时又通过现场总线或串行接口,与上位主处理器单元组织在一起,协同工作。可以根据监控对象的数量扩充或减少遥测采集单元、遥信采集单元、遥控控制单元的配置,满足不同监控容量的需求,保证电力监控终端 RTU(图 5-21)的灵活扩展。各模板均具备模板级自检功能,单个模块的故障也仅仅是影响到该部分功能,而不至于影响整个 RTU 的运行。

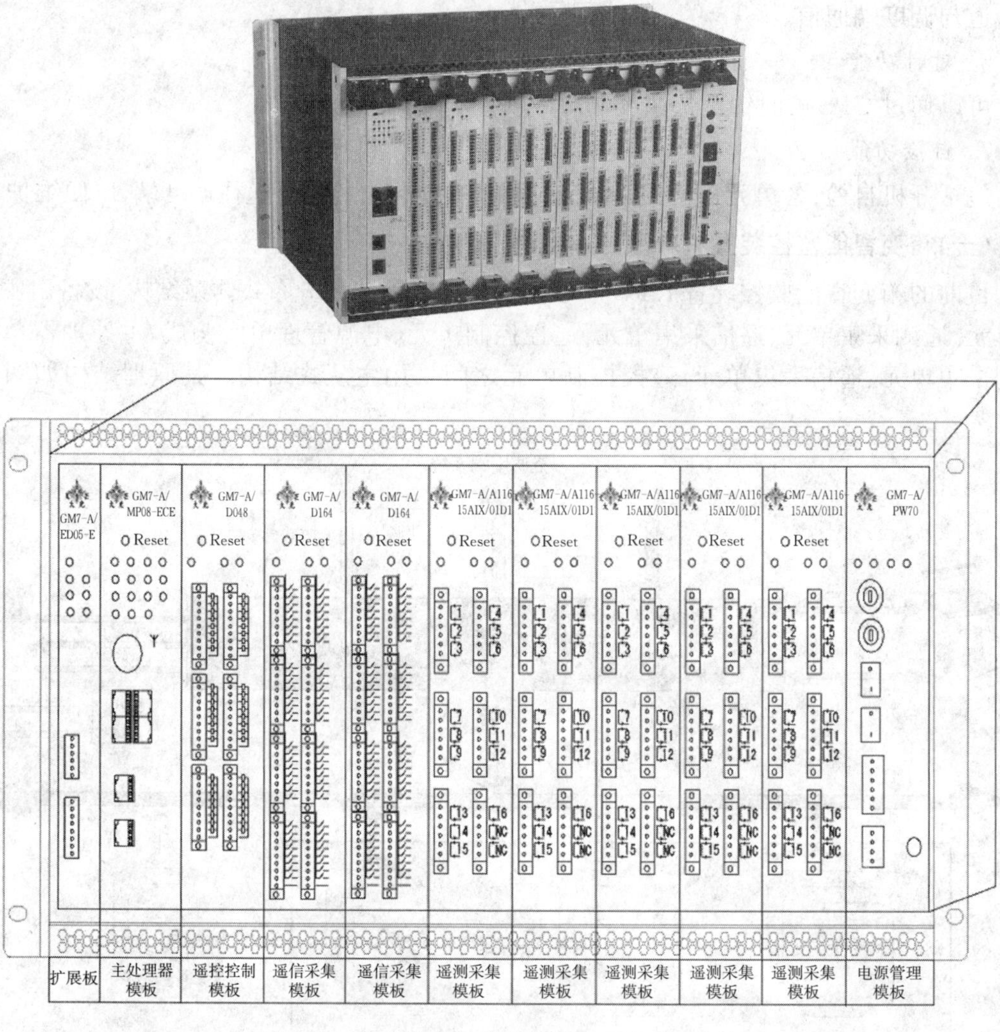

| 扩展板 | 主处理器模板 | 遥控控制模板 | 遥信采集模板 | 遥信采集模板 | 遥测采集模板 | 遥测采集模板 | 遥测采集模板 | 遥测采集模板 | 遥测采集模板 | 电源管理模板 |

图 5-21　典型箱变智能监控装置 RTU 的结构

如图 5-21 所示为箱变智能监控装置 RTU 的配置:

(1)电源管理模板(1 块)。

(2)遥测采集模板(5 块):75 路遥测对象。

(3)遥控控制模板(1 块):24 路遥控对象。

(4)遥信采集模板(2 块):128 路遥信对象。

(5)主处理器模板(1 块)。

对于遥测采集模板、遥控控制模板、遥信采集模板在机箱中的位置可以灵活互换。

(二)箱变智能监控装置 RTU 的功能

常规远动终端 RTU 的主要功能是采集各开关量的信号状态、电气量参数并及时上送调度中心,并执行控制中心发来的各种操作命令。具体分类有六个方面的内容,如图 5-22 所示。

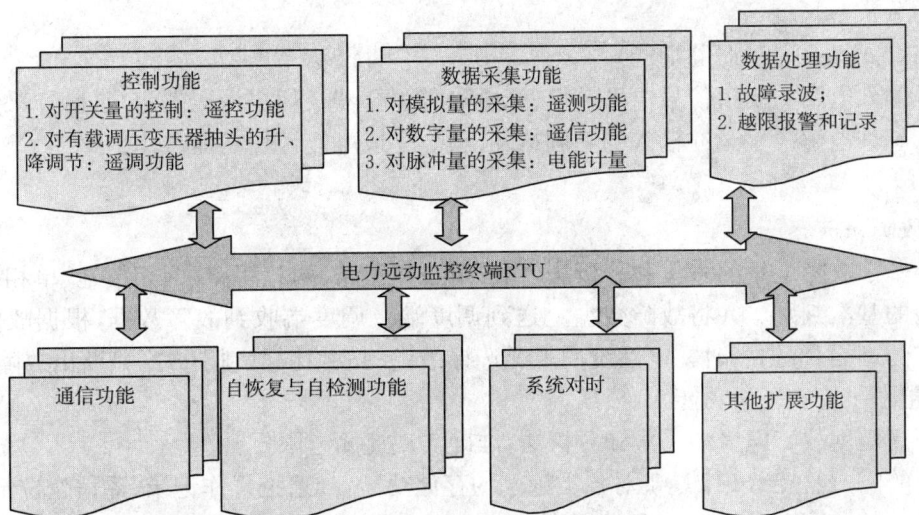

图 5-22 箱变智能监控装置 RTU 的功能

1. 控制功能

控制功能包括两种：一种是遥控功能：常用于断路器的合、分和电容器、电抗器的投切以及其他可以采用继电器控制的功能。遥控（YK）是以监控主站发出命令以实现对被控对象的远程操作和切换，这种命令只取有限个离散值，通常只取两种状态指令，如命令开关的"合"、"分"指令。另一个是遥调功能：采用无源接点方式，常用于有载调压变压器抽头的升、降调节和其他可采用一组继电器控制的，具有分级升降功能的场合。

2. 数据采集功能

（1）模拟量的采集（遥测功能）

遥测采集单元是交流采样方式。采集单元可采用电流型和电压型，可以采集电压、电流、温度等模拟量，并对所采集的模拟量进行计算和分析来实现故障判断、故障录波和遥测越限报警等。输入为互感器隔离方式，高达 2 500 V 隔离电压，输入电流额定值为交流 1 A、5 A，输入电压额定值为交流 100 V/220 V，输入量频率范围 45～55 Hz，遥测电压最小阀值为 0.5 V，电流为 0.3 A，可整定。

（2）开关量的采集（遥信功能）

远动终端 RTU 负责采集来自现场监视对象的开关刀闸位置、事故预告信号状态，变压器挡位等实时状态信息，完成遥信数据的采集，同时将采集的数据进行滤波处理、变化判断，并将结果上送调度系统。

遥信输入一般采用无源接点方式，遥信电源为 DC 24 V、DC 110 V 或 DC 220 V，在输入接口界面采取光电隔离措施，遥信的隔离电压一般要求高达 2 500 V，以防外界电力电缆高压的感应及雷击产生的浪涌信号从信号电缆引入系统而烧坏设备。

在软件防抖方面，通过有效地数据过滤，有效避开一些振荡、误信号、毛刺和一些高频干扰，并通过多次比较数据的有效性后上送主处理单元。

同时对于不同的开关，单接点信号和双接点信号的情况都可能存在，所以，RTU 对单点和双点的遥信信号均可采集，现在很多 RTU 还能根据遥信信号的时间长度的不同，设置采集需要的分辨率长度。

(3)脉冲量的采集(遥脉功能)

采样输入电路主要由信号电平转换、光电隔离耦合器及扫描译码器组成,脉冲采集及处理程序从软件上解决了脉冲输入的毛刺抖动问题,完成电能计量功能。

3. 数据处理功能

(1)故障录波

系统基于故障电量的采集和分析法,完成对三相短路、两相短路、两相接地、单相接地等故障类型的基本判别。并将故障数据上送到调度端。调度端收到故障数据,根据故障类型选择相应的判据,根据当时配电系统的工况选择最优的故障区段判别方案判断出故障区段。

(2)越限报警和记录功能

基于高精度故障电量的采集和分析法,准确实现遥测越限报警。

目前的电力监控 RTU 具备对各类记录的存储功能,如遥控操作记录、遥信变位记录、告警记录等,能对整个 RTU 的运行情况实现数据归档和统计报表,分类保存遥控操作记录、遥信变位记录和告警记录,最终形成具有实际意义的工程数据。

①遥控操作记录:对于遥控操作记录一般以操作时间顺序进行排列,每条记录包括操作时间、操作员、对象、性质(分/合、投/撤)、结果(成功/失败)等内容,存储容量≥100 条。

②遥信变位事件记录:遥信变位事件记录一般以事件发生的时间顺序进行排列,每条记录包括发生的时间、对象、性质、事件内容等,存储容量≥100 条。

③报警信息:以警报发生的时间顺序进行排列,报警事件包括遥测越限、故障、通信异常等非正常状况,每条记录包括发生的时间、对象、性质、事件内容等,存储容量≥100 条。

4. 通信功能

监控装置具有以下通信接口:

(1)Consol 维护串口,用于在线配置和设定监控装置内部的参数。

(2)两个标准的 RS232 通信接口。

(3)两个 10 M/100 M 以太网接口。

(4)1 个 GPS 通信接口。

支持多种通信规约与主控站和当地监控系统通信。

5. 自恢复与自检测功能

具备完善的软硬件自检功能和自动恢复功能。

6. 系统对时

可接受来自调度端的软件对钟,支持 NTP 网络时钟协议,支持硬件时钟同步网络,确保与通信管理装置间的时钟误差不大于 1 ms。

(三)典型箱变智能监控装置 RTU 各模板介绍

1. 电源管理模板

箱变智能监控装置 RTU 电源模板的结构如图 5-23 所示。

(1)技术参数

①输入电压:交流为 90~250 V 50 Hz。

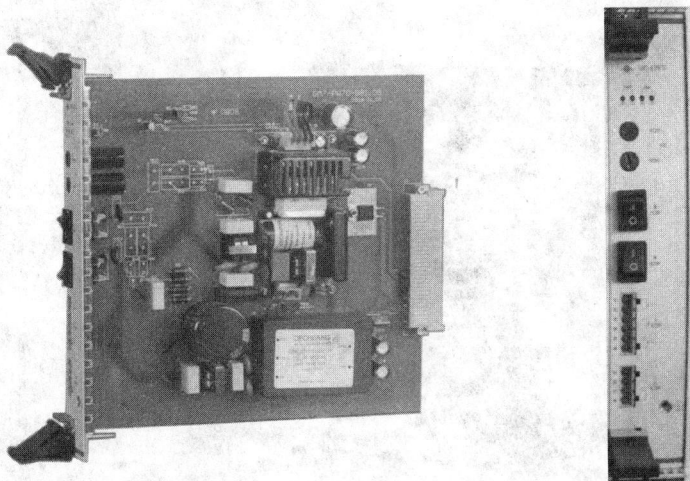

图 5-23 箱变智能监控装置 RTU 电源模板结构

直流为 100~250 V。

交/直流输入自动无间隔切换。

②额定输入功率:70 W。

③输出电压:DC 24 V,DC 12 V。

(2)箱变智能监控装置 RTU 特点

①支持双电源冗余配置。

②具有输入过流、过压保护。

③支持交、直流输入。

④完善的 EMC 防护措施。

(3)电源管理模板的操作使用

①保险管装卸口。如图 5-23 所示,电源模板有交流电源保险管和直流电源保险管。保险管装卸时需要用刀口长度为 8 mm 以下的一字螺丝刀抵住装卸口,按下并逆时针转动即可拆下保险管,按下并顺时针转动即可装上保险管。

②电源开关。电源模板有交流电源开关和直流电源开关各一个。

③电源输入端子。6 位的是交流电源输入端子,L—L—N—N—G—G(火—火—零—零—地—地)。

4 位的是直流电源输入端子,+—+—-—-(正极—正极—负极—负极)。

④接地螺钉安装孔,应将此接地螺丝使用直径不小于 2 mm 的电缆线接至安全地。(注:如未接地螺孔未接地,则禁止在带电情况下直接触摸 RTU)。

2. 主处理器模板

箱变智能监控装置 RTU 主处理器模板的结构如图 5-24 所示。32 位嵌入式处理器,内存为 32 MB,FLASH 为 32 MB;支持可选的 RS232 通信模块、GPS 通信模块、以太网点对点电口通信模块、以太网环状电口通信模块、以太网环状光口通信模块等。

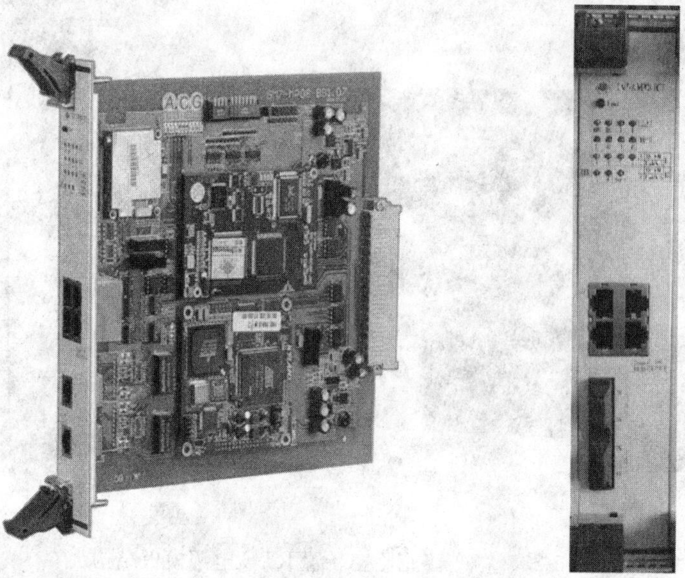

图 5-24　箱变智能监控装置 RTU 主处理器模板结构

（1）功能

主处理器模板包括主处理器 CPU 板与主处理器模板，其主要完成与调度端的通信，管理其下位各智能采集模板，综合实现遥控、遥信、遥测三遥等功能，完成各通信协议间的转换。

（2）参数指标

①2 个 RS232 通信接口。

②2 个 10 M/100 M 以太网接口。

③1 个 RS232 维护 Console 口。

④1 个 GPS 通信接口。

⑤3 个 CAN 总线接口。

⑥2 个 RS485 总线接口。

（3）主处理器模板的操作使用

①复位按键。进行主处理器的复位操作。

②指示灯

第一排：运行灯（闪烁周期 1 s）。

　　　　时钟同步指示灯；各模板间的时钟同步信号，与运行灯同步闪烁。

　　　　CAN 网 1 通信指示灯（T 代表发送，R 代表接收）。

第二排：RS232 串口 1 收发灯。

　　　　RS232 串口 2 收发灯（T 代表发送，R 代表接收）。

第三排：以太网光口 2 连接指示灯（灯亮为 100 M，灯灭为 10 M）。

　　　　以太网光口 2 工作指示灯。

　　　　以太网光口 1 连接指示灯。

　　　　以太网光口 1 工作指示灯。

第四排:GPS 串口通信指示灯(T 代表发送,R 代表接收)。

以太网环网连接错误指示灯(灯亮为错误,灯灭为正常)。

③4 个 RJ45 插座,Consol 维护串口、GPS 通信串口、RS232 串口 1、RS232 串口 2。

④100 M 以太网光口,上面一对光口是 100 M 以太网光口 1 的发送和接收接口,下面一对光口是 100 M 以太网光口 2 的发送和接收接口。

3. 遥信采集模板

箱变智能监控装置 RTU 遥信采集模板的结构如图 5-25 所示。

图 5-25 箱变智能监控装置 RTU 主处理器模板结构

(1)特点

①软硬件去除颤抖。

②拥有防遥信误采死区。

③端口光电隔离 2 500 V。

(2)面板结构

①复位按键:进行主处理器的复位操作。

②指示灯:运行灯(RUN),通信灯(R、T)。

③遥信采集端子:共有 64 路遥信 X01～X64。

4. 遥控控制模板

箱变智能监控装置 RTU 遥控控制模板结构如图 5-26 所示。遥控控制模板由基板和 DSP 板构成,完成开关量输出的功能。32 位 DSP 处理器,主频 100 M,模板容量为 48 路开关量输出,单点输出。

(1)特点

①内置输出短路保护。

②隔离等级 5 000 V。

③多级推动互锁输出,可靠性高。

(2)面板结构

①复位按键:进行主处理器的复位操作。

图 5-26　箱变智能监控装置 RTU 遥控控制模板结构

②指示灯：运行灯（RUN），通信灯（R、T）。

③遥控接线端子：共有 48 路开关量输出点 Y01～Y48。每 8 路开关量输出点共用一个遥控公共端。

5. 遥测采集模板

箱变智能监控装置 RTU 遥测采集模板结构如图 5-27 所示。遥测采集板由基板和 DSP 板构成。完成模拟量的采集的功能，包括 15 路交流信号采集和 1 路直流信号采集。其中 15 路交流信号采集可以任意配置成电压采集或者电流采集。电流额定输入 DC 1 A，电压额定输入 DC 100 V 或 DC 220 V。

图 5-27　箱变智能监控装置 RTU 遥测采集模板结构

（1）特点

①32 位 DSP 处理器，主频 100 M。

②测量电流、电压任意配置。

③采样精度 14 Bit。

(2)面板结构

①复位按键:进行主处理器的复位操作。

②指示灯:运行灯(RUN),通信灯(R、T)。

③遥测接线端子:除左下角的一组端子的第 1、2 脚为直流采集端子,其余端子均为交流采集端子。对于不同类型的遥测模板,其面板可能有所不同,不变的是直流采集端子,可变的是交流采集端子。上方标示了该组端子的类型(电流或电压)及采样数据等级,共有 48 路开关量输出点 Y01～Y48,每 8 路开关量输出点共用一个遥控公共端。

(四)箱变智能监控装置 RTU 装置的日常维护及故障处理

1. 装置的日常维护

(1)观察电源指示灯、模板运行指示灯、时钟同步指示灯、通信指示灯。

(2)检查电源工作电压、遥测采集电压等。

(3)通过主处理器模板的 Consol 口查看系统的各种工作状态。

(4)也可以在通过 WEB 浏览器浏览需维护装置的各种工作状态。

2. 常见故障及处理(表 5-1)

表 5-1　箱变智能监控装置 RTU 的常见故障及处理

序号	故障现象	故障原因	解决方法
1	所有指示灯都不亮	保险管熔断	更换保险管
2	电源报警灯点亮	电源管理模板性能下降	更换电源管理模板
3	某三遥模板通信不通	1. 数据库配置错误地址 2. 地址设置错误	1. 按照数据字典配置主处理器模板的数据库 2. 按照数据库配置,调整该模板地址设置
4	装置与主站未能实现通信	1. 如果是环网,可能是交换机模块的 IP 地址配置错误 2. 数据库配置错误	1. 修改对应设备 IP 地址 2. 按照数据字典,配置正确的数据库
5	扩展装置的运行灯没有跟主处理器模板的运行灯同步	1. 装置间系统时钟同步信号线没接好 2. 装置扩展模板的设置不正确	1. 检查同步线接线 2. 检查装置扩展模板的设置
6	扩展装置的所有三遥模板通信不通	1. 装置间通信线没接好 2. 装置扩展模板的设置不正确	1. 检查通信线接线 2. 检查装置扩展模板的设置

二、接触网开关 RTU 装置

接触网开关 RTU 装置适用于牵引供电系统枢纽站场内或区间正线接触网开关的远程

监控。考虑现场强电磁干扰环境,装置采用高速工业现场总线光纤接口方式,考虑现场环境与气候,装置采用双层机箱防护,克服无线数据通信易受现场气候、地形等因素的影响,以及无线电频率占用的问题,是接触网开关监控的良好解决方案。接触网开关 RTU 装置的智能通信管理是通信和控制处理核心,对上连接电调中心,对下连接接触网开关监控设备、低压馈线监控等各智能监控设备。主要完成各种数据的处理、转发及协议转换功能,如图 5-28 所示是典型的接触网开关 RTU 装置。

图 5-28　典型的接触网开关 RTU 装置的结构

(一)接触网开关 RTU 装置的结构

接触网负荷开关监控装置为了有效地、最大限度地降低与户外开关之间长距离的控制出口连接电缆可能造成的干扰信号,避免开关的误动,增强系统的可靠性,将接触网负荷开关监控装置的硬件结构分为两部分,如图 5-29 所示,即户内控制站设备和户外当地监控单元。

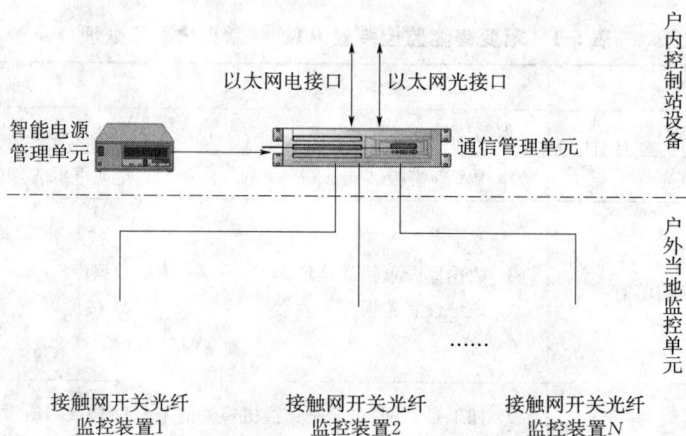

图 5-29　接触网开关 RTU 装置的硬件结构

1. 装置对调度中心可以提供两种通信连接方式

(1)标准 RS232 电口,点对点通道结构。

(2)以太网电口或光口,可以构成环状通道或点对点通道结构。

2. 装置对被控端可以提供 5 种通信连接方式

(1)普通 RS485 电口,采用屏蔽双绞线,一般通信距离小于 1 km。

(2)增强 RS485 电口,采用屏蔽双绞线,通信距离可达 2.5 km。

(3)CAN 点对点光口,采用 1 310 nm 单模光纤,通信距离可达 5 km。

(4)工业专线 MODEM 口,采用屏蔽双绞线,通信距离可达 7 km。

(5)RS485 光口,采用 1 310 nm 单模光纤,通信距离可达 20 km。

(二)接触网开关 RTU 装置的主要功能

接触网负荷开关及电分相开关监控装置是为了有效解决因铁路枢纽、车站接触网上负荷开关多且分散带来的接触网检修操作不便的问题而设置的。接触网负荷开关及电分相开关监控装置主要完成了对接触网负荷开关及电分相的遥控、遥信和当地手动操作。

接触网负荷开关及电分相开关监控装置一般设置在接触网负荷开关及电分相的附近,它集监视、控制与通信三大功能为一体,完成对接触网末端分相电动隔离开关的集中监控功能,实时采集接触网末端分相电动隔离开关运行状态,并和远动系统进行实时数据通信。向控制中心发送现场设备运行信息,并在控制中心指令下实现各种遥控和遥信功能。其主要功能为三大块:遥控功能、遥信功能、通信功能。

关于牵引供电远动系统的被控站的主要功能我们就介绍到这里,下面我们介绍电力远动系统被控站的主要功能。

1. 遥控功能

实现对接触网负荷开关及电分相开关的合/分控制。其控制输出方式有当地手动操作和遥控操作两种,可以通过操作当地操作按钮实现负荷开关的合/分操作,也可通过牵引调度管理中心实现远方对触网负荷开关及电分相开关的合/分操作。

2. 遥信功能

采集隔离开关的分、合闸状态、接地线状态、控制箱门的开关状态等。

3. 通信功能

接触网负荷开关及电分相开关沿铁路线分布,采用光纤接口将采集来的开关位置,通过户内的通信单元传送给牵引调度主站,并根据调度需要控制接触网负荷开关及电分相开关的分、合闸,实现对接触网负荷开关及分相装置的远程监测和控制。

(三)面板指示灯说明

(1)Power:装置加电该灯点亮。

(2)Run1:运行指示灯,设备正常工作时以 1 s 的周期闪烁。

(3)Run2:内部以太网环状模块运行指示灯,当装置配置有以太网环状模块,且该模块正常工作时 Run2 周期闪烁,如果没有配置有以太网环状模块,该灯熄灭。

(4)Sec:秒脉冲信号输出指示灯,如果秒脉冲正常,则与运行指示灯同步以 1 s 的周期闪烁。

(5)Net-F1:设备为冗余环主站时,当环网 1 闭合时,LED 熄灭;环网 1 断开时,LED 点亮。如果设备为冗余环从站时,则 LED 熄灭。

(6)Net-F2:设备为冗余环主站时,当环网 2 闭合时,LED 熄灭;环网 2 断开时,LED 点亮。如果设备为冗余环从站时,则 LED 熄灭。

(7)T1:高速工业现场总线 CAN1 的发送数据指示,闪烁表示有数据发送。

(8)R1:高速工业现场总线 CAN1 的接收数据指示,闪烁表示有数据接收。

(9)T1:RS485 接口 1 的发送数据指示,闪烁表示有数据发送。

(10)R1:RS485 接口 1 的接收数据指示,闪烁表示有数据接收。

(四)主要接口介绍

1. Console 接口

(1)采用 RJ45 物理接口。

(2)GND:隔离的 RS232 Console 接地口。

(3)RXD:相对于 GM7-B/COM-XXnCn,隔离 RS232 数据接收端。

(4)TXD:相对于 GM7-B/COM-XXnCn,隔离 RS232 数据发送端。

2. 与主站相连的两个全信号 RS232 接口,无隔离

(1)采用 RJ45 物理接口。

(2)DCD:数据载波检测。

(3)RXD:数据接收端。

(4)TXD:数据发送端。

(5)DTR:数据终端准备好。

(6)GND:信号地。

(7)DSR:数据设备准备好。

(8)RTS:请求发送。

(9)CTS:清除发送。

3. 以太网络口

(1)可以选择电口和光口配置,同时又可以选择环网和点对点方式。

(2)点对点方式:E1 和 E2 提供两个 10 M 以太网的电口或者光口,光口采用 SC 头1 310 nm 单模光纤,传输距离为 40 km。

(3)环网方式:可以提供 10/100 M 两个环网的光口或者电口,光口采用 SC 头1 310 nm 单模光纤,传输距离为 40 km。

4. 掉电信号输入和 2 个隔离的 RS485 电接口(图 5-30)

(1)PD+和 PD——对掉电信号触点输入,如果 PD+和 PD-连接,则 GM7-B/COM-XXnCn 可以检测到一个"0"输入,相反,如果 PD+和 PD-断开,则 GM7-B/COM-XXnCn 可以检测到一个"1"输入。

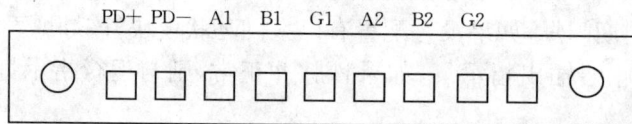

图 5-30 掉电信号输入和两个隔离的 RS485 电接口

(2)A1:RS485 接口 1 的差分信号 A 线。

(3)B1:RS485 接口 1 的差分信号 B 线。

(4)G1:RS485 接口 1 的信号地。

5. 三个隔离的高速工业现场 CAN 总线电接口(图 5-31)

(1)L1:CAN 接口 1 的差分信号 L 线。

(2)H1:CAN 接口 1 的差分信号 H 线。

(3)G1:CAN 接口 1 的信号地。

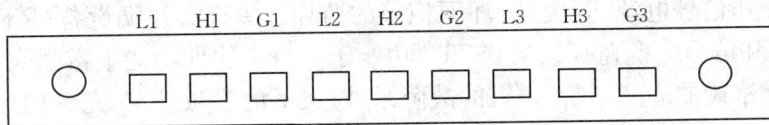

图 5-31　三个隔离的高速工业现场 CAN 总线电接口

6. 蓄电池供电输入和 5 V 电源输出(图 5-32)

(1)12 VB:外部 12 V 电源输入＋,输入电压范围:DC10 DC18 V,功率约 25 W。该输入可以用来连接 GM7-B/DYGL10 电源管理装置,以便当输入 AC/DC 电源失效时,由后备电池供电以保证设备工作不间断。

(2)5 VD:GM7-B/COM-XXnCn 输出 5 V 电源,可以用来向 GM7-B/CANX 和 GM7-B/MODEMX 等通信扩展装置提供电源。

(3)GND:电源地。

7. AC、DC 电源输入端子(图 5-33)

(1)L:AC 输入 L 线。

(2)N:AC 输入 N 线。

(3)G:AC 输入 G 线。

(4)＋:DC 输入正。

(5)－:DC 输入负。

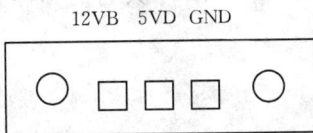

图 5-32　蓄电池供电输入和 5 V 电源输出接口

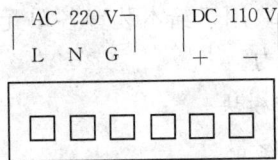

图 5-33　AC、DC 电源输入端子

(五)接触网开关 RTU 装置常见故障处理(表 5-2)

表 5-2　接触网开关 RTU 的常见故障及处理

序号	故障现象	故障原因	解决方法
1	所有指示灯都不亮	保险管熔断	更换同规格保险管
2	通信不通	1. 数据库配置错误地址; 2. 地址设置错误; 3. 光缆断或损耗大	1. 按照数据字典配置数据库; 2. 按照数据库配置,调整地址设置
3	装置与主站未能实现通信	1. 如果是环网,可能是交换机模块的 IP 地址配置错误; 2. 数据库配置错误	1. 修改对应设备 IP 地址; 2. 按照数据字典,配置正确数据库

三、变配电所低压智能监控装置

变配电所低压智能监控装置结构是模块化的数据采集与监控终端,适应于 10/0.4 kV

低压变电所、低压信号电源、开关站、环网柜等的监控。集远方终端设备(RTU)、馈线自动化终端(FTU)和信号电源监控装置(STU)功能于一身。软件功能丰富强大,具备四遥、精确的时钟同步、准确的故障判断、详实的故障录波、灵活的参数整定、完善的运行记录、丰富的维护软件。

(一)变配电所低压智能监控装置的配置

如图 5-34 所示,该装置共可监控 4 路遥控对象、16 路遥信对象、12 路交流遥测对象和 1 路直流对象。当监控容量超过单台装置的配置容量时,可通过级联第二、第三或多个扩展装置,以扩展监控容量。可扩展多达 32 个装置的级联,最大监控容量可以达到 128 路双点遥控、512 路单节点遥信、288 路电流测量、96 路电压测量、32 路直流电压/电流测量。

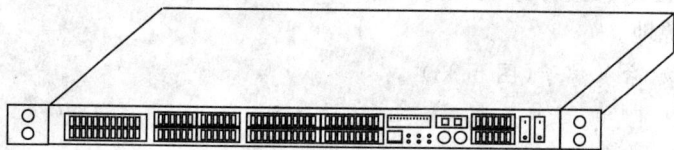

图 5-34 典型的变配电所低压智能监控装置 RTU 的结构

装置的组成模块:

1. 电源模块

电源模块用于给本装置各单元模块提供 DC24 V、DC5 V 两种供电电源,它具有一定的电源防护能力。

2. 遥信模块

采集数字量。

3. 遥控模块

提供 220 V、16 A 容量开关量输出。

4. 遥测模块

采集交流电压、电流,并采集一路直流电压、电流。

5. 通信模块

提供于通信管理装置通信接口,装置扩容接口等。

6.DSP 模块

整个装置的控制核心。

(二)变配电所低压智能监控装置的主要功能

1. 遥信功能

(1)采用光电隔离、数据死区判断去除遥信抖动,单点、双点遥信可整定。

(2)遥信采集分辨率可整定,支持遥信 SOE、COS 功能。

2. 遥控功能

(1)采用多级驱动保证遥控输出的可靠性。

(2)双点输出,输出保持时间可整定,每路遥控对象均可整定为单步复归对象。

3. 遥测功能

(1)32 位 DSP 浮点数据处理,16 位 A/D 高速采样。

(2)遥测越阈值上送、遥测阈值可整定。

(3)遥测过流故障、过流Ⅱ段、过流Ⅰ段、过压Ⅱ段、过压Ⅰ段、欠压、失压告警。

(4)遥测告警定值可整定、系统电压正常、异常、带电、失电统计。

(5)直流量采集(兼容电流、电压)。

4. 自诊断功能

上电通信口自检,上电整定值自检,上电时钟自检,上电内存自检。

5. 维护调试功能

通过 RS232 维护口可下载程序,可查看装置的各类运行记录:遥控操作记录、遥信变化记录、挡位变化记录、遥测告警记录、遥测故障记录等;可查看系统配置信息;可查看系统通信工况;可查看系统各类整定值;可查看系统遥信、遥测值;可监视系统各通信接口的通信报文。

6. 自启动功能

配置看门狗,具备上电或其他异常情况下的自启动功能。

7. 时钟同步功能

可接受来自调度端的软件对钟,支持 NTP 网络时钟协议。支持硬件时钟同步网络,确保与通信管理装置间的时钟误差不大于 1 ms。

8. 电度采集功能

支持脉冲电度表、智能电度表等各类电度表计的电度采集,支持积分电度。

9. 故障判断功能

实现对各种运行方式下三相短路、两相短路、两相接地、单相接地等故障类型的判别,各种故障判断参数可整定。

10. 故障录波功能

每一路遥测采集量均可实现故障录波功能,故障录波条件为:系统故障录波支持故障判断启动,过流故障启动、斜率故障启动,故障录波条件可整定。

11. 远程整定功能

可实现远程整定的装置参数包括:遥信采样分辨率,遥控输出保持时间,遥测越阀值,遥测告警值及时限,故障判断参数,故障录波条件,电度基数。

12. 数据处理功能

装置数据处理高效可靠,各类数据处理结果分类存储,存储容量大,整定值数据不易丢失。装置保留的运行记录包括:遥测告警遥信变位记录,遥控操作记录,故障判断记录,通信异常记录。

(二)面板及物理接口描述

装置的面板大致可分为 4 部分,如图 5-35 所示。

①遥测采集端子。

②遥控控制、遥信采集端子。

③通信及设置相关端子。

④电源相关端子等。

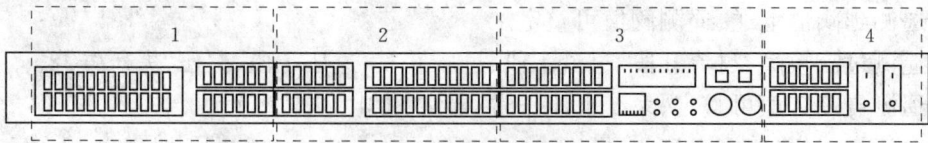

图 5-35　变配电所低压智能监控装置 RTU 面板分区

1. 遥测采集端子

左边的一组端子为电流采集端子,右边的两组端子为电压采集端子。对于不同类型的智能测控装置,其面板遥测采集端子是不变的,但是不同类型的装置采集的电流、电压是不同的。在面板上,保险座下方标明了装置的类型,每种类型都对应固定的采集类型(电流、电压)。

(1)电流端子接线。无论是 1 A 或者 5 A 采集电流接法都是一样的,"＊"表示电流进入方向,电流进线要从这里接入,电流出线从其下方端子接入。

(2)电压端子接线。无论是 100 V 或者 220 V 采集电流接法都是一样的,"＊"表示电压进入方向,电压进线要从这里接入,电压出线从其右方端子接入。

注意:电流端子接线要根据采集电流不同而有所改变,1 A 电流要使用线径为 1.5 mm 铜线缆,5 A 电流要使用线径 2.5 mm 铜线缆,电压端子接线使用线径 0.5 mm 铜线缆。

2. 遥控控制、遥信采集端子

图中左边上下两个端子为遥控控制端子。共有 8 路开关量输出点,H1～H4 为合节点,F1～F4 为分节点,每组开关量输出点公用一个公共端 D1～D4。每个开关量输出点的负载能力 16 A/220 V。

图中右边的端子为遥信采集端子。端子上有 16 路遥信采集端子,4 路遥信母端子,同时,端子上还集成了一路直流量采集端子。

直流量采集端子 AI＋、AI－,直流量采集端子同时兼容直流电流和直流电压。AI＋接直流正极,AI－接直流负极。

注意:遥控端子接线要使用线径为 1.5 mm 铜线缆,遥信端子接线要使用线径 0.5 mm 铜线缆。

3. 通信及设置相关端子

通信端子被设计成上下联通的结构,如:L1 跟 L2 实际上是电气上短接的两个端子。这样的设计方便装置的扩展,当通过端子向下扩展装置时,不必取下已经接好的端子,只需在没有连线的相对应端子上接线即可。

保险座(AC 是交流电源保险管,DC 是直流电源保险管)。更换保险需要使用刀口长度为 8 mm 以下的一字螺丝刀抵住装卸口,按下并逆时针转动即可拆下保险管,按下并顺时针转动即可装上保险管。

拨码开关一共 12 位。前 8 位用来设定装置地址,第 9 位用来设定装置的工作模式,后三位用来设定通信口的终端电阻。装置地址用二进制码表示,8 位最多可以设定 128 个不同地址。装置工作模式有正常、编程两种。正常模式下,装置正常运行可实现所有功能。编程模式下,装置可以通过维护口进行程序烧写,此模式下,装置处于待机状态。注意:两种模式的切换均需要关机再开机才能实现,如:当装置处于正常模式,要切换到编程模式,需先关机,再设置拨码开关,然后再开机,才能切换到编程模式。终端电阻的设置,只有装置扩展的情况下才进行设置。设置终端电阻需注意:只有最后一台装置需要投入终端电阻。

在编程模式下可以通过维护口对装置进行程序升级烧写。在正常模式下,维护口的功能为 Console 口,主要用于查看装置的工作状态、系统信息等。

(1)RUN:装置运行指示灯。

(2)SEC:装置同步信号指示灯。

(3)T:装置通信收指示灯。

(4)R:装置通信发指示灯。

(5)+5 V:装置+5 V 电源指示灯。

(6)+24 V:装置+24 V 电源指示灯。

4.电源相关端子

这部分端子包括交流电源端子、直流电源端子、接地端子、电源开关、接地螺柱等。

AC 是交流电源输入端子,DC 是直流电源输入端子,1G、2G 是接地端子。交流电源端子 L 是火线,N 是零线。直流电源输入端子 DC+是正极,DC-是负极。该组端子同样设计成上下对应端子为电气上短接,目的也是为了方便接线。

开关,AC 为交流电源开关,DC 为直流电源开关。

接地螺柱,装置机壳的接地点。

注意:所有电源相关的接线(接地螺柱除外)需使用线径 1.5 mm 的电缆线接线,接地螺柱要使用线径为 2.5 mm 的电缆线接线。

(三)变配电所低压智能监控装置的运行、日常维护与故障处理

1.装置运行状态

装置投运后,装置开始运行,正常的运行状态包括:

(1)供电电源上电时电源指示灯点亮。

(2)运行灯与 SEC 等有规律的同时闪烁(频率 1s)。

(3)通信指示灯有规律的闪烁。

(4)如果装置出现异常,将没有上述的状态。

2.日常维护

为了保证装置能安全的运行,用户应定期对装置进行维护,维护时应首先监视装置的运行状态,包括:

(1)各指示灯指示状态是否正常;

(2)输入电压是否正常;

(3)遥测采集采集电压、电流是否正常;

(4)各接线是否良好。

通过装置的维护口查看系统的工作状态是否正常,系统的工作状态包括:

(1)通信工况是否正确;

（2）遥信、遥测采集是否正确；

（3）时钟是否正确。

3. 常见故障及处理（表 5-3）

表 5-3 变配电所低压智能监控装置的故障处理

序号	故障现象	故障原因	解决方法
1	所有指示灯都不亮	保险管熔断	更换保险管
2	通信不通	1. 数据库配置错误地址 2. 地址设置错误	1. 按照数据字典配置主处理器模板的数据库 2. 按照数据库配置，调整该模板地址设置
3	RUN 灯没有跟 SEC 灯同步闪亮	1. 装置间通信线没接好 2. 秒脉冲终端电阻投入不当	1. 检查时钟同步接线 2. 正确设置终端电阻

任务小结

1. 掌握箱变智能监控装置结构应用

箱变智能监控装置 RTU 一般采用功能模块化的分布式体系结构，设备由主处理器单元、遥测采集单元、遥信采集单元、遥控控制单元、电源管理单元构成。

功能：控制功能、数据采集功能、数据处理功能、通信功能、自恢复与自检测功能系统、对时功能。

了解典型变智能监控装置结构及故障分析。

2. 了解接触网开关监控装置结构应用

接触网负荷开关监控装置的硬件结构分为两部分：户内控制站设备和户外当地监控单元。

功能：遥控功能、遥信功能和通信功能。

了解典型接触网开关监控装置结构及故障分析。

3. 了解变配电所低压智能监控装置结构应用

装置的组成模块：电源模块、遥信模块、遥控模块、遥测模块、通信模块、DSP 模块。

功能：遥控功能、遥信功能、遥测功能、自诊断功能、维护调试功能、自启动功能、时钟同步功能、电度采集功能、故障判断功能、故障录波功能、远程整定功能、数据处理功能。

了解典型变配电所低压智能监控装置结构及故障分析。

任务五　变配电所综合自动化系统认知

学习目标

1. 掌握变配电所综合自动化系统功能。

2. 掌握变配电所综合自动化系统结构形式。

3. 掌握微机继电保护装置工作原理。

变配电所综合自动化装置是将变配电所的二次设备,利用计算机技术、现代电子技术、通信技术和信息处理技术等,实现对变配电所二次设备(继电保护、控制、测量、信号、故障录波、自动装置及远动装置等)的功能进行重新组合、优化设计,对变配电所全部设备的运行情况实现监视、测量、自动控制和保护及调度间通信等综合性自动化功能的自动系统,是自动化和计算机、通信技术在变配电领域的应用。

一、变配电所综合自动化系统功能

变配电所综合自动化系统应具备以下功能:

1. 数据采集功能

模拟量、开关量和电能量的采集,电气设备的状态监视、控制调节。

2. 继电保护功能

具有设计要求的各种保护功能。包括线路保护,变压器保护,母线保护,馈线保护,电容器保护及自投,低频减载等安全自动装置、自动重合闸装置等。还具有相应的附加功能:继电保护的通信功能、时钟对时功能、存储、修改保护定值功能、显示观察功能、故障自诊断、自闭锁和自恢复功能等。保护功能是综合自动化系统的关键环节,其功能的安全可靠性,直接影响整个系统的安全可靠性。

3. 事件顺序记录(SOE)

系统具有强大的数据库功能,可对断路器正常操作、保护动作顺序记录,对遥信、遥测、遥控信息分类处理、统计、存储、报警、查询及追忆。SOE 分辨率一般在 1~10 ms 之间。

4. 故障录波

录波一般采用两种方式实现。一种是集中式配置专用故障录波器,能与监控系统通信。另一种是分散型,由微机保护装置完成录波功能。

5. 人机对话功能

维护人员或值班员可通过鼠标或键盘操作,观察和了解全站的运行工况和运行参数;可设定不同的权限用户,用于修改画面显示、保护定值、越限报警定值等。

6. 操作控制功能

实现变配电所正常运行的监视和操作,保证变配电所正常运行和安全。操作人员可通过显示器对断路器和隔离开关进行分、合操作,对变压器分接头位置进行调节控制,对电容器组和电抗器进行投、切控制。所有操作规程均能远方/就地,手动/自动控制,并有完善的闭锁功能。

7. 运行监视功能

对采集的电流、电压、温度、频率等量进行越限监视,发生越限则产生告警信号,同时记录和显示越限时间和越限值;监视保护装置是否失电、自动装置是否正常;指示变配电所的运行工况和设备状态等。报警方式有自动推画面、信息操作提示报警、音响报警、闪光报警等。

8. 打印功能

可定时打印日、月、年报表;可随机打印事故和故障信息;可屏幕拷贝等。

9. 自动控制功能

(1)电压、无功综合调控功能,使铁路供电系统的总体运行技术指标保持在最佳水平。低频减载功能,当发生有功功率严重缺额时,系统有次序、有计划地切除负荷,使系统频率维持在正常水平或允许范围内。

(2)备用电源自投控制功能,当正常电源因故障或其他原因被断开后,迅速使备用电源自动投入工作。

(3)小电流接地选线控制功能,对小电流接地系统单相接地故障进行检测与选线,并发出接地信号。

10. 远动通信功能

实现自动化系统与上级调度的通信,将采集的模拟量和开关状态信息,以及事件顺序记录等远传至调度端,同时能接收调度端下达的各种操作规程、控制、修改定值等命令。

11. 系统的自诊断功能

系统内各插件应具有自诊断功能,自诊断信息也像被采集的数据一样周期性地送往后台机和远方调度中心或操作控制中心。

二、变配电所综合自动化系统子系统组成

1. 监控子系统

完全取代常规的测量系统,改变常规的操动机构和模拟盘,以计算机显示和处理方式取代常规的告警、报警、中央信号、光字牌等,取代常规的远动装置等。

2. 微机保护子系统

微机保护子系统是变配电所综合自动化系统的最基本、最重要的功能,它包括变配电所内设备的全套保护。

3. 后备控制与紧急控制子系统

包括实时对电压和无功进行合理调节、确保电能质量、提高电压合格率、降低网损的电压无功综合控制子系统;实时对有功负荷进行调节的低频减载、负荷控制子系统;保证铁路供电系统连续可靠供电的备用电源自动投入的控制子系统等。

硬件组成有:微机保护模块、站内通信网、站内监控系统、远方传输通信设备等。

三、变配电所综合自动化系统硬件结构模式

综合自动化硬件结构主要有以下几种模式:

1. 集中式

集中式为早期产品或老站改造采用的结构形式。系统的硬件装置、数据处理均集中配置,采用由前置机和后台机构成的集控式结构,由前置机完成数据输入、输出、保护、控制及监测等功能,由后台机完成数据处理、显示、打印及远方通信等功能。全站信息要通过通信管理机或前置机进行处理。

优点:结构紧凑、体积小,可大大减少占地面积,造价低。

缺点:对前置机和计算机依赖性强,出现故障后影响大;软件复杂,系统调试烦琐;组态

不灵活等。

2. 分布集中式

与集中式相比,将自动化系统功能分散给多台计算机来完成。按功能设计,采用主、从CPU 工作方式,各功能模块之间采用网络技术或串行方式实现数据通信,解决了数据传输的瓶颈问题,提高了系统的实时性。方便系统扩展和维护,局部故障不影响其他模块正常运行。

3. 分布分层式

分布是指横向按功能不同,分单元、分间隔配置间隔装置。分层是指在纵向将变电站信息的采集和控制分层,如图 5-36 所示。

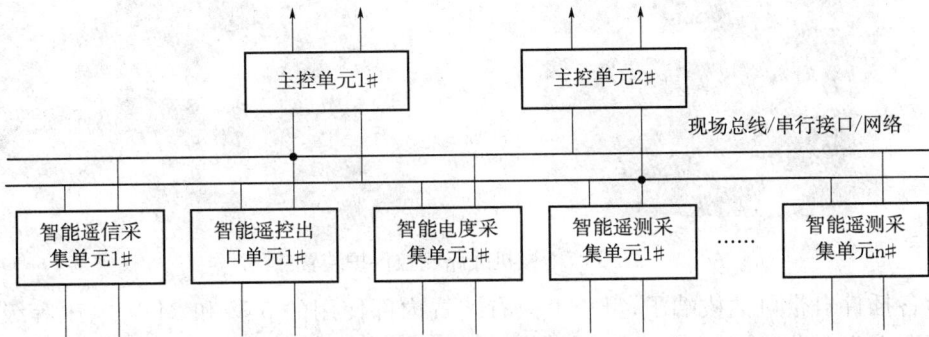

图 5-36 分布分层式变配电所综合自动化系统结构

从逻辑上将系统分为三层:变电站层、通信层和间隔层。按照变配电所的元件、开关间隔进行设计,将一个开关间隔所需的全部数据采集、保护和控制等功能集中由一个测控单元来完成。各单元之间通过现场总线连接,构成间隔层,在变电站层和通信网络故障的情况下,间隔层独立完成间隔层的监测和控制功能。变电站层是整个变电站监视、测量、控制和管理的智能中心,包括站控系统、监视系统、工程师站及同调度中心通信的通信系统,是位于变电站控制室里的总控单元。通信层是连接间隔层和变电站层的纽带,采用标准通信规约,为保证通信可靠性多采用双网通信。

4. 完全分散式

按照面向电气一次回路或电气间隔的方法进行设计,在硬件结构上完全分散,间隔中各数据采集、监控单元和保护单元做在一起,设计在同一机箱中,并将这种机箱就地分散安装在开关柜上,主控室的主控单元通过现场总线与这些分散的单元通信,将功能分布与物理分散有机结合,实现间隔层各单元的功能相对独立。

这种结构代表了现代变电站自动化技术发展的趋势,主要特点是:功能单元完全按一次设备间隔分散安装;节约控制室面积和二次电缆;减少了电缆传送信息的电磁干扰,具有很高的可靠性,比较好地实现了部分故障不相互影响,方便维护和扩展,大量现场工作可一次性地在设备制造厂家完成。

四、微机继电保护装置

继电保护装置是变电所综合自动化系统的间隔层设备,以微机线路测控保护装置为例,

125

如图 5-37 所示,装置采用整面板、背插式结构。整面板上包括汉化液晶显示器、全屏幕操作键盘、信号指示灯等。背插式结构即插件从装置的背后插拔,各插座间的连线在装置的整母板上互连,母板位于机箱的前部,全部为弱电连线。装置的安全设计符合 GB 16836—1997 的规定,外壳防护符合 IP50 的要求。该结构具有以下优点:

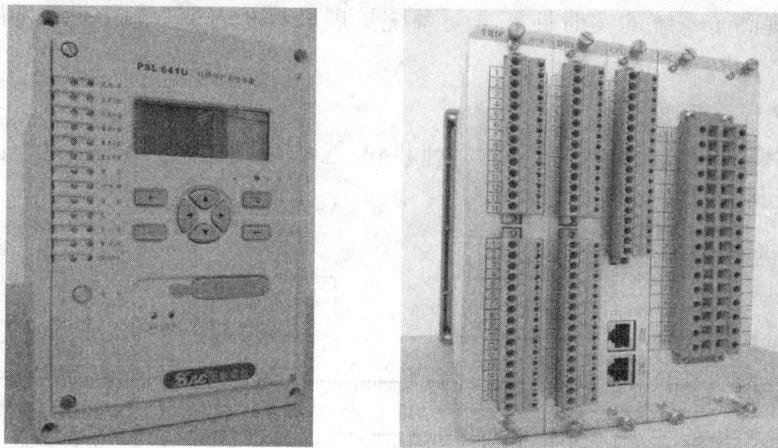

图 5-37　微机线路测控保护装置

(1)各插件自带可插拔端子,母板上只有装置内部使用的 5 V 和 24 V 电压等级的回路连线,强弱电完全分开,可大大减少外部电磁干扰在弱电侧的耦合,增强装置的抗干扰力,提高其可靠性和安全性。

(2)便于插件按模块化设计。

(3)取消交流插件的插拔式大电流端子,提高装置交流电流回路的可靠性。

(一)微机保护装置的优点

1. 维护调试工作量小

传统继电保护装置布线逻辑,每一种功能由相应的硬件和连线实现,维护调试复杂。

2. 可靠性高

微机保护装置的硬件自检、软件自检。

3. 灵活性强

硬件通用、保护动作特性容易改变、测量和控制功能等。

4. 保护性能改善

常规保护不易获得的特性、保护新原理的实现等。

5. 使用灵活

使用灵活方便,人机界面友好。

6. 易于获得附加功能

易于获得附加功能,如故障录波、波形分析、故障测距、详细故障信息等。

(二)微机保护装置硬件构成

微机保护装置硬件构成如图 5-38 所示。

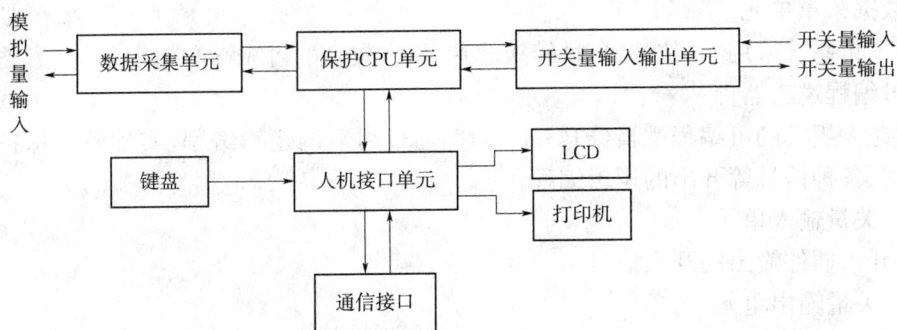

图 5-38 微机保护装置硬件构成

1. 数据采集单元(交流采样插件)

数据采集单元(交流采样插件)的结构组成和工作原理属于模拟量输入电路,如图 4-1 所示。

(1)电压、电流变换器:将系统 PT、CT 输出的交流电压、电流变换为适合于保护测控装置采样的电压、电流。

(2)有源低通滤波器:滤除交流输入通道高频干扰信号。

(3)采样/保持电路:对各交流输入通道在同一时刻进行采样并保持。

(4)多路转换开关:依次将各交流输入通道的采样信号输入到保护 CPU 插件 A/D 转换回路。

2. 保护 CPU 单元(保护 CPU 插件)

完成本装置的各种保护功能、数据处理、数据通信、软件及硬件自检、跳闸操作、合闸操作、各种位置、信号信息的采集和信号的开出等功能,其结构如图 5-39 所示。

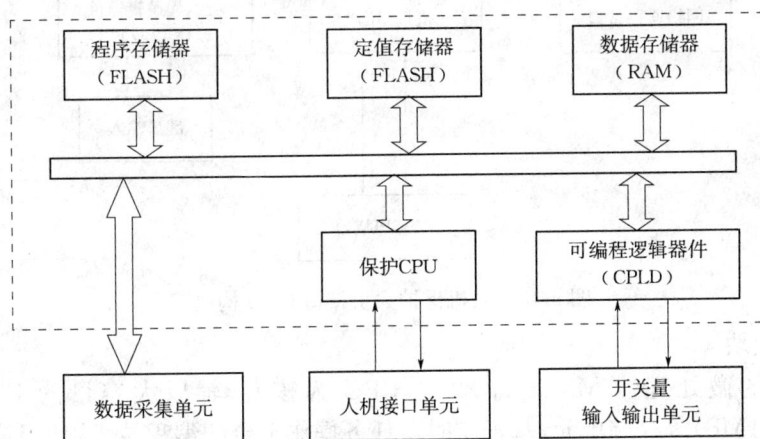

图 5-39 微机保护 CPU 单元构成

(1)CPU 模块

以高性能的微处理器 Motorola 32 位 CPU 为核心,辅以大容量的 Flash Memory (1MB)、RAM(1MB)等存储单元,基于实时多任务操作平台的编程技术,使得该保护装置具有极强的数据处理和数据实时响应能力。

（2）数据采集单元

数据采集系统采用 16 位的 A/D 转换芯片，具有较高的可靠性和精度。

（3）可编程逻辑器件

采用超大规模的可编程逻辑（FPGA）芯片，通过可靠的逻辑编程，实现整个保护装置的跳闸、合闸、各种信号等开出的逻辑编程。

（4）开关量输入单元

采集开入插件输出的开入信号。

（5）开关量输出单元

将 FPGA 模块输出的开出信号（OUT），经电气隔离后输出（DO）到信号插件、开出插件及保护出口插件。

（6）定值存储器

以 E^2PROM 为核心器件的定值存储模块，存放八套保护定值，在装置电源消失的情况下，保证定值不会丢失或被改变。

3. 人机接口 CPU（人机对话 MMI 插件）

完成本装置的各种数据输入、数据显示、数据处理、数据存储、数据通信、软件及硬件自检等功能，其结构如图 5-40 所示。

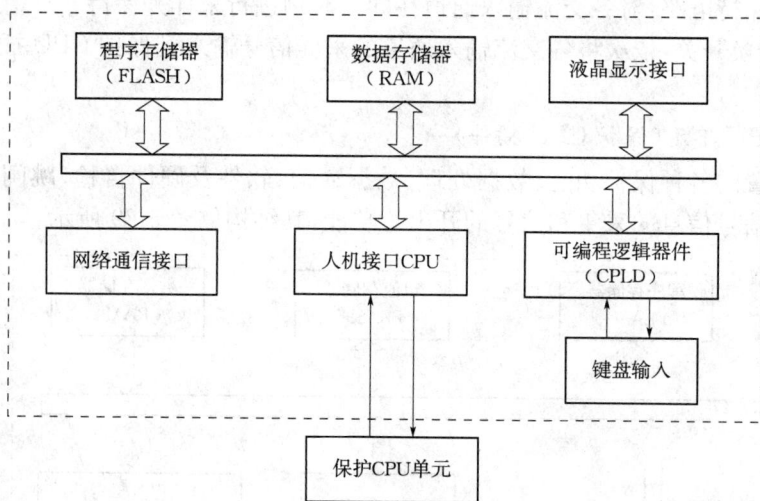

图 5-40　微机保护人机接口 CPU 构成

（1）CPU 模块

以高性能的微处理器 Motorola 32 位 CPU 为核心，辅以大容量的 Flash Memory（2MB）、RAM（1MB）等存储单元，基于实时多任务操作平台的编程技术，使得该模块具有极强的数据处理、数据存储和数据实时响应能力。

（2）数据存储

设置一片 Flash Memory（1MB）作为数据保存单元，基于实时多任务操作平台的编程技术，使得该模块具有极强的数据处理、数据存储和数据实时响应能力。

设置一片 E^2PRAM 芯片，保存由键盘或通信接口输入的保护定值。

五、微机通信管理装置

微机通信管理装置具有与当地监控计算机、保护测控装置及综合测控单元通信的功能，是变电站综合自动化系统的重要组成部分，如图 5-41 所示。

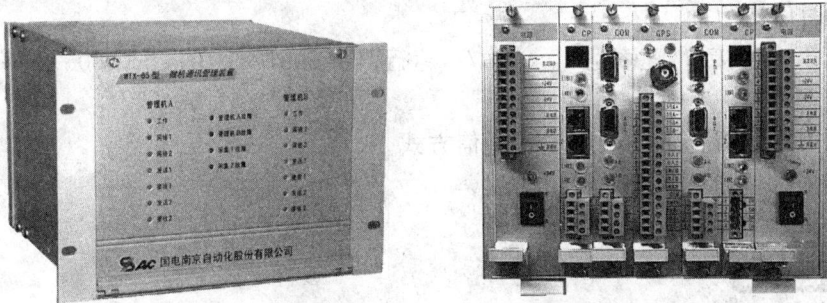

图 5-41　微机通信管理装置

1. 装置的功能

(1)装置具有与远方调度系统通信的功能。

(2)事故音响功能，能够驱动电笛、电铃发出故障、预告音响。

(3)GPS 对时功能，为全站提供时钟基准。

(4)数据采集功能，通过与站内其他智能装置通信，采集遥信、测量、电度等数据，进行适当的规约处理，集中送往远动调度及其他系统。

2. 装置的技术特点

(1)使用 Motorola 32 位 CPU，配以大容量 RAM 和 FLASH 存储，使装置具有极强的数据处理、信息存储能力，使产品的稳定性和运算速度得到可靠保证。

(2)使用实时多任务操作系统，C 语言编程，软件易于维护、升级，稳定性，可移植性得到可靠保证。

(3)主机通信功能采用主、备机热备用方式，保障了通信的畅通。

(4)采用以太网通信，使得变电站内间隔层通信的速度和可靠性大大增强。

(5)有灵活的在线、离线调试手段，可靠的下载参数及数据查询功能。

(6)具有优异的抗干扰性能。

3. 装置构成特点

(1)装置具有两套电源和 CPU 插件，构成双机热备用形式，任何一机故障后，自动切换至另机运行，切换时间不大于 5 s。

(2)每个 CPU 插件具有两个以太网接口，可选配 10Base-T RJ45 接口或 10Base-FL 光纤接口，装置的全部 4 个以太网接口可以配置为两两备用，或单独使用，可用于站内组网、远动通信。

(3)每个 CPU 插件具有两个 CAN 接口，符合 ISO11898，CAN 总线规范 2.0B. 用于构建站内双 CAN 网。

(4)两块通信插件具有四个串行口，可配置成 RS232C 或 RS485 接口，速率 $300\sim57.6$ (64)Kbit/s 可调，可用于站内数据采集、远动通信。

(5)GPS、中央信号合成为一个插件,GPS 接收卫星时钟,为全站提供统一时间基准,对时脉冲精度±500 ns。

4. 远动特点

(1)标准串行通信接口(RS232C,RS485),速率可达 64 Kbit/s,支持 IEC 60870-5-101、CDT 等多种通信规约。

(2)工业以太网接口,速率达 10 Mbit/s,运行 IEC 60870-5-101,IEC 60870-5-104 等通信规约。

(3)可以灵活配置与远动调度端的通信方式。

(4)可以根据用户要求开发特定协议。

任务小结

1. 掌握变配电所综合自动化系统功能

变配电所综合自动化系统具备以下功能:数据采集功能、继电保护功能、事件顺序记录(SOE)、故障录波、人机对话功能、操作控制功能、运行监视功能、打印功能、自动控制功能、远动通信功能、系统的自诊断功能。

2. 掌握变配电所综合自动化系统结构形式

子系统:监控子系统、微机保护子系统、后备控制与紧急控制子系统。

硬件模式:集中式、分布集中式、分布分层式、完全分散式。

3. 掌握微机继电保护装置工作原理

结构:数据采集单元(交流采样插件)、保护 CPU 单元(保护 CPU 插件)、人机接口 CPU(人机对话 MMI 插件),掌握各模块的工作原理。

微机通信管理装置具有与当地监控计算机、保护测控装置及综合测控单元通信的功能,是变电站综合自动化系统的重要组成部分。

项目小结

电力监控系统一般由主控端、被控端和传输通道三部分组成,主要用途是实现主控端与处于分散状态(或远程、危险)的被控端的生产设备的运行实施集中监视、控制和统计管理。学习电力监控系统的结构与原理是学习铁路电力监控系统的重要环节。完成本项目的学习主要实现 5 个目标。

1. 铁路电力监控系统构成及功能识别

了解电力监控概念和发展,掌握电力监控系统的构成、功能和性能指标。

2. 调度主站认知

掌握调度主站的硬件组成,了解调度主站的软件组成,掌握调度主站的主要功能。

3. 电力监控系统通信信道认知

了解被控站通信网络结构原理,主要包括拓扑结构和信息交换方式。了解通信信道相关知识。理解频分信道(FDM)和时分信道(TDM)、模拟信道和数字信道、数字基带传输与频带传输原理。掌握通信线路基本形式。

　　4. 智能监控装置的运行维护

　　掌握箱变智能监控装置结构应用、功能，了解典型变智能监控装置结构及故障分析。了解接触网开关监控装置结构应用、功能及典型接触网开关监控装置结构及故障分析。了解变配电所低压智能监控装置结构应用、功能及典型变配电所低压智能监控装置结构及故障分析。

　　5. 变配电所综合自动化系统的运行维护

　　掌握变配电所综合自动化系统功能，掌握变配电所综合自动化系统结构形式，掌握微机继电保护装置工作原理。

复习思考题

　　1. 电力监控的概念是什么？

　　2. 电力监控的功能有哪些？

　　3. 电力监控由哪几部分组成？

　　4. 电力监控的性能指标有哪些？

　　5. 调度端的硬件组成有哪些？

　　6. 调度端的软件组成有哪些？

　　7. 通信信道的分类方式有哪些？

　　8. 电力监控系统的通信线路有哪几种？

　　9. 箱变智能监控装置的功能有哪些？

　　10. 箱变智能监控装置由哪几部分组成？

　　11. 变配电所综合自动化系统功能有哪些？

　　12. 变配电所综合自动化系统子系统有哪些？

　　13. 变配电所综合自动化系统的硬件结构主要有哪几种模式？

　　14. 微机继电保护装置的功能有哪些？

　　15. 微机继电保护装置的硬件组成有哪几部分构成？

　　16. 通信管理装置的功能有哪些？

项目六 · 调度主站的运行与维护

项目描述

调度主站是整个监控系统的指挥中心，现场设备的运行工况要在调度主站全面、实时地反映出来，调度主站系统同样由硬件设备和软件构成。通常情况下硬件设备包括：冗余配置的服务器、调度员工作站、通信前置处理机和网络接口设备、维护工作站、流水打印机、报表打印机、模拟屏（大屏幕投影设备）、电源系统（UPS及配电盘）、时钟系统（GPS）、连接电缆等。软件主要分为三大部分，即系统软件、支持软件和应用软件。系统软件一般有 UNIX、Windows NT 等，支持软件又称管理软件，主要是大型的商用数据库，应用软件就是用户直接面对的应用界面及工具软件。

调度员工作站软件是电力监控系统监视信息的终点和控制信息的起点，系统所有采集到的数据都将通过特定的处理而以图、表或其他可视化方式呈现给调度员。因此调度员对该软件掌握和使用的熟练程度，将直接影响到调度生产效率。

本项目主要从软件的角度来讲述其应用和维护。为了便于理解，本项目以目前主流的、常见的类型 GM6000 为例进行介绍。通过对调度员工作站软件中各功能的具体操作步骤的介绍，全面分析电力监控系统电调台软件的使用。

任务一 调度主站的功能界面与操作

学习目标

1. 掌握调度运行管理器窗格的功能。
2. 了解时钟显示窗格，图标窗格功能。
3. 掌握当前报警显示窗格功能。
4. 掌握画面显示窗口功能。
5. 掌握历史报警功能。
6. 掌握调度主站的功能界面的操作。

调度员工作站软件的系统功能：控制监视功能；实时显示被控站上送的保护信息；提供丰富的用户画面并配置各种图表显示方式；调度员操作日志记录功能；编制运行程控卡片功能；实现相应的历史数据存储、报警等信息处理功能；丰富的报表功能，定期将报表方式进行显示和存储；丰富的扩展功能，包括故障报告的查询，故障录波的召唤和查询，整定值的召唤和修改。下面以客运专线综合 SCADA 系统为例进行介绍。

一、登录与退出

1. 软件的启动

直接双击桌面调度员工作站软件的图标，运行系统进入应用程序管理器界面。或者选择所要查看的工程应用程序，点击工具菜单上的"浏览"按钮。

2. 系统登录

调度员工作站通过系统登录的方式来验证用户身份，根据用户的不同权限决定用户可以进行的操作。

在进行系统登录后使用者能查看当前供电情况和进行数据的召唤操作和监视，但不能进行任何的控制操作。

输入用户名和密码，选择调度员所属的控制台号和控制模式，并点击"确认"按钮。如果想退出系统登录对话框，点击"退出"按钮即可，如图 6-1 所示。

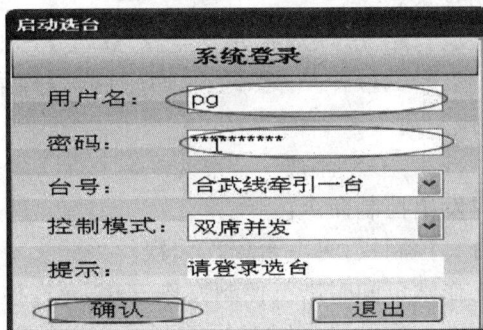

图 6-1　系统登录窗口

用户模型的层次结构如下：

$$1 : N \quad 1 : N$$

用户──→角色──→安全组（台号）

一个用户可以被赋予一种或多种角色，一个角色具备一个或多个安全组的权限，安全组通常是与台号相对应的，即一个安全组包含一个调度台范围内的所有对象。

安全组＝台号＝监控的范围（一个安全组包含一个调度台范围内的所有对象）角色＝安全组与权限的组合。

图 6-2 所示为安全组监控范围窗口，图 6-3 所示为角色监控范围窗口。

系统设计的权限有以下几种：

（1）系统管理员：系统登录选台，日常维护。

（2）系统维护员：运行管理（智能监控装置定值修改、测量值参数设置和保护功能投退）。

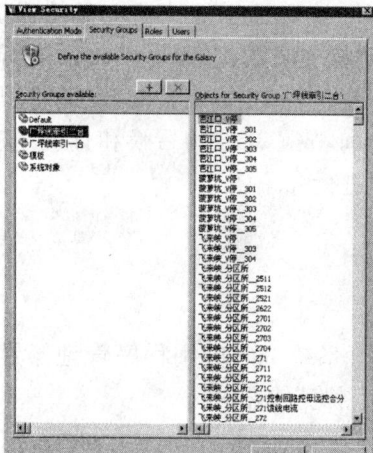

图 6-2　安全组监控范围窗口　　　　图 6-3　角色监控范围窗口

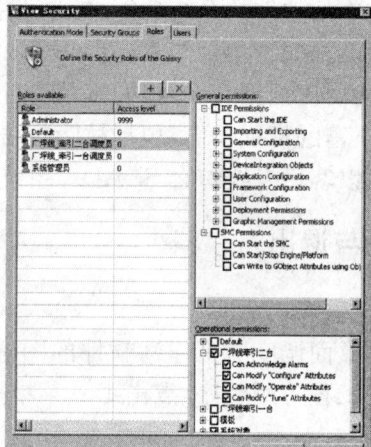

（3）调度员：为了完成调度生产任务而执行相关操作。

（4）调度长：协调调度所内各调度台之间的调度事务。

用户可以选择多个角色。

选择台号的作用是确认操作员本次系统登录后的监管范围，操作员若选择了超出自己监管范围的台号则无法成功登录。

控制模式包括：双席并发、双席互斥、双席并发监督、双席互斥监督等。

（1）双席监督：第一个调度台的操作员发出控制命令后，等待第二个调度台的操作员确认后，才可以向被控站发送控制命令。

（2）互斥：两台中一台做控制，一台监视。

（3）并发：两台可以同时发出控制命令。

（4）双席互斥：即仅一台有控制权，另一台仅作监视。

（5）双席并发：双调度工作站可同时进行控制操作，但不允许控制同一对象。

（6）双席并发监督：双调度工作站可同时进行控制操作，当第一个调度台的操作员发出控制命令后，需等待第二个调度台的操作员确认后（同时双调度不允许控制同一对象），方可向被控站发送控制命令。

（7）双席互斥监督：具有控制权限调度台的操作员发出控制命令后，需等待监视调度台的操作员确认后，才可以向被控站发送控制命令。（即仅一台有控制权，另一台仅作监视）。

第一席系统登录后第二席双击系统图标直接进入，无法再选择台号和控制模式。

3. 用户登录和注销

系统登录成功后进入监视模式状态，用户可以自由的浏览系统画面，如图 6-4 所示。但系统状态栏仍显示无登录用户，且不具备操作开关的权限。只有进行了用户登录的调度员才具有控制开关的权限。

用户登录以后才具备操作开关的条件，如图 6-5 所示。注销命令是注销登录用户权限许可范围内的所有操作，回到登录前的系统仅处于浏览状态。用户操作登录画面如图 6-6 所示。

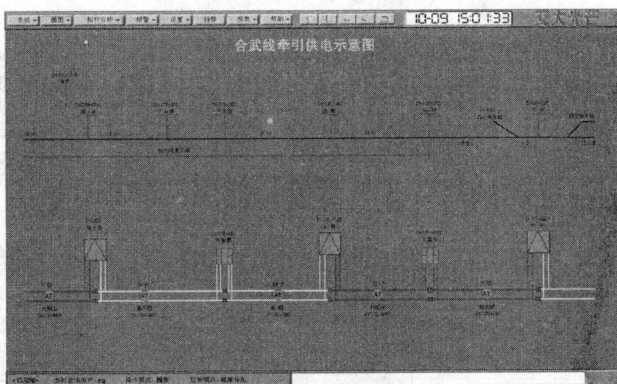

图 6-4　系统登录窗口

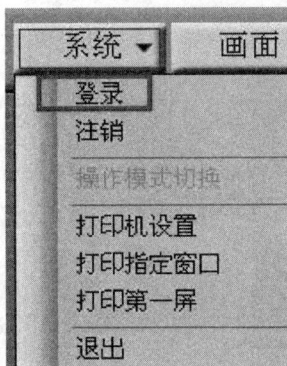

图 6-5　用户登录窗口　　　　图 6-6　用户操作登录窗口

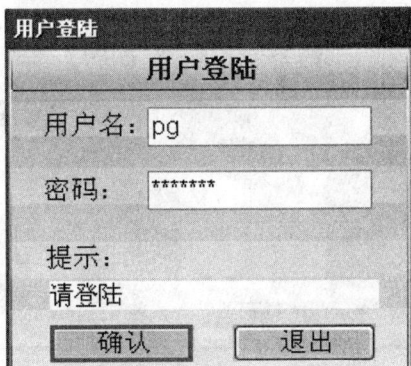

控制模式为并发时,系统将两席在用户登陆后都设置为操作的模式,且无法切换操作模式。

控制模式为互斥时,系统中的两席最多只有一席可以设置为操作的模式,两席可以进行操作模式切换。互斥模式登陆后,系统默认的操作模式为监视,两席中的任何一席先将操作模式切换为操作后,另一台将无法切换,若需切换则需先将第一席切换为监视。

二、三屏操作模式

1. 硬件构成和设置方法

调度员工作站所采用的 HP xw4600 工作站,具有 4 个高清 DVI-I 接口,在 GM6000 系统中调度员工作站接了三台显示器。

在桌面点右键,选择"属性",在"设置"页面进行设置,如图 6-7 所示。分辨率必须设置为 1 680×1 050,若小于此分辨率则画面显示不全。

注意:弹出窗口出现在主监视器上,主监视器可以手动设置。

在第二台和第三台显示器上勾选"将 Windows 桌面扩展到该显示器上(E)",如图 6-8 所示。

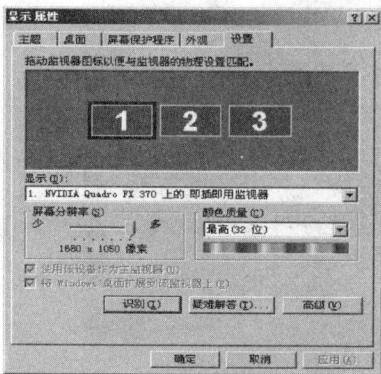

图 6-7　三屏操作设置窗口　　　　　　图 6-8　扩展功能显示窗口

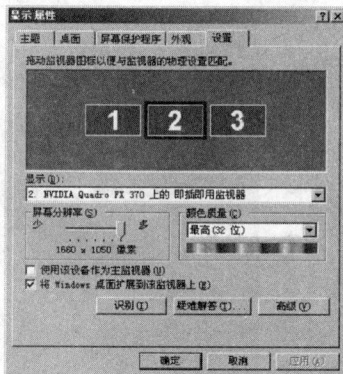

2. 三屏的优点

(1)可以更加直观的查看长卷图,如图 6-9 所示。

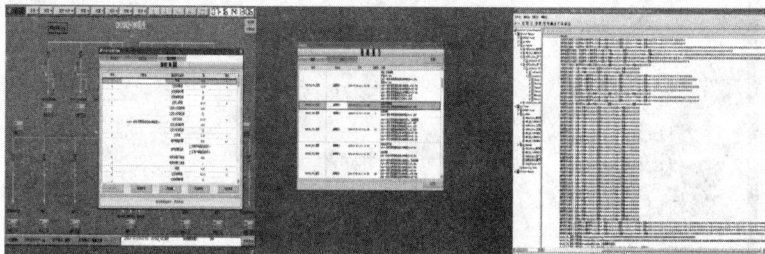

图 6-9　三屏显示窗口

(2)可以同时监控 3 个相关被控站。

(3)可在同一时刻观察到更多的信息,为调度员的操作增加安全和可靠性。如:操作开关同时监视实时曲线变化。

(4)比大屏和模拟屏的成本低廉得多。

三、用户界面

人机界面是 GM-6000 分布式调度管理自动化系统监视信息的终点和控制信息的起点。系统所有采集到的数据都将通过特定的处理而以图、表或其他可视化方式呈现给操作员。所以人机界面更多的是关注数据的可视化,为操作员提供直观明了的系统信息。

1. 画面分区

主界面共划分为三大区域:菜单栏区域、客户主画面区域、状态栏区域,如图 6-10 所示。

(1)菜单栏:显示系统的各项操作菜单及画面导航。

(2)主画面:系统监控的主要工作区,变电所、配电所、开关站高/低压、通道结构图、地理图、系统配置图、接触网图等,用来查看各种开关状态,遥测量状态,系统运行状态,带电状态及通信状态等。

(3)状态栏:显示系统登录用户名称、操作模式、控制模式和最新动态报警等说明信息。

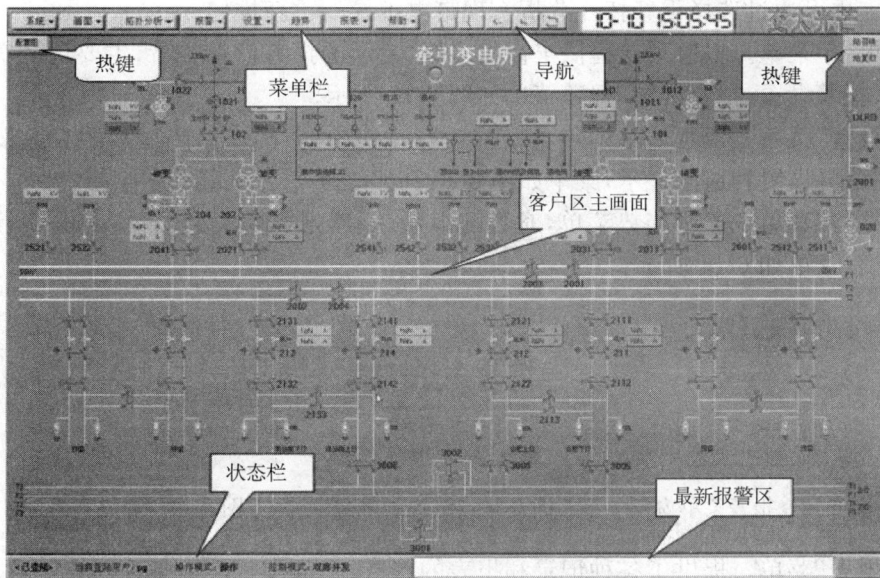

图 6-10 用户界面分区窗口

2. 菜单栏

(1)"系统"菜单。系统菜单包含了系统登录、注销、操作模式切换、打印机设置、打印指定窗口、打印第一屏及退出。系统菜单如图 6-5 所示。

(2)"画面"菜单。画面菜单可对系统的各种类型画面进行切换,画面菜单如图 6-11 所示,如果点击"新横店分区所",即可调出新横店分区所的主接线画面。

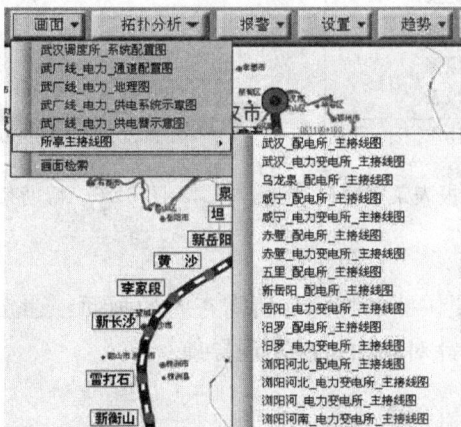

图 6-11 画面菜单窗口

(3)"拓扑分析"菜单。拓扑分析菜单功能提供了能够根据应用服务器计算出的各网络拓扑节点的带电状态,实时动态显示相应的线条、开关或其他供电设备的颜色为客户提供有效的带电推导参考。

拓扑分析的基本原则是站内根据开关的状态、站间根据接触网上电电压。

通过系统区的拓扑分析下拉菜单的"拓扑分析"项,灵活的实现应用拓扑和关闭拓扑的

137

自由切换。也可通过选择重新拓扑分析实现带电推导的重新推导。

(4)"报警"菜单。报警菜单提供丰富的多级、灵活的报警信息查看,主要包括实时报警、事件报警、报警设置、报警推图,报警菜单如图 6-12 所示。

(5)"设置"菜单。设置菜单中包含系统运行过程中的背景、遥测显示的参数设置,主要包括:画面背景设置和遥测显示,菜单如图 6-13 所示。

(6)"趋势"菜单。通过趋势菜单,对各配电所,低压站,开关站实现实时曲线、历史曲线的详细查询,菜单如 6-14 所示。

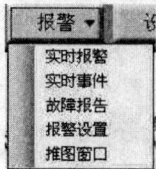

图 6-12　报警菜单窗口　　　图 6-13　设置菜单窗口　　　图 6-14　趋势菜单窗口

(7)"报表"菜单。提供了各种记录和报表的查看,并可按照多个条件对查询内容进行筛选,报表菜单如图 6-15 所示。

(8)"帮助"菜单。提供了显示系统的版本信息、技术支持、在线帮助等信息,帮助菜单如图 6-16 所示。

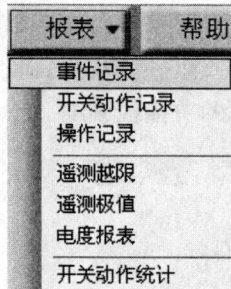

图 6-15　报表菜单窗口　　　　图 6-16　帮助菜单窗口

3. 画面导航栏

导航功能能让您更方便快捷的找到您所需查看的画面: 。

(1)向上和向下图标是针对画面层次实现导航:

：上一级。

：下一级。

(2)向右或向左图标是针对主接线图中的相邻站地理关系位置实现导航:

：上一站。

：下一站。

：返回最近一次导航的画面。

4. 系统时钟栏

动态显示当前实时系统时间。

（1）时钟源。GPS 天线→时钟服务器（TDF）→各台主机（需安装客户端软件），如图 6-17
所示。

（2）校时策略：按照配置的时间间隔由时钟服务器定时向局域网内的各台主机发送对时
报文，时间间隔一般为 1～5 min。

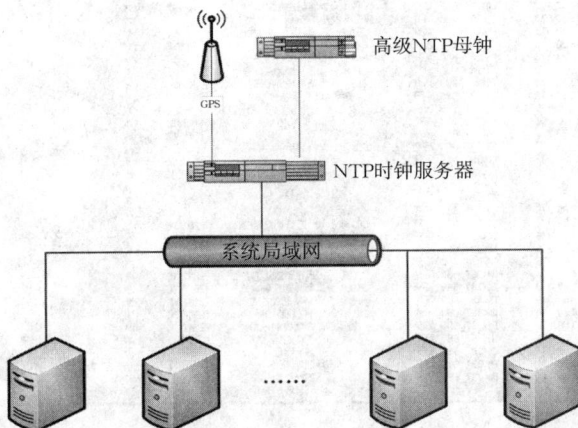

图 6-17 时钟系统

5. 状态栏

状态栏显示系统登录用户名称、操作模式、控制模式和最新动态报警等说明信息，如
图 6-18 所示。

图 6-18 状态栏窗口

6. 弹出窗口

（1）登录窗口。用户进行登录操作时，会弹出如图 6-1 和图 6-6 所示的登录窗口。

（2）断路器（或其他）操作窗口。用户通过主接线画面点击左键或右键选择对象进行控
制，系统自动转入操作面板界面，面板显示开关当前状态和当前执行的操作选择，如图 6-19
所示。

（3）程控操作窗口。用户在相应的主接线图或接触网图点击用户选择程控卡片之后，可
在程控卡片列表中选择需要进行的操作，如图 6-20 所示。

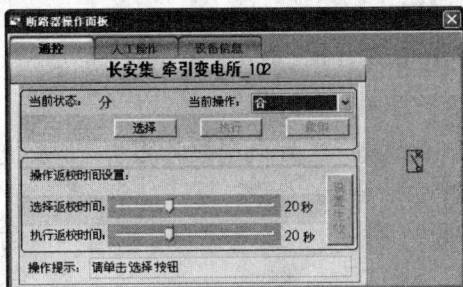

图 6-19 断路器（或其他）操作窗口

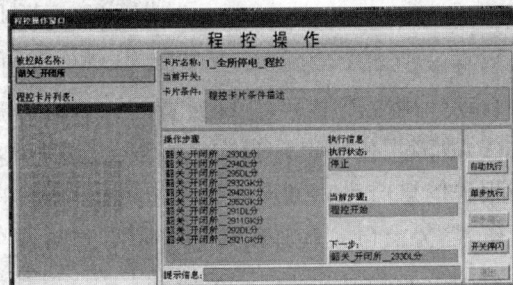

图 6-20 程控操作窗口

(4)实时事件窗口。操作员点击系统主菜单"报警"菜单中的"事件"子菜单,可打开实时事件窗口。实时事件窗口界面,如图 6-21 所示。

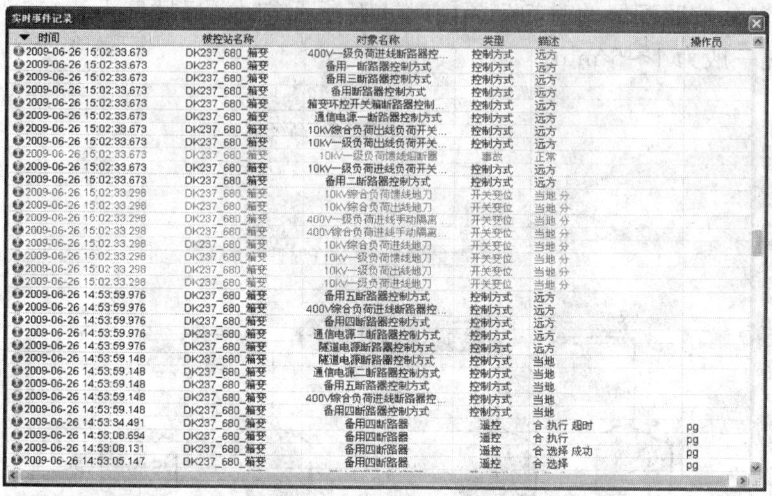

图 6-21　实时事件窗口

(5)实时报警记录窗口。操作员点击系统主菜单"报警"菜单中的"报警"子菜单,可打开实时报警窗口。实时报警窗口界面,如图 6-22 所示。

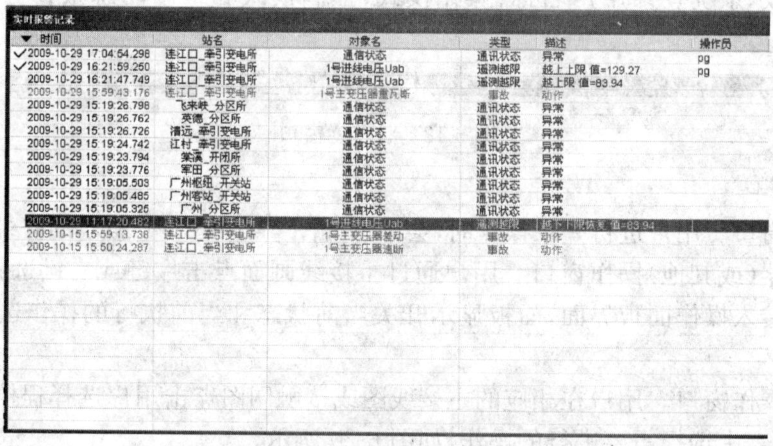

图 6-22　实时报警记录窗口

当有保护动作信息、事故、预告、越限、跳闸、进线失压上送时,调度员工作站状态栏区域右侧自动弹出故障信息,特殊设置的并伴有语音提示。

(6)故障报告窗口。当被控端发生故障时,被控端系统将实时上送故障报告,当系统有故障报告信息产生时则自动弹出故障报告窗口,如图 6-23 所示。

(7)趋势窗口。趋势图分历史和实时两种类型,分别对应过去某一时间段内遥测值的变化趋势和某遥测值的实时动态变化趋势,如图 6-24 所示。

(8)报表窗口。系统具有统计报表生成制作功能,统计报表可以随时生成,信息可从实时数据库、历史数据库中抽取,如图 6-25 所示。

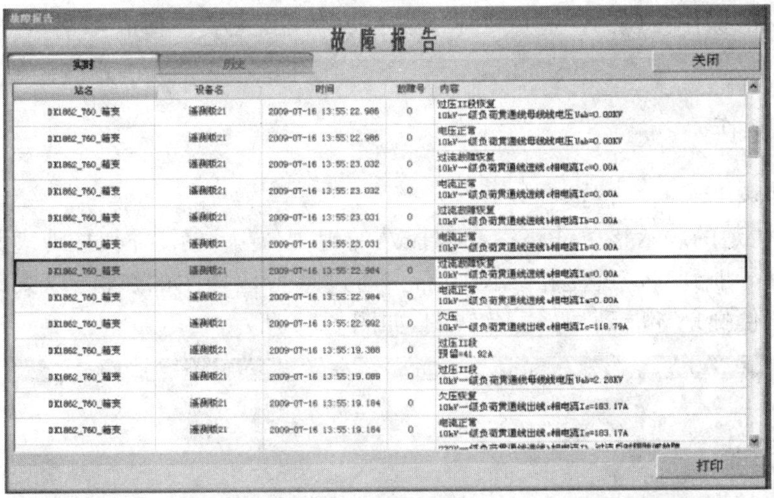

图 6-23 故障报告窗口

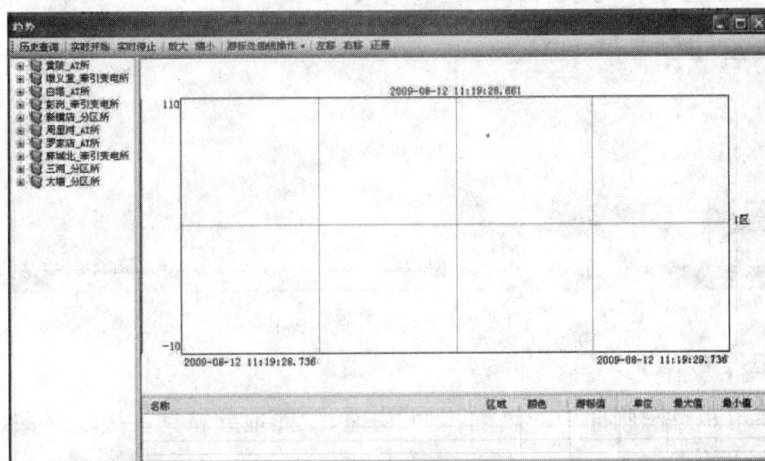

图 6-24 趋势窗口

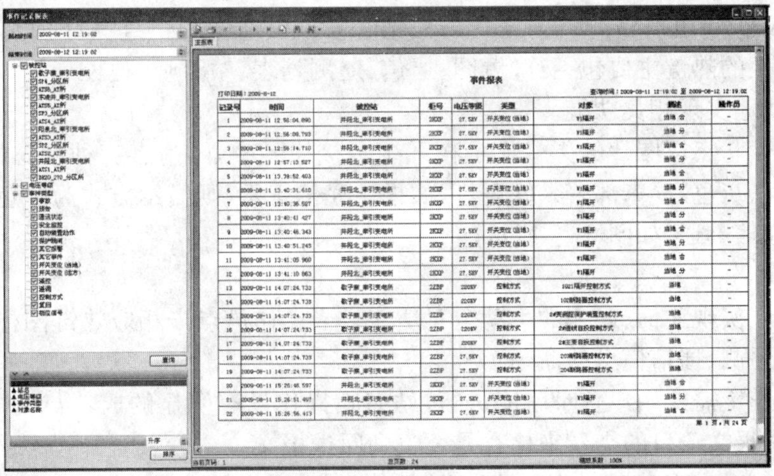

图 6-25 报表窗口

（9）扩展功能操作窗口。GM6000 提供了扩展功能，主要包括故障报告、故障录波和定值整定功能。

四、画面操作

1. 地理图操作

地理图可清楚的表示整条铁路沿线被控站的地理位置关系。同时，地理图也提供热键功能，实现快速导航到对应的主接线图画面。通过点击地理图的热键（以太原北配电所为例），即可快速、便捷地导航到相关主接线图，如图 6-26 所示。

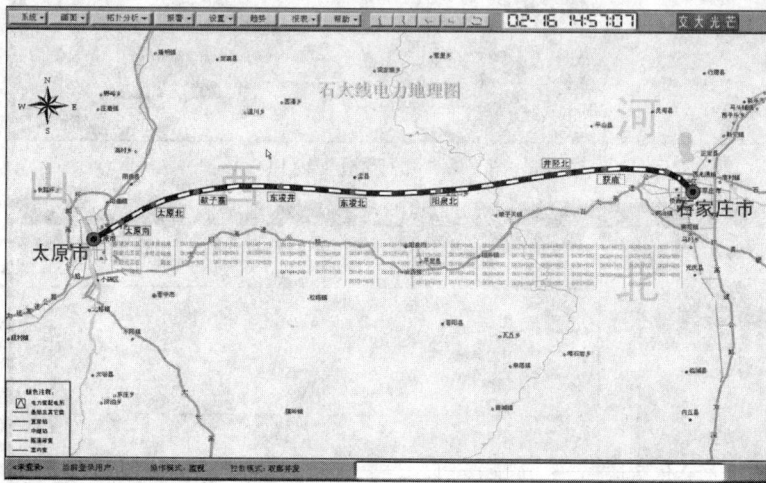

图 6-26　地理图操作窗口

2. 供电系统图操作

通过点击供电示意图画面中的热键，即可快速、便捷地导航到主接线图，如图 6-4 所示。

3. 主接线图操作

主接线图以图、表或其他可视化方式将系统所有采集到的数据呈现给操作员。直观的反应数据、开关状态、带电推导、故障状态等可视化信息，为操作员提供直观明了的系统信息。

主接线图上的热键主要包括：配置图、遥信/遥测列表、站召唤、程控列表，点击这些热键即可快速、便捷地实现相关功能。

系统站通信状态以图片的方式显示在系统主接线图中，图中有三种状态的灯来指示通信工况，红色灯、灰色灯（未部署）、绿色灯，如果站通信正常，则显示方式为绿色灯显示，红色显示，则表示通信不通，如图 6-27 所示。

（1）站召唤

站召唤用于实现遥信、遥测的手动全召功能。当操作员点击相应热键图标后，发出向相应被控站召唤遥测、遥信信息的命令。

站召唤操作不需要用户登录就能进行，站召唤操作没有明显的成功与失败现象可以观察，只能通过对报文窗口的查看来检查是否收到回送报文。

系统在通信中具有定时自动全召功能，用户一般情况下不需要进行站召唤操作，系统处理站全召操作信息需要占有一定的系统资源，所以连续快速的站召唤操作会影响系统的处

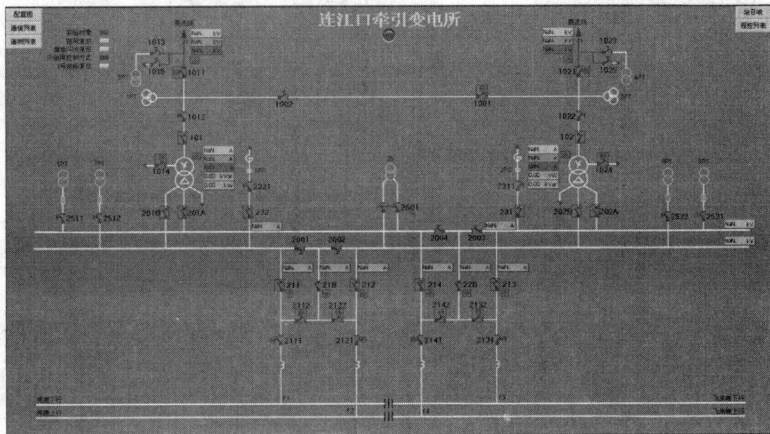

图 6-27　主接线图操作窗口

理速度。

（2）复归 & 复位

相同点：①操作不需要用户登录就能进行。②操作属于无返回遥控，只需要一步就可完成，复归操作没有操作结果，通过报文窗口查看复归报文是否确认下发，最终复归结果需要看具体装置。

不同点：①复归是指对保护动作报警信号的确认，一般是复归一些信号灯，比如保护动作信号、重合动作信号等。②复位主要指保护装置重启，重新初始化等，一般用于装置本身出现异常。

4. 接触网图操作

通过点击接触网图画面中的热键，即可快速、便捷地导航到主接线图，如图 6-28 所示，此外还提供了进入程控列表和实时显示被控站通信状态的功能。（红断，绿通）

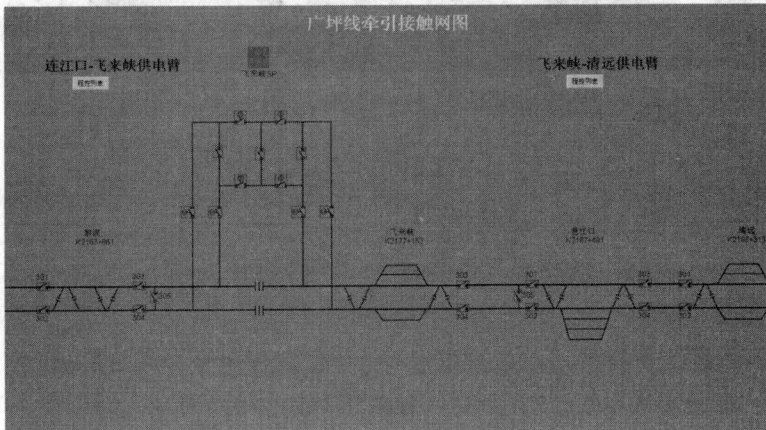

图 6-28　接触网图操作窗口

5. 被控站系统配置操作图的操作

该图显示被控站系统的配置、所内监控网络及各智能装置的通信工况（红点或绿点），通过点击配置图中的装置热键即可进入该装置的扩展功能操作面板，可实现包括故障报告，故

143

障录波,定值管理等功能,如图 6-29 所示。

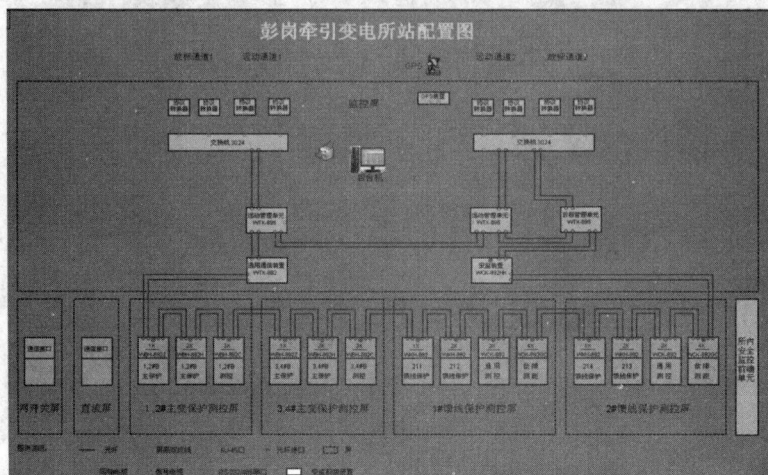

图 6-29 被控站系统配置图操作窗口

6. 通道结构图操作

通过点击通道结构图画面中的热键,即可快速、便捷地导航到主接线图,并且实时显示被控站的通信状态,如图 6-30 所示。

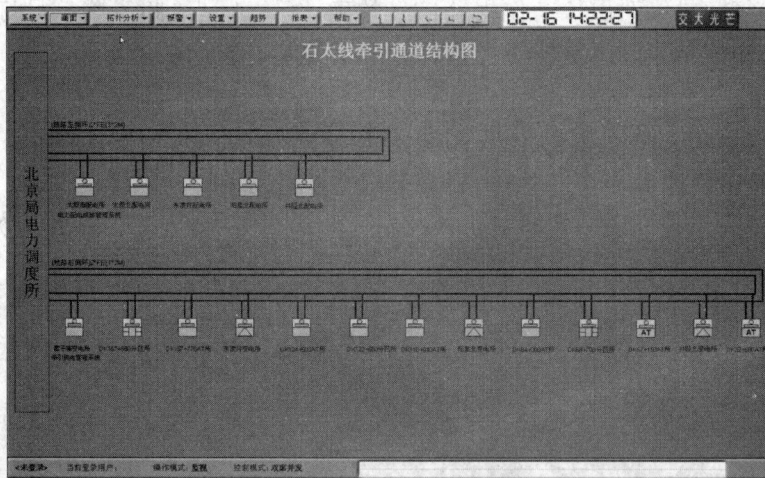

图 6-30 通道结构图操作窗口

7. 遥信列表图

遥信列表显示系统所有的遥信数据的名称、当前状态和每个遥信的通信质量,并以醒目的颜色显示处于非正常状态的遥信对象(红色或绿色)。遥信列表界面如图 6-31 所示。

8. 遥测列表图

遥测列表显示窗口显示系统所有的遥测数据名称、遥测值。遥测列表界面如图 6-32 所示。

注:遥信/遥测列表中的数据均为实时数据,用户不需要进行刷新。

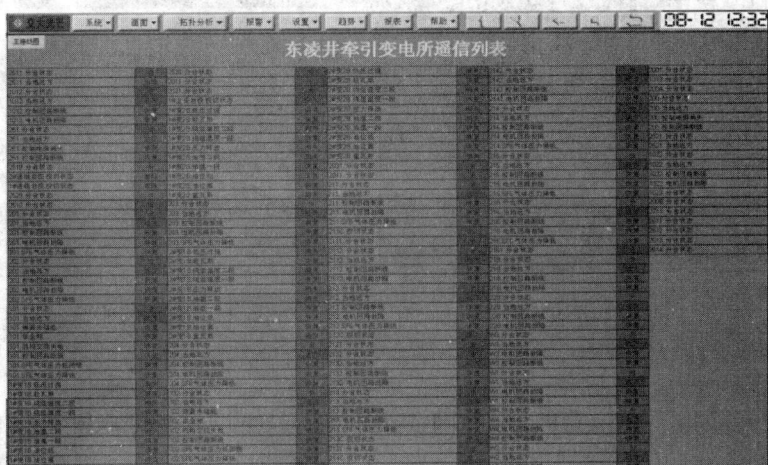

图 6-31 遥信列表图窗口

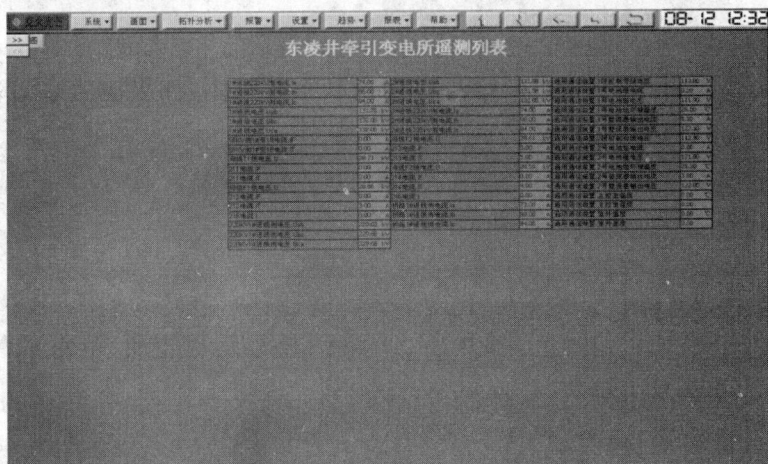

图 6-32 遥测列表图窗口

五、画面调用方法归纳

调度员可以通过四种方式快速地切换到所需要的画面：菜单、画面检索、导航按钮及画面中的热键。

1. 菜单

菜单中列出了系统配置图、地理图、供电系统示意图、接触网图、供电臂图、牵引变电所主接线图、AT 所主接线图、分区所主接线图、配电所主接线图等（箱变主接线图不在其中），如图 6-33 所示。

2. 画面检索

在画面检索对话框中列出了系统中所有图符（输入画面名称或拼音首字母均可），如图 6-34 所示。

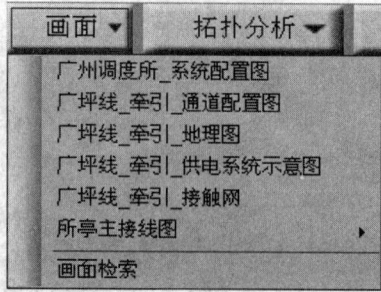

图 6-33　菜单操作窗口

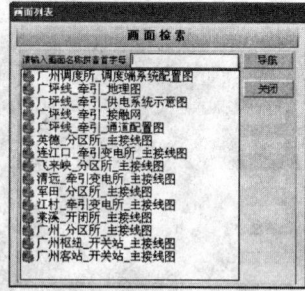

图 6-34　画面检索窗口

3. 画面中的热键：

①在地理图、供电系统示意图、接触网或供电臂示意图上，通过热键可以快速切换到主接线图。

②在牵引或配电主接线图上，通过热键可以切换到被控站配置图、遥信列表图和遥测列表图。

③在被控站配置图上，通过热键可以快速切换到该站的主接线图。

④在遥信遥测列表图上，通过热键可以切换到主接线图，如果遥信遥测列表有多张图幅，则还有切换到下一张图的热键。

4. 导航按钮

导航按钮和菜单只针对以下画面类型：

①地理图。

②供电示意图。

③主接线图：主接线图包括牵引变电所、分区所、开闭所、配电所、箱变等。

④接触网/供电电臂示意图。

导航按钮和菜单层次关系，如图 6-35 所示。

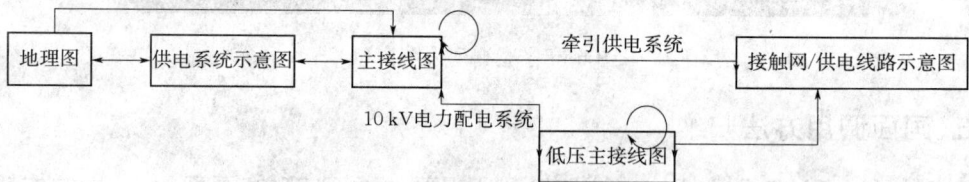

图 6-35　导航按钮和菜单层次关系

上下层次关系：地理图-供电系统示意图-主接线图-接触网/供电电臂示意图。

左右层次关系：相邻站的主接线图之间的切换（箱变主接线图除外）。

操作说明：

(1)假设当前画面是地理图时，如果点击导航栏的向下按钮，则当前画面切换成供电示意图。

(2)假设当前画面是供电示意图时，如果点击导航栏的向下按钮，则当前画面切换成供电示意图上对应的主接线图。如果点击导航栏的向上按钮，则当前画面切换成地理图。

(3)假设当前画面是主接线图时，点击导航栏的向上按钮，则当前画面切换成供电示意图,点击导航栏的向下按钮,则当前画面切换成接触网图,如果点击导航栏的向左按钮或者向右按钮,则按照主接线图在地理图上的位置关系,切换成该主接线图相邻的主接线图。

(4)假设当画面是接触网图时,如果点击导航栏的按钮,则当前画面切换成对应的主接线图。

(5)当点击导航栏的返回按钮,画面切换到最近一次导航的画面。

六、系统参数的设置

1. 画面背景设置

画面背景设置:用于配置显示画面的背景色。通过系统区的"设置"下拉菜单的"画面背景设置"项,用户可以根据自己的喜好选择不同的背景颜色,进行浏览和操作,如图 6-36 所示。

单击画面背景设置项,系统弹出画面背景设置对话框,如图 6-37 所示。点击下拉箭头图标,选择您喜好的背景颜色,单击"关闭"按钮即可完成背景颜色的设置。

2. 遥测显示开放

遥测显示开放能在是否显示遥测量之间进行切换,为了使画面丰富内容,系统的默认状态显示遥测量信息,在需要隐藏的时候,可通过该菜单关闭遥测量的显示。

通过系统区的"设置"下拉菜单的"遥测显示"选项,灵活的实现显示和隐藏的自由切换,如图 6-38 所示。

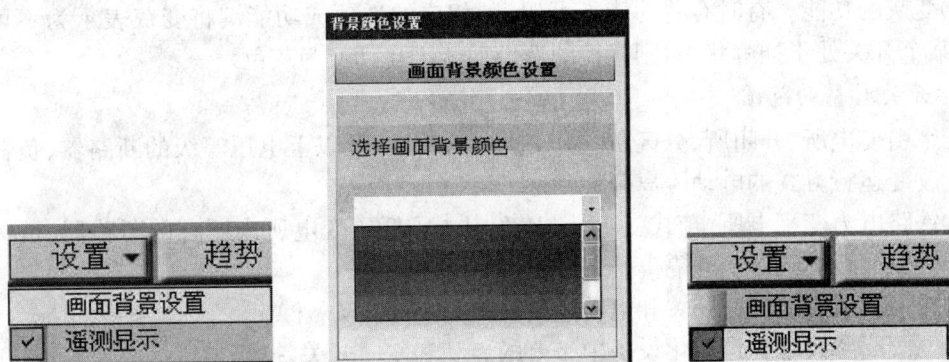

图 6-36　画面背景设置窗口　　图 6-37　画面背景设置对话框　　图 6-38　遥测显示开放窗口

3. 打印拷贝设置

打印拷贝功能实现打印窗口画面、屏幕拷贝打印。通过选择系统下拉菜单,实现打印拷贝功能,如图 6-39(a)所示。

①选择打印机设置选项,系统弹出打印设置对话框,如图 6-39(b)所示。点击下拉框选择指定的打印机。

②选择打印指定窗口,系统弹出打印指定窗口对话框,如图 6-39(c)所示。选择您所需打印的画面,点击"打印"按钮即可实现打印操作。

③选择打印第一屏:此菜单项针对的是多屏状态,系统点击打印第一屏,系统自动根据先前设置的打印机打印第一屏画面。

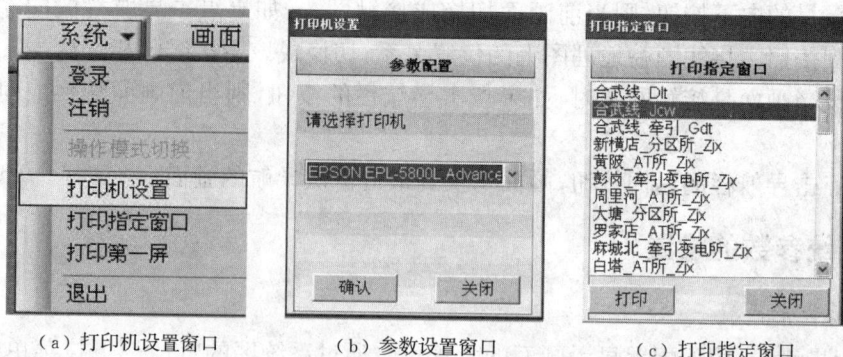

（a）打印机设置窗口　　　　　（b）参数设置窗口　　　　　（c）打印指定窗口

图 6-39　打印拷贝设置窗口

七、开关对象的操作

1. 系统操作的容错性，安全性和易用性原则

①检测到非法输入后会给出提示（如登录时密码出错，会在提示栏中提示：用户名或密码错误，请重新输入）。

②对错误操作要支持可逆性处理（如遥控时允许撤销）。

③工具栏中的每一个按钮要有及时提示信息，说明下一步可以进行的操作（如进入遥控界面会在操作提示中显示：请单击选择菜单）。

④变灰的功能。有时有些功能不可用，则相应的选项或功能键将变灰表示为不可用状态（如某个开关处于挂牌状态，则遥控的选控功能键自动变为灰色）。

2. 开关对象的范围

①牵引变电所、开闭所、分区所、AT 所内 27.5 kV 及以上电压等级的断路器、负荷开关及用于改变运行方式的电动隔离开关。

②铁路电力变配电所、箱式变电所、10/0.4 kV 低压变电所内所有的断路器、负荷开关及用于改变运行方式的电动隔离开关。

③接触网线路的负荷开关和电动隔离开关。

④二次回路或综合自动化设备中必要的启动和复归开关（按钮）。

⑤自动装置、成组控制装置的投切开关，如重合闸，备用自投（按钮）。

在项目后续的小节中均用断路器和负荷隔离开关举例，重合闸，备用自投等设备的操作过程完全相同。

3. 单控操作

（1）操作面板介绍，操作面板如图 6-40 所示。

（2）远方操作条件。执行设备操作前自动检查控制操作条件是否满足，当条件不满足时该设备的控制操作被禁止，选择按钮变为灰色。

远方控制操作条件主要检测包括：

①闭锁方式：检查操作是否处于"闭锁"状态，仅在"操作开放"状态下运行操作（挂牌/对象闭锁/遥控闭锁）。

②调度控制/所内控制方式：检查"调度控制/所内控制方式"，仅在"调度控制"方式下，

运行远方控制操作。

③设备控制方式：检查设备的"当地/远方"控制方式，仅在设备"远方"状态下允许远方控制。

（3）单控操作的步骤

①点击按钮：通过在主接线画面开关上单击左键进行遥控操作。在此之前必须先进行系统和用户登录。如果选择的控制模式是××监督则在操作前需要先请求验证，如图 6-41 所示。互备的另一台将弹出确认窗口，监督员监督无误后，操作员方可进入选择操作。如果监督员 20 s 内，未对操作确认或取消了该单控操作，则调度员需重新请求验证。

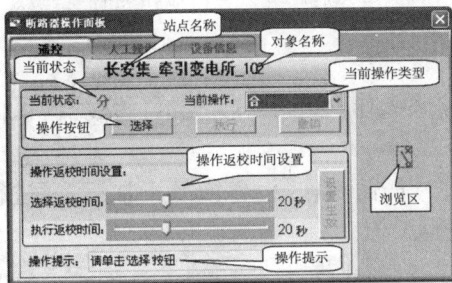

图 6-40　操作面板窗口　　　　　　　图 6-41　单控操作窗口

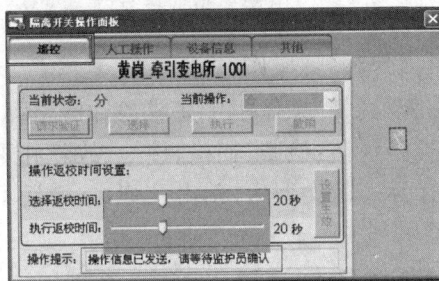

②选择：系统会根据当前状态默认当前操作，如遇特殊情况可以手动改变当前操作，操作提示显示操作与开关当前状态一致，请确认。遥控过程中开关闪烁，如不需要闪烁可以复位开关闪烁。点击复位，弹出操作提示，确认即可。

③执行：执行成功，在选择成功后若终止本次控制操作，可点击撤销按钮。

（4）操作返校时间的设置

①设置原则（默认 20 s）。

②设置步骤：拖动时间条，如图 6-40 所示，点击设置生效按钮。

4. 开关对象人工操作

开关对象的人工操作包括：①置位；②闭锁/解锁；③挂牌/摘牌。

操作的对象除了可以遥控的开关外，还包括通信上传，但不能遥控的手动开关和未纳入远动的开关，三者操作方式一致。

（1）开关置位操作

当被控站或变电所内网络通信故障时，可用手动设置开关的位置状态，使之与现场状态一致，对未纳入控制的手动开关，其状态也可以采用手动置位，使之与现场状态一致。

要进行"手动置位"操作时，将光标移动到主接线图中所要操作的对象上，用鼠标点击左键（或右键），将会弹出操作面板，鼠标切换"人工操作"，如图 6-42 所示。置入的状态可以选择"分、合、取反"中的一个，点击人工置入，置入成功后画面显示如图 6-43 所示。

人工置位后，除非手动解除置入，否则该对象状态不会改变。

（2）闭锁/解锁操作

闭锁操作包括：遥控闭锁、遥信闭锁和遥测闭锁操作，如图 6-44 所示。遥信闭锁后开关仍然可控，遥信闭锁后无法进行置位操作。点击"人工置入"按钮，系统弹出遥信闭锁提示对话框；遥控闭锁后开关不可控，若需恢复原状态，则需解锁。

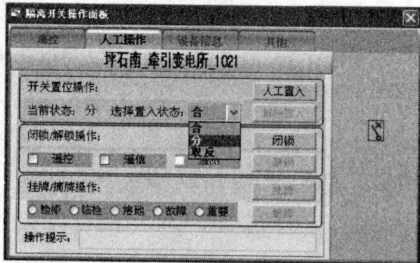

图 6-42　开关置位选择窗口

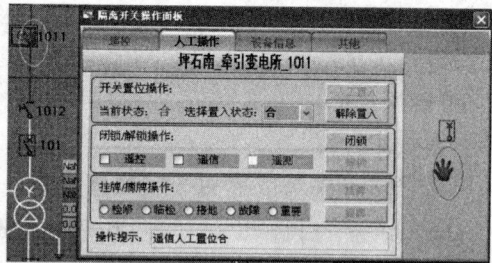

图 6-43　开关置位成功界面

（3）挂牌/摘牌操作

"挂牌/摘牌"操作用于完成各种标志牌的挂/摘操作，如图 6-45 所示。系统提供的五种标志牌类型包括：检修、临检、接地、故障和重要。

选择标志牌类型后，单击挂牌，挂牌后不能进行任何操作，设备恢复正常后，可进行摘牌操作。

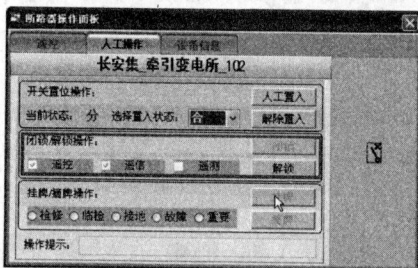

图 6-44　闭锁/解锁操作窗口

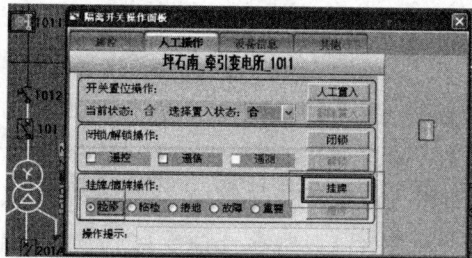

图 6-45　挂牌/摘牌操作窗口

5. 设备信息的内容

用户可在设备信息栏中查询设备编号，类型，额定参数，生产厂家，出厂和投运日期等被控站的信息。

如信息发生变化，可在设备信息中对内容进行修改，点击生效后修改信息将被保存进系统数据库。

八、遥调对象的操作

1. 遥调对象的范围

有载调压变压器抽头位置的调节开关。

2. 遥调操作的流程

遥调操作的流程如图 6-46 所示。

九、遥测对象的操作

1. 遥测对象的范围

①变配电所进线电流、电压。

②母线电压。

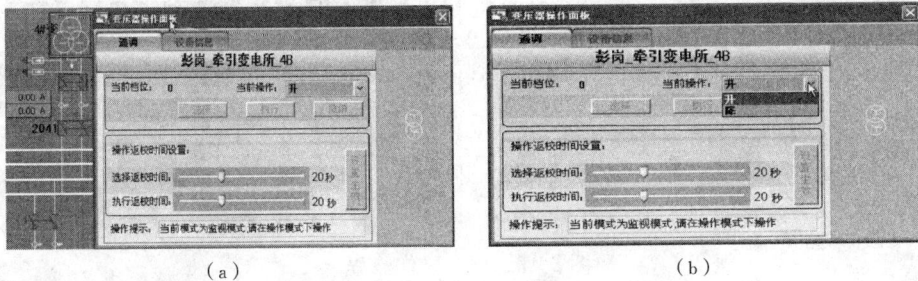

（a）　　　　　　　　　　　　　　（b）

图 6-46　遥调对象的操作流程

③接触网末端电压。

④变压器的电流、有功功率、有功电度、无功电度和温度。

⑤馈电线电流。

⑥馈电线故障点参数。

⑦电容补偿装置电流。

⑧交、直流系统必须监测的电量。

2. 正常显示

遥测量保留两位小数加上单位显示在画面中,画面中没有列出系统所有的遥测量,其余遥测量可以通过遥测列表显示功能来查看。

3. 遥测越界显示及报警

系统配置中如果指定了遥测量的越限值,则系统在遥测量超过限值范围时会产生越限报警信息。

4. 遥测人工操作

遥测置数:当被控站或变电所内网络通信故障时,可用手动设置遥测值,使之与现场状态一致。

十、程控操作

程控操作是多个单控操作的连续自动执行,程控操作中可以操作控制的对象,除了复归之外包含所有的单控操作控制对象。

1. 程控操作流程

①程控操作面板可在主接线图或接触网图(供电臂示意图)中打开,打开后在程控卡片列表中选择需要的卡片,此时卡片中相关的开关开始闪烁。

②程控操作可以分为单步执行和自动执行两种方式,两者无本质区别,单步执行需要在对每个开关控制前进行单步确认,如图 6-47 所示。

2. 程控操作应注意的事项

①程控操作需要用户登录。

②卡片条件需用户自行在程控执行前核对。

③若控制模式为监督,则在控制前需要先发送请求验证,另一台确认后,才可选择执行。

④程控的本质是按照用户设定的执行顺序对开关进行单控操作。

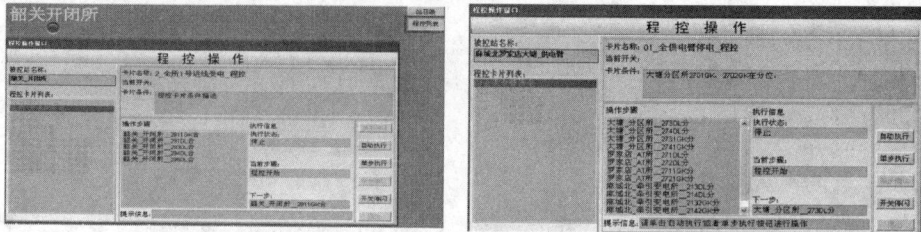

图 6-47　程控操作流程

⑤程控执行按照用户设定的执行顺序执行控制操作,操作过程中的任意非成功分支,则终止整个程控操作。

⑥程控执行开始后,卡片内所有对象均被锁定,其他台无法进行操作。

⑦在程控执行前所有对象均处于闪烁状态,执行中只有正在被执行的开关处于闪烁状态。

十一、实时报警

GM6000DAS 调度管理系统提供多级且灵活配置的报警功能,可以对不同类型的报警信息进行设置以确定是否需要文字提示,推图或者声音报警。

1. 实时报警的范围

实时报警的范围如图 6-48 所示。

2. 报警查看

在系统状态栏的实时报警下拉列表框中会显示系统中最新的两条报警记录,双击最新报警列表或者点击系统菜单报警下拉菜单报警项即可查看所有报警,如图 6-49 所示。选择实时报警,可以查看实时报警信息,而且可自行改变排序对象。

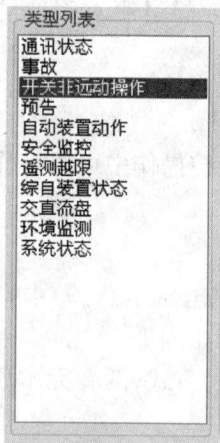

图 6-48　实时报警的范围

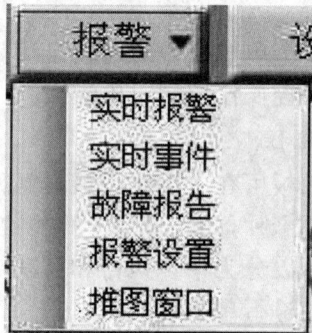

图 6-49　报警下拉菜单

3. 报警参数设置

调出报警设置对话框的方法:

①在报警下拉菜单中,选择报警设置打开报警设置对话框。

②在打开的"报警"窗口中点击鼠标右键,在弹出的右键菜单中选择报警设置。

报警参数设置对话框如图 6-50 所示,可以根据需求进行报警参数设置。

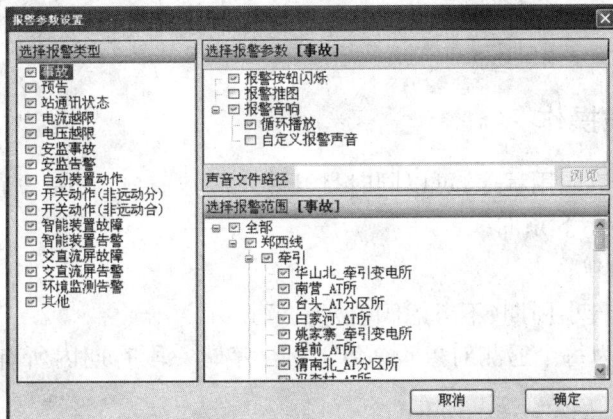

图 6-50　报警参数设置窗口

注意:自定义声音文件格式为"＊＊.wav"。

4. 报警推图

当单站报警时,将报警所在站的主接线画面推出至第一屏。

当多站报警时,依报警级别及报警发生的先后顺序,依次将报警所在站的主接线画面推出至第一屏、第二屏、第三屏。其余未推出的报警主接线画面可以手工选择。

5. 报警确认

当对报警信息进行了查看或者认为该条报警信息已经得到处理后,可以对该条报警信息进行确认操作。该操作需要权限只能在用户登录以后才能进行。

当报警信息被确认了以后,该报警信息的首项将被标记,此后若该对象恢复正常状态则报警信息将自动从列表中被删除。报警显示窗口最多可同时显示 500 条记录,可选择确认选择项或确认全部,确认后若恢复则被删除。

6. 报警打印

实时报警记录提供打印功能。在实时报警窗口点击右键,在右键菜单中选择"打印"可以打印相关报警信息。

十二、实时事件

1. 范围

实时事件的范围包括:事故、预告、通信状态、安全监控、自动装置动作、保护跳闸、其他报警、其他事件、开关变位(当地、远方)、遥控、遥调、控制方式、复归、挡位信号。

2. 作用

在设备调试过程中经常查看"实时事件",它列出系统中实时发生的所有事件,具有细目的作用。

3. 实时事件与实时报警的比较

①实时事件与实时报警具有实时性,程序重启后就消失,但可在报表中查询。

②实时事件与实时报警的内容有交集。

③两者关注点不同。实时事件关注是过去发生了什么,实时报警关注是现在的状态。

例如:当站通信状态由"异常"变为"正常"时,实时事件显示 2 条记录;实时报警显示 0 条记录。

十三、趋势曲线操作

趋势程序为多窗口应用程序,可以同时打开多个趋势窗口,其中每个窗口最多可以分为 4 个区,每个区可以显示 8 条曲线。

1. 趋势的采样原理

①被控站上送的最小周期(不考虑阀值)为 20 ms。

②GM6000 系统为每个遥测对象设置缓冲池,存储一段时期内所有的被控端上传的带时标的遥测值。

③GM6000 系统为每个被控站设置扫描周期(变电站 300 ms,箱变 800 ms),每个扫描周期将缓冲池中的数据取走并存入 INSQL 数据库中,清空缓冲池。

④调度员工作站从 INSQL 中取数据,并画图。

目的:来点就存,缩放不失帧。

2. 趋势的创建

历史曲线指对当前时间之前某个时间段的数据进行查询并按照时间先后顺序绘制成曲线。实时曲线是将当前时间之后的数据实时绘制成曲线。

历史曲线查询要素包括遥测对象、时间范围、查询类型(整个画面显示的时间范围);实时曲线查询要素是遥测对象。

趋势曲线创建方法:

①填加标记,在视图中列出了所有的被控站,选择一个被控站,则该被控站的所有可用的标记(遥测对象)均在标记列表框中显示,在标记列表框中选中一个或多个标记添加到某个区域中即可。

②若查询实时趋势,则单击菜单栏中的"实时开始"。

③若查询历史趋势,则单击菜单栏中的"历史查询",系统将自动弹出查询窗口,在该窗口中可以选择:

查询类型,包括任意时间段、分曲线、时曲线、日曲线、月曲线。

查询的起始时间和结束时间。

注:起始时间必须小于结束时间,为了减少曲线的查询时间,建议时间范围不要设置的太大。

注意事项:每幅画面最多可分有 4 个区域、每个区域最多有 8 个趋势曲线。

3. 标记列表

名称:标记的名字,从标记名可以得到被控站和遥测对象信息。

区域:该标记曲线所在的显示区域。

颜色:绘制该标记的趋势图线条的颜色。

游标值:游标所在时间点的标记值。

单位:标记的单位,即遥测的单位,比如 kV、V、A 等。

最小值：获取到的最小值。

最大值：获取到的最大值。

（1）曲线的隐藏

选择或清除标记名前的选择框可以在趋势图中显示或隐藏该标记所对应的趋势图。

（2）曲线的删除

①在标记列表中选中指定的标记。

②单击右键，选择"删除当前选择的趋势"或"删除全部趋势"即可。

（3）曲线（已有）换区域和换颜色

①在标记列表中选中指定的标记，单击右键弹出"设置"。

②确认后进入"设置"界面，选择需要的区域和颜色即可。

4. 趋势图的设置

在趋势图中单击右键，选择设置后可进入"设置"对话框，完成设置后点击确定。

5. 趋势图的保存和打印

（1）需要保存趋势时可在趋势图中单击右键，选择保存，保存为＊. bmp 格式，将图片保存至需要的位置。

（2）选择打印将弹出"打印"窗口，点击确认即可。

十四、报表的操作

GM6000 提供的 7 种报表类型：事件记录报表、开关动作记录报表、操作记录报表、遥测越限报表、遥测极值报表、电度报表、开关动作统计报表。

1. 报表操作说明

（1）查询设置

①确定查询的时间范围。在查询窗口中修改查询的起始时间和结束时间，起始时间必须小于结束时间。

②确定查询被控站。

③确定查询事件所属的电压等级。

④确定查询哪些类型的事件。

⑤点击查询按钮。

当查询条件确定了以后，点击查询按钮，查询数据。如果时间范围选择很大，查询将花很长的时间，这时需耐心的等待查询结果。

（2）排序设置

排序设置：报表的查询结果按照默认的排序规则进行排序，如果这种排序规则不能满足您的要求，则需在排序窗口中更改报表的排序规则。

注意：报表的排序针对查询后所生成的报表，在未查询前，报表的排序功能无用。

（3）报表工具说明

①导出。查询的结果可以通过导出形成很多中文格式加以保存，这些格式包括 Cryatal Reports（水晶报表）、Adobe Acrobat、Microsoft Excel（电子表格）、Microsoft Word（文档）和 RTF 格式。

②打印。报表根据 A4 纸的大小进行设计,在运行时不能修改,所以,为了得到更好的打印效果,在打印时应把纸张设置成 A4 纸。

③页导航。

④查找。

⑤缩放。

2. 事件报表

事件报表是由事故信号、预告信号和开关变位所组成的报表记录。

3. 操作报表

操作记录包括遥控记录、手动置位/解除置位、挂牌/摘牌、遥调和整定记录。

4. 遥测越限报表

遥测越限报表表示了指定站的指定遥测对象的遥测越限值、越上限还是下限、什么时候越限等信息。

5. 遥测极值报表

遥测极值统计报表表示了在指定的时间段内,遥测的极值及发生时间。

6. 开关动作次数统计报表

开关动作次数统计报表为统计报表,表示了指定站的开关在一段时间内不同类型的动作有多少次。

7. 开关动作记录报表

开关动作记录报表是由开关的保护跳闸,当地,远方操作所组成的报表记录。

十五、扩展功能说明

GM6000 提供了扩展功能,主要包括故障报告、故障录波和定值整定功能。

1. 故障报告

被控站的智能监控装置当检测到有特定的故障发生时,会把故障相关信息按照特定的格式封装之后送到主站。故障报告相关特性如下:

①上送方式:故障报告上送方式有主动上送和手动召唤两种方式。

②显示要求:对于主动上送的故障报告,主站需弹出窗口显示当前发生的故障报告内容,提供手动召唤故障报告的操作界面。

③存储方式:故障报告内容需要存储至历史数据库,以供将来查询。

④故障报告内容组成:故障报告的内容由故障发生的时间(精确到毫秒)、故障序号、故障类型(比如 101 断路器跳闸、失压保护等)以及一些相关的故障电量(比如 $U_a = 1$ V,$I_a = 1$ A 等)组成。

(1)故障报告实时显示

一旦被控端发生故障,被控端系统将实时上送故障报告,调度系统将自动弹出故障报告窗口,该窗口显示发生故障的站名、设备名、故障时间、故障号和故障报告内容。

(2)故障报告手动召唤

通过单击箱变主接线图右上方"扩展功能",或单击变/配电所配置图相应的设备图例即可进入扩展功能操作面板故障报告界面。

首先选择板地址/设备名,再单击"召故障报告列表",扩展功能操作面板左方的故障报告列表窗口显示报告列表,选择需察看的故障条目,单击召故障报告,在扩展功能操作面板右方的故障报告内容窗口显示该故障报告的详细内容。

(3)故障报告历史查询

故障报告历史查询有如下两种方式:

①进入扩展功能操作面板故障报告历史查询界面进行查询,首先选择保护装置/板地址和查询时间范围,扩展功能操作面板左方的故障报告列表窗口显示故障列表,选择需察看的故障报告条目,扩展功能操作面板右方的故障报告内容窗口显示该故障报告的详细内容。

②进入实时显示故障报告窗口历史查询界面进行查询,查询方式是选择查询的时间范围、选择查询的被控站的装置号/板地址。

注:结束与开始的时间间隔不能大于 30 天。

2. 故障录波

被控站的智能监控装置当检测到有特定的故障发生时,会采集故障发生前后一段时间内(故障前后各十个周波 $20\times20=400$ ms)的测量量数据,主站可以通过故障录波的操作界面手动召唤这些录波数据并绘制故障波形图,供相关人员进行故障分析。

(1)故障录波手动召唤

通过单击箱变界面右上方"扩展功能"或单击变/配电所配置图相应的设备图例,即可进入扩展功能操作面板故障录波实时召唤界面。首先选择板地址,再单击"召故障录波列表",扩展功能操作面板左方的故障录波列表窗口中显示录波列表。选择需察看的录波条目,单击"召唤故障录波"扩展功能操作面板右方的故障录波内容窗口中显示该故障录波的波形。

(2)故障录波历史查询

通过单击箱变界面右上方"扩展功能"或单击变/配电所配置图相应的设备图例即可进入扩展功能操作面板故障录波实时召唤界面。首先选择板地址/装置名和查询时间范围,扩展功能操作面板左方的故障录波列表窗口显示录波列表,选择需察看的录波条目,扩展功能操作面板右方的故障录波内容窗口显示该故障录波的波形。

3. 整定管理

被控站的智能监控装置运行所需的参数进行管理,如是否启用失压保护功能、过流上限值等。

(1)整定值召唤

通过单击箱变界面右上方"扩展功能",或单击变/配电所配置图相应的设备图例即可进入扩展功能操作面板整定管理界面。

选择"召全部",系统下发召全部整定报文,收到被控端上送的整定报文后,整定管理界面下方状态条显示"接收参数值成功,更新界面",定值内容在界面上显示。

单击需察看的整定项,选择"召选择项",系统下发召该项整定报文,收到被控端上送的整定报文后,整定管理界面下方状态条显示"接收参数值成功,更新界面"该整定项定值内容在界面上刷新显示。

（2）整定值修改

如需修改定值,可在完成修改后选择"写全部",系统下发写全部整定报文,设置成功后,上送写成功整定报文,整定管理界面下方显示"参数值修改成功",也可在修改单个整定项后选择"写选择项"。还可以在修改了几项整定项后选择"写修改项",系统自动判定修改了的整定项,并下发写整定报文。

注:对于综自设备的整定值修改,需要先进行预置,预置成功后才能进行修改。

任务小结

1. 熟悉系统的登录与退出、三屏操作模式、用户界面、画面操作、画面调用与归纳、系统参数的设置、开关对象的操作、遥调对象的操作、遥测对象的操作、程控操作、实时报警、实时事件。

2. 了解系统的趋势曲线操作、报表的操作、扩展功能说明。

任务二　调度主站设备的维护

学习目标

1. 掌握调度端设备的日常维护。
2. 掌握调度端电源系统的维护。
3. 了解系统数据库的维护。

一、日常维护

远动设备属于精密电子设备。对运行使用环境条件要求比较高,需要很规范化的日常维护管理,设备维护应遵循各用户手册规定的程序和方法。

1. 日常维护内容

①做好调度所室内环境卫生及设备外表清洁,每天要对机器外表进行擦拭。

②定期(一般1个季度)进行机内吸尘。

③随时检查通信设备是否完好,保证风道畅通。

④随时检查电源指示及各设备工作状态是否正常。

⑤经常检查设备间连线、电源线,保证没有脱落和虚接。

2. 日常维护注意事项

①严禁带电插拔所有设备间的接口线,以免损坏接口电路元件。

②严禁用手触摸印刷电路板上的芯片,以防静电感应引起芯片损坏。

③当检修某一设备时,应先记录故障情况,再切换到备用设备,切断故障设备电源。如果故障原因不明或无太大恢复把握,不要轻易拆卸设备,应先咨询有关部门,以免扩大事故范围乃至损坏设备。

④不要随意搬动设备,防止震动和撞击。

⑤防水、防电,注意人身安全。

二、电源系统的维护

除一般日常维护和注意事项外,对 UPS 的维护作如下特别说明:

1. 安全注意事项

UPS 系统内有 800 V 的直流高压,任何需要打开机柜防护面板的服务只能由厂家认可的人员进行。

2. 由用户进行的预防性维护

(1)日常观察

①检查安装和工作情况:

a. 离墙壁的距离;

b. 通风进出口的通畅;

c. 工作温度,特别是电池的温度。

②其他异常现象。

(2)利用手动旁路

如果 UPS 出现故障,在售后服务人员到来之前,利用手动旁路还能保证给负载供电。手动旁路的步骤:

①停止或强迫停止逆变器;

②断开输入电源开关;

③断开电池开关;

④检查一下所有的指示灯是否都灭了;

⑤将"手动旁路"开关从"NORMAL"位置转到"BY-PASS"位置。

注:TEST1 和 TEST2 位置是留给服务人员使用的,保持上述开关在"BY-PASS"的位置,等待售后服务人员到来。将"手动旁路"开关转到 TEST1 和 TEST2 位置时,都有可能损坏 UPS。

(3)UPS 定期放电

为了延长电池的使用寿命,必须对 UPS 定期(一般为 3 个月)放电。放电方法是:将调度系统所有设备电源全部打开上电,全部负载都由 UPS 供电(总负载为 UPS 额定负载的 $60\% \sim 70\%$ 较好)。在配电屏上关掉进线开关,断开外部电源,由 UPS 电池直接供电。当报警声急促响时,放电即将结束,这时速将配电屏进线开关投上,引入外部电源,UPS 进入"浮充"状态,即 UPS 一边向负载供电,一边给电池充电。

三、系统数据库维护

系统的报表记录存放在后台服务器数据库中,后台服务器数据库存储量过大,会影响前台报表的查询速度,严重时会使系统崩溃,所以,数据库需定时转存到维护工作站,并在一定时候刻录到可读写光盘上保存。一般 1 个月进行一次服务器到维护工作站的数据库转存。

任务小结

1. 掌握调度端设备的日常维护内容及注意事项。
2. 掌握调度端电源系统的维护注意事项及预防性维护。
3. 了解系统数据库的维护。

项目小结

电力监控系统对远方设备的控制是通过调度主站的软件完成的,学习铁路电力监控需要熟悉调度端运行软件的操作和硬件的运行维护。完成本项目的学习主要实现两个目标。

1. 调度主站的功能界面与操作

熟悉系统的登录与退出、三屏操作模式、用户界面、画面操作、画面调用与归纳、系统参数的设置、开关对象的操作、遥调对象的操作、遥测对象的操作、程控操作、实时报警、实时事件。了解系统的趋势曲线操作、报表的操作、扩展功能说明。

2. 调度主站设备的维护

掌握调度端设备的日常维护内容及注意事项,掌握调度端电源系统的维护注意事项及预防性维护,了解系统数据库的维护。

复习思考题

1. 如何登录调度主站?
2. 调度主站系统设计的权限有哪几种?
3. 调度主站主界面共划分为哪几大区域?
4. 调度主站画面操作有哪些操作项?
5. 调度员可以通过哪几种方式快速地切换到所需要的画面?
6. 开关远方控制操作条件主要检测哪些项目?
7. 开关对象人工操作项目包括哪几项?
8. 调度主站遥测对象的范围有哪些?
9. 调度主站程控操作应注意的事项有哪些?
10. 调度主站如何创建趋势曲线?
11. 调度主站故障报告功能有哪些子功能?
12. 调度主站故障录波功能有哪些子功能?
13. 调度主站定值管理功能有哪些子功能?

项目七 · 变电所综合自动化系统的运行与维护

项目描述

目前，变电所综合自动化系统通常采用分层、分布式结构。系统分为三个部分：站级管理层，网络通信层，间隔设备层。

站级管理层为设置在综控屏内的 SCADA 操作员站、便携式维护计算机、冗余设备的通信管理装置。

间隔层包括分散安装于供电一次设备中的各种微机保护测控单元、信息采集设备以及采用硬接点输出的现场设备。各厂家的智能装置由网络通信服务器进行接口及规约的转换，实现与变电所综合自动化系统的接口，其他硬接点信号可由智能测控装置进行采集，并由其实现对相应开关的控制功能。

网络通信层即为所内通信网络和接口设备，间隔单元通过所内通信网络层与站级管理层进行数据交换。

本项目主要从软件操作的角度来讲述其应用和维护。为了便于理解，本项目以目前主流的、常见的类型 NDT650 为例进行介绍。通过对变电所综合自动化系统软件中各功能的具体操作步骤的介绍，全面分析电力监控系统变电所综合自动化系统软件的使用。

任务一 变电所综合自动化系统功能界面与操作

学习目标

1. 掌握变电所综合自动化系统的监视与控制功能。
2. 掌握变电所综合自动化系统的数据显示与查询功能。
3. 掌握变电所综合自动化系统的报警、报表功能。
4. 掌握变电所综合自动化系统的保护管理功能。

变电所综合自动化系统在线监控软件是为变电所值班人员或操作人员提供的操作平台。因为工作场所的不同，以网络工作站的形式出现或独立计算机的形式出现，任何一台运行在线监控系统的机器,都叫监控终端,它的主要功能为:监视、控制功能、数据查询功能、报警、报表功能、保护管理功能。下面以客运专线变电所综合自动化系统为例进行介绍。

一、设备运行情况的监视与控制功能

(一)设备运行情况的监视

1. 启动 NDT650 系统

左键双击桌面 NDT650 快捷方式启动系统。系统完全启动后显示主接线图画面如图 7-1 所示。

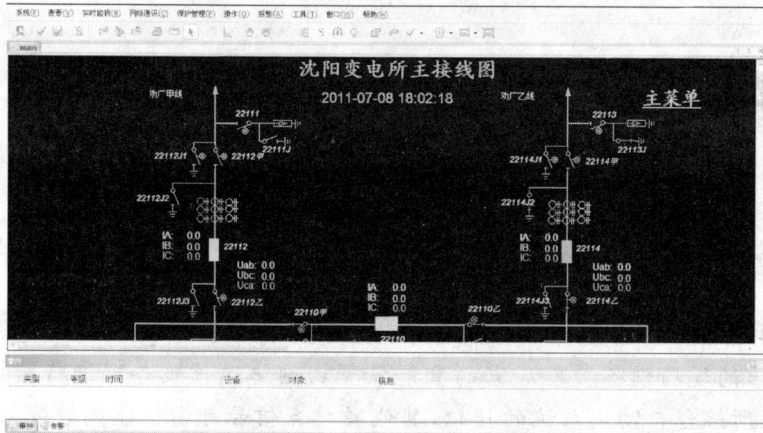

图 7-1　启动 NDT650 系统画面

变电所内设备的运行情况都可以在这个主接线图上进行监视(包括 66 kV 断路器位置、小车位置、旁隔位置、设备的控制方式、各个线路电流、母线电压、线路及母线带电显示)。

2. 主菜单及下级画面

左键点击主接线图上的主菜单按钮,进入主菜单界面如图 7-2 所示。

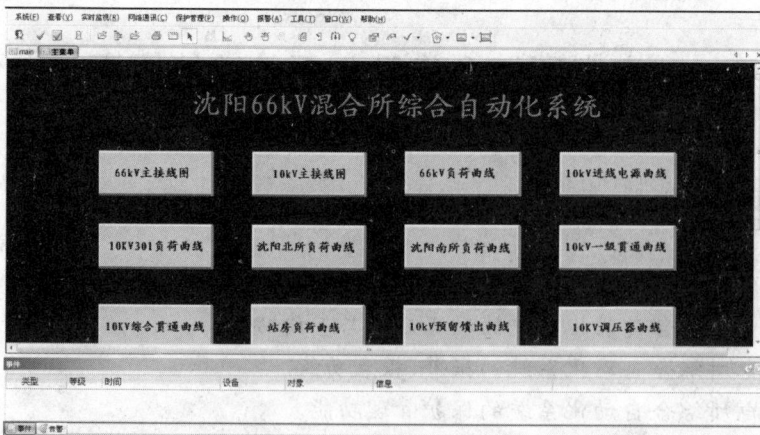

图 7-2　主菜单窗口

在此界面下可以点击对应按钮进入对应界面,如:点击 10 kV 主接线图按钮选项进入如

图 7-3 所示界面,再点击对应按钮可以进入相应界面。

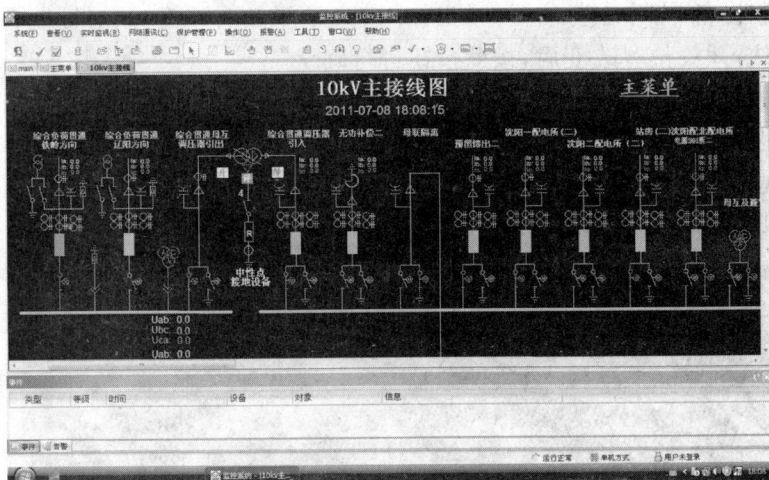

图 7-3　10 kV 主接线图窗口

想返回上一级菜单点击"主菜单"即可。

3. 主接线

如图 7-3 所示的主如接线图窗口,显示了该站所有的断路器、隔离开关及相关设备的分合状态,以及部分的电流电压读数。

其中断路器的合位表示为█(红色),断路器分位表示为█(绿色)。

隔离刀合位为▟,分位为▟,地刀合位为▟。

(二)控制功能

控制功能采用三级控制方式(即远程控制、所内盘上集中控制、设备本体控制),正常时控制权限在中心,由控制中心实施监控功能,此时站内监控计算机将闭锁控制功能,在紧急情况必须等到控制中心将控制权下放至变电所监控计算机,此时控制中心失去控制权限,由站内监控计算机实现控制功能,控制中心对权限的下发和收回要变电所监控值班员确认后完成。

在控制信号盘上设置一体化监控计算机,采用友好的人机界面,实现所内设备的监控工作。人机交互以全汉化的菜单形式进行,可显示主接线图、显示测量数据、遥信数据、显示各接口通信情况、记录并显示历史数据、事件记录,可由监控计算机实现所内盘上集中控制。集中控制是在当地操作员站计算机上键盘操作完成。

对于变电所内各种开关设备,控制的出口在分散安装于开关柜上的智能装置上,通信服务器接收当地监控计算机或控制中心系统的控制命令后,通过通信口下发控制命令至智能单元,由智能单元控制出口实现开关的合、分控制操作。

单独控制实现对系统中某单一对象运行状态的控制,控制和调节对象包括:断路器、可进行遥控的电动刀闸、保护复归及定值整定、自动装置等。系统操作员利用系统实现对上述对象的断路器及电动刀闸合分、保护装置定值修改和切换、自动装置投切等控制操作。控制命令按选择、执行两个步骤进行。

（1）选择

选择要控制设备，单击鼠标右键，弹出如图 7-4 所示的对话框，该对话框有五个选项：

①变位确认：开关位置改变后，按此按钮进行确认。

②遥控开关：遥控开关的分闸、合闸。

③数据属性：查看数据的相关属性。

④开关信息：查看开关的详细信息。

⑤信号复归：进行信号的复归操作。

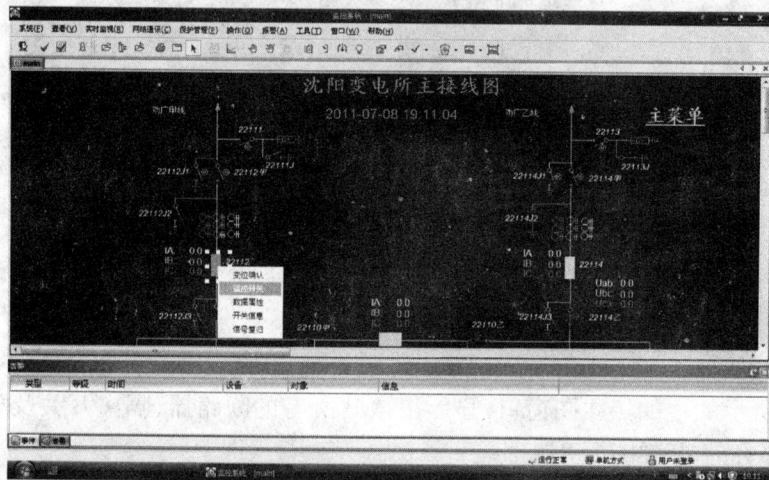

图 7-4　开关控制窗口

左键点击"遥控开关"，选择相应用户名并键入密码后，弹出如图 7-5 所示操作人员登录窗口，具有操作权限的变电所值班人员或操作人员输入姓名和密码后，弹出如图 7-6 所示遥控选择执行窗口。

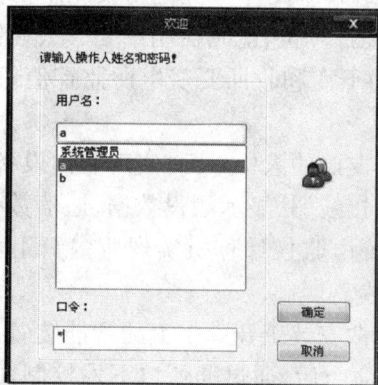

图 7-5　操作人员登录窗口

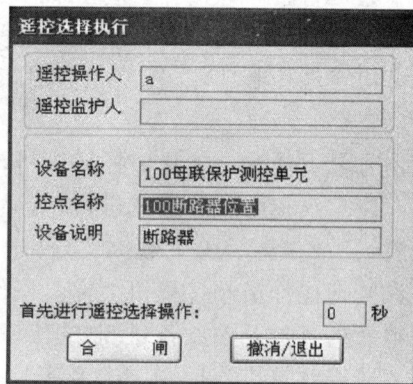

图 7-6　遥控选择执行窗口

（2）执行

按"合闸"或者"分闸"按钮后，等待遥控返校。

遥控返校正确后可选择遥控"执行"或"撤销"。

各种返校结果均有相关信息提示,如返校超时,返校出错,链路不同等等。

控制操作中,对完成选择步骤而在规定时间内(时间长短可调)没下达执行命令的操作,系统自动取消本次控制操作,清除本次选择结果,并给出相应的提示。

当操作失败后通过下面顺序查找错误:

①操作员权限是否满足;

②闭锁条件是否满足;

③通信通道是否通畅;

④间隔层设备遥控是否成功;

⑤手动控制是否成功;

⑥本体操作是否成功。

二、数据的查询功能

1. 实时数据的显示查询

在监控计算机上可方便的进行实时采集数据的查询。数据的显示分为图形显示和表格显示。对于站内的信息,不可能在主接线图上显示所有信息,后台计算机监控系统提供实时信息显示表格用于查询实时的采集数据。实时数据的查询支持按厂站查询、按节点设备(智能设备)查询。

(1)查阅

鼠标左键点击"工具",弹出对话框如图 7-7 所示。

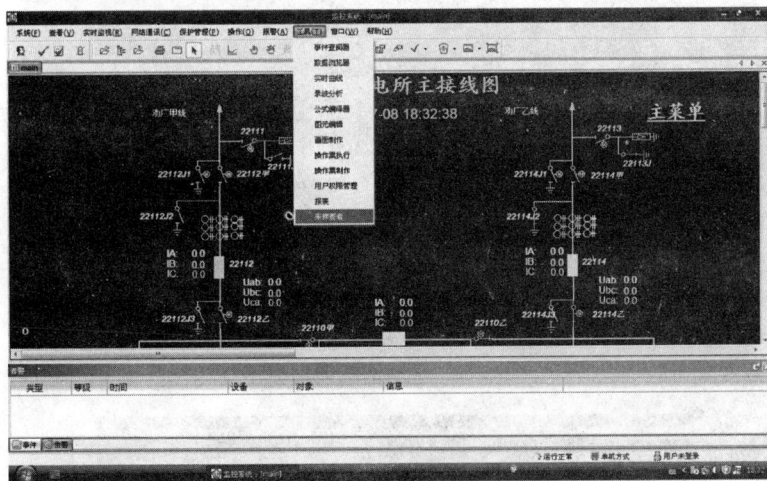

图 7-7　实时数据的查阅

选择"数据浏览器",弹出如图 7-8 所示窗口。

双击左侧树菜单,可参看相应的信息表。常用的主要有"遥信信息表"、"遥测信息表"及"遥脉信息表",双击后如图 7-9 所示。通过下拉菜单,可选择查看不同设备的信息。

(2)修改

对于有权限的维护人员,可对实时数据库做出相应的修改。

在图 7-8 所示的画面下,点击左上角的黄色钥匙按键,选择相应的用户名并键入密码,进入修改界面,维护人员可选择性的修改"遥信名"、"遥测名"以及"遥测系数"等信息。改变完毕后,点击如图 7-10 所示按键,对修改内容进行下装保存。

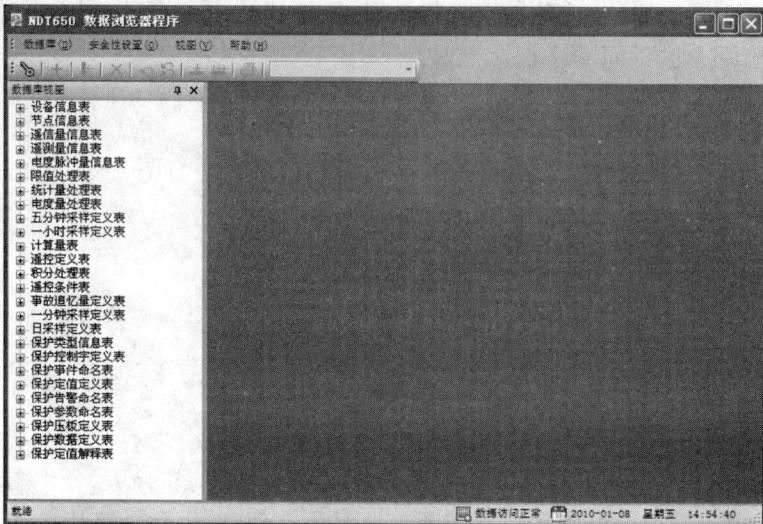

图 7-8 数据浏览器弹出窗口

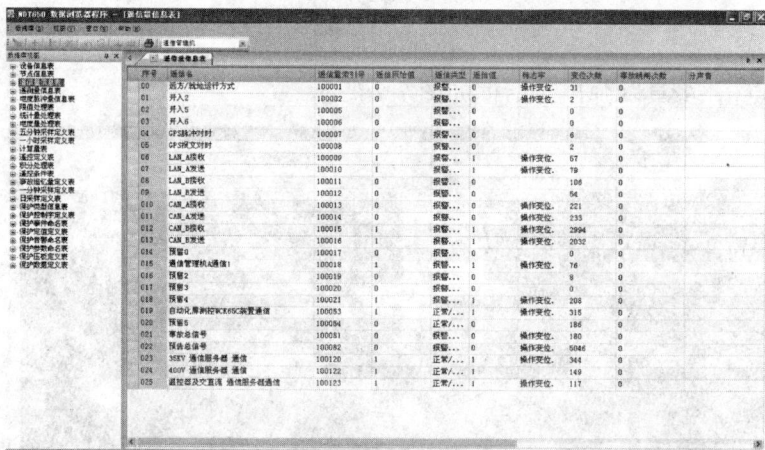

图 7-9 遥测信息表窗口

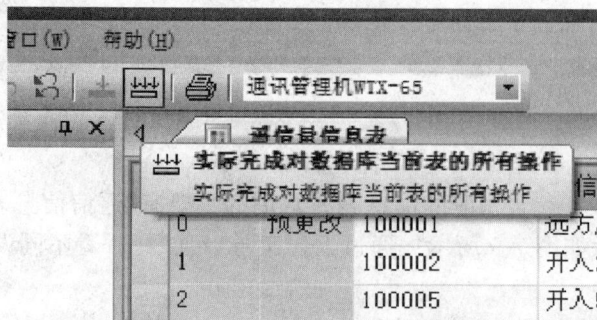

图 7-10 实时数据库修改窗口

注意:当黄色钥匙有阴影时,为数据库编辑状态;如图 7-8 所示为数据库正常运行状态,此时数据库的内容无法进行修改。

另外,当由运行状态转为编辑状态时,必须确认未打开任何信息表。

2. 历史数据处理

在变电所内的监控计算机可进行历史数据的存储,存储的信息包括:测量量的存储、事件的存储。存储的历史数据的可通过调历史报表、历史曲线、事件,在浏览器表中进行显示。

用于曲线显示和报表显示的历史数据存储周期可进行设定,用户可方便的以画面或报表的形式显示存档历史数据。事件的信息记录在数据库中,通过事件一览表对历史事件进行查询和显示,如图 7-11 所示。

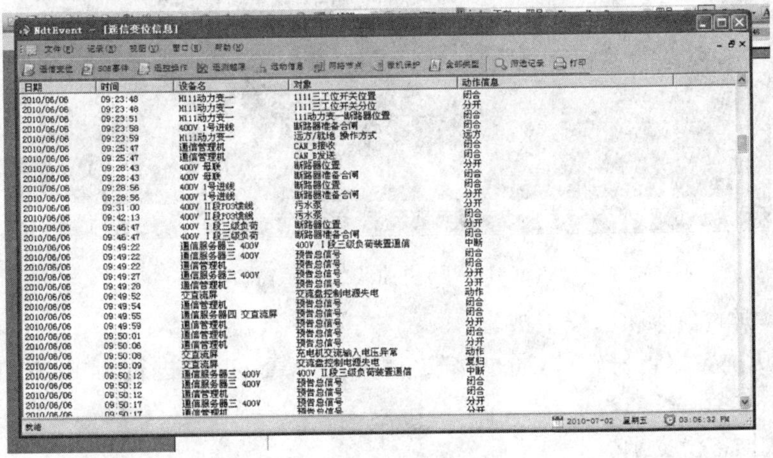

图 7-11　事件一览表窗口

(1)事件一览表

系统运行的各种信息按时间先后顺序,被明确分类登录到相应的事件一览表中。事件一览表包括遥信变位表、事件记录表、遥控操作表、遥测越限表、远动信息表、网络节点表、微机保护事件表。系统中所有操作、动作事件、修改均要登录到事件一览表,各种登录表可按对象、类型、时间进行查询显示。

状态量事件主要包括变位事件、故障事件、保护事件、用户自定义事件、系统自诊断事件。状态报警发生后,将对象、类型、状态、发生时间、恢复时间、确认时间等信息登录到状态量一览表中,同时进行其他形式的报警。

遥测越限发生时,将发生越限的对象、发生时间、恢复时间、越限过程中的最大值或最小值及该值出现的时间登录到遥测越限一览表中,同时进行报警。

操作登录表中包括遥控操作、权限设置、人工置数、数据或图形修改、主备机切换等。操作执行后,将操作时间、操作人、监护人、操作类型、设备记录、节点信息等登录到操作登录一览表中。其中权限设置可进一步显示每次操作所修改的权限。

SOE 登录表包括普通遥信 SOE 和保护动作 SOE,支持记录的生成。

(2)历史曲线显示

用户可以设定将哪些数据进行历史数据的存储,数据的存储间隔用户可以设置。该类数据可以通过调用历史数据的形式予以显示,常用的历史曲线主要有电流曲线、电压曲线等,如图 7-12 所示。

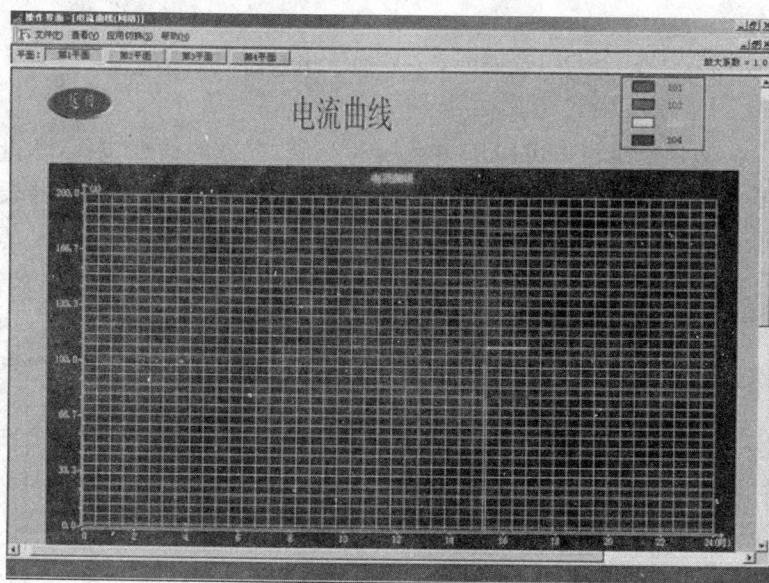

图 7-12　历史曲线的显示窗口

(3)历史数据的当地和远程维护

系统提供历史数据备份软件,通过该软件,可选择某一时段进行历史数据的备份,删除、恢复等操作。

(4)历史数据备份提示

当地监控计算机的磁盘空间达到 80 G 以上,正常时存储可达 5 年以上的历史数据。

3. 历史数据查询

历史遥测数据及遥脉数据的查询。鼠标左键点击"工具",弹出对话框如图 7-7 所示。

点击"采样查看",会弹出如图 7-13 所示窗口。

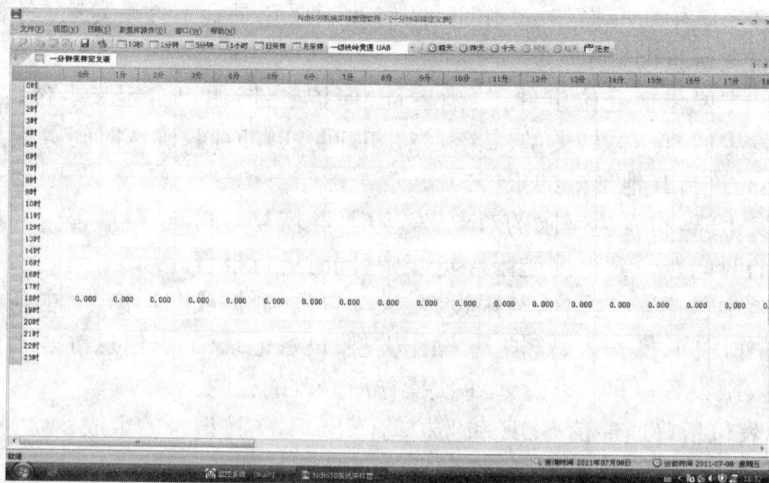

图 7-13　历史数据查询窗口

点击"5 分钟"(5 min 数据库主要存储 66 kV、10 kV 断路器的电流、电压等数据),会弹出如图 7-14 所示的窗口,"选中"你需要查看的"项目",点击"历史"输入你想查看的"日期",右侧显示即是你想查看的"5 分钟采样数据"。查看完成后点击右上角"×"退出即可。

图 7-14　5 min 采样定义表窗口

4. 历史事件的查询

鼠标左键点击"工具",弹出如图 7-7 所示的对话框,点击"事件查阅器",会弹出如图 7-15 所示事件查阅器窗口。

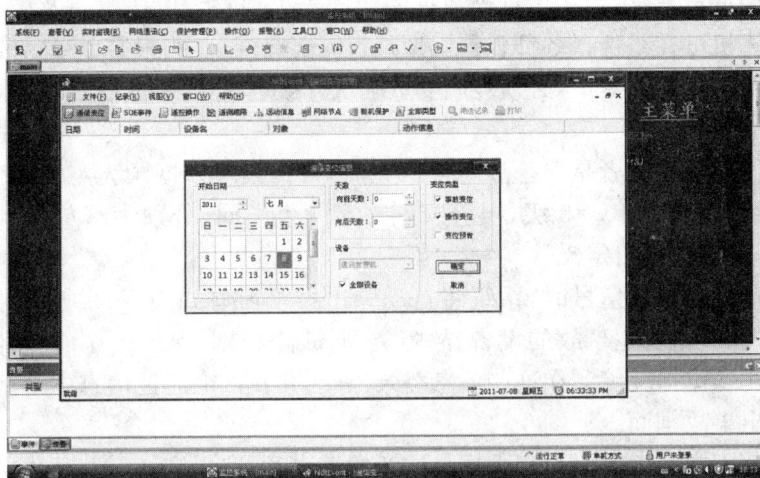

图 7-15　事件查阅器窗口

点击"遥控操作表"输入日期,即可查看该日期的遥控操作记录,如图 7-16 所示。

三、报警显示及解除方法

系统发生以下情况时将启动报警:

(1)越限告警:对需要报警的模拟量设定上下限值,当越限状态发生变化时,发生越限告警,通过窗口显示文字及相关的数据变色。

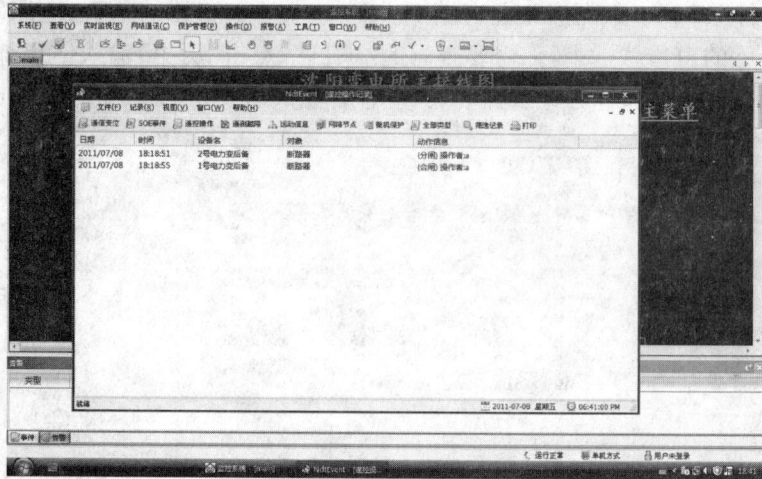

图 7-16　遥控操作表窗口

（2）变位报警：当系统发生正常变位时，变位点在窗口中发生数据变色，推出文字信息，同时根据需要发生音响告警。

（3）事故报警：事故处理是厂站发生事故跳闸信息，发生事故后，系统发生强烈告警。

（4）工况告警：当与接口设备通信中断时，系统发出明显的告警信息，以提示运行人员及进处理。

在各种告警信息发生后，各信息被数据库明确分类，归档，可按时间及类型分别检索及处理。监控计算机可在线选择各种告警类型是否需要登录、音响报警、可选择事故是否推画面。对于操作变位和事故变位，必须被调度员确认方被更新，否则永远保留事故状态和变位状态。

在接收到保护事件或者是保护故障等信息后，告警模块依据预先定义的信息来确定告警级别。告警级别一般分 0～5 级，报警级别文字颜色不同，分别为暗灰色、红色、橙色、黄色、蓝色、棕色，且颜色可自定义。

当有预告信号及事故信号时，系统将自动弹出报警窗口如图 7-17 所示，报警信息应该包括事故发生的时间、发生事故的设备、故障类型、故障相别、保护动作情况（保护装置动作报告），开关动作变位情况等。在这些信息登录入库的同时，也能把信息主动上送，同时驱动告警声响和推出事故画面。

当在系统范围内发生需要引起操作员注意的情况时，控制信号盘设置音响报警回路。

控制信号盘上设置音响设备，当发生事故（如开关变位、间隔层单元故障、通信通道故障）或预告信号（如保护预告）时自动启动不同的声音效果，并且音响在一定的时间内自动解除，事故音响的时间可以人工设置。设置事故音响、预告音响测试按钮和复归按钮。

在告警窗口点击鼠标右键，弹出报警属性设置菜单，如图 7-18 所示。

点击"停止音响"解除响铃，了解信号后点击"确认"，并输入相应密码后，被选中的一条信息被确认。

点击"确认全部"，并输入相应密码后，事件框中的所有信息被确认。

注：可选择确认后事件信息文字消失，或仅以黑色文字显示，不再闪烁。

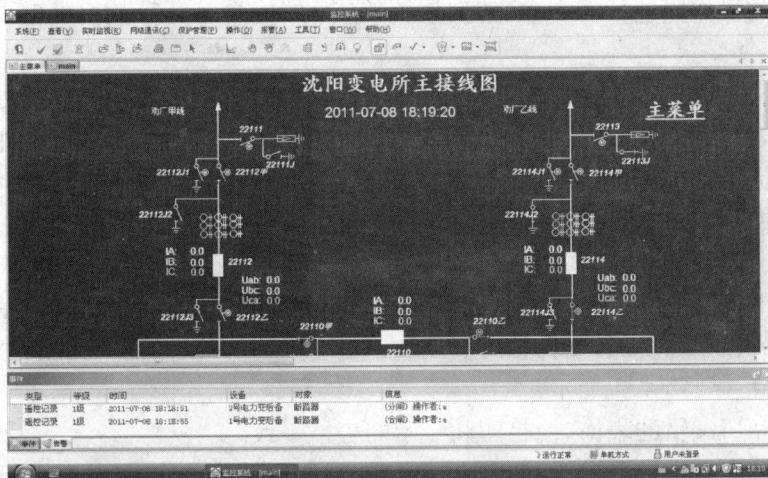

图 7-17　报警显示窗口

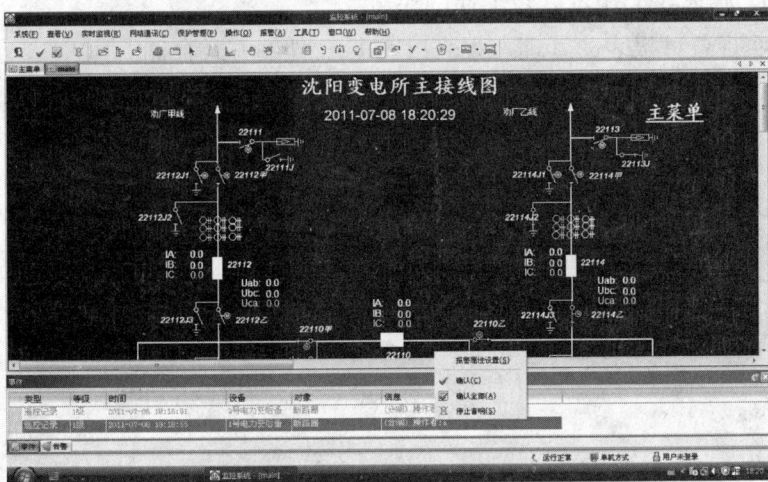

图 7-18　报警属性设置菜单

除此之外,图形也能报警,如断路器变位后对应的断路器会闪烁,将鼠标放到对应断路器上,点击右键,选择"变位确认",断路器则不再闪烁。

四、报表管理功能

报表管理功能通过后台报表软件和报表自动生成软件完成。主要包括以下几个方面:

1. 报表编辑

可以灵活地定义报表的形式和格式,支持静态和动态形式报表;支持定义各种时间段报表如班报、日报、周报、月报、旬报、年报等;支持各种事件查询报表和统计报表。报表的数据来源主要包括历史数据、用户自定义的数据、常数、各种数据计算的结果。

报表支持丰富的运算,支持多种运算符和各种运算函数,支持函数嵌套,用户可以自己定义各种计算,对表达式的合理性要进行检查,提供一些常用计算的公式函数调用;支持查询结果动态统计以及转义处理,支持 Excel 本身的功能和处理。

报表支持的操作数包括浮点数、整型数、字符串、时间量等几种数据类型,可实现报表参数化查询。

表格数据显示能显示多种形式的数据,显示字符串时对用户数据不进行处理,直接在最终表格上显示,实数和整数可规定显示的长度和小数点后的位置,可显示多种形式的时间,可选择对某数据进行隐藏,该数据在最终的表格中将不被显示。表格中可选择左对齐、中对齐、右对齐三种对齐方式,可选择多种显示字体,可以方便地调整行宽和列宽,支持表格的拆分与合并。

提供方便的表格删除、插入功能,可以定义不同类型的边框,支持剪贴板动能,用户可以方便的剪切、拷贝、粘贴功能,支持相对引用和绝对引用功能,以保证单元格在移动后保持其运算公式的正确。

可预览打印所编辑的表格,使打印和显示的表格一致。

提供常用的表格模板,用户可以根据自己的需要灵活定义各种报表模板,可多次重复使用。

报表与数据库之间采用 Ado 数据访问接口。

较方便地实现各种报表的管理。报表以 . xls 文件的方式存储。

操作方法:鼠标左键点击"工具",弹出如图 7-7 所示的对话框,点击"报表",弹出如图 7-19 所示对话框。

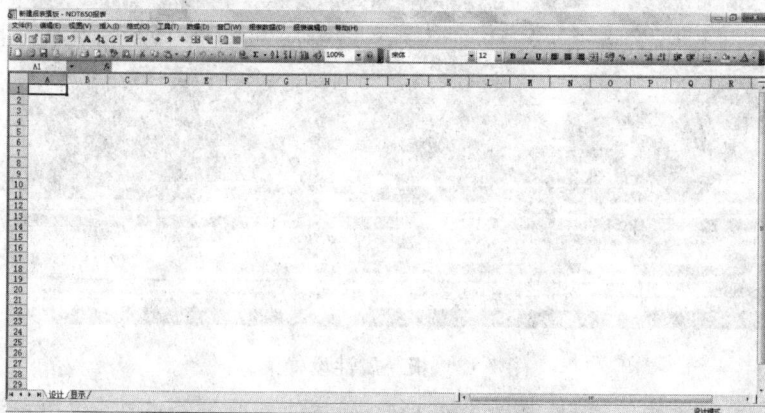

图 7-19　新建报表模板窗口

2. 报表显示

可方便地显示所需报表。采用 Excel 风格的电子表格方式组织、显示报表,支持运行日志、月、年统计及特殊统计等各种表格。如图 7-20 所示。报表以文本、棒图、饼图等图形直观显示;支持可任意时间段的数据查询和设定时间间隔的最值、求和、平均等统计查询,以及附加筛选条件查询,检索历史报表;支持各种公式计算。

报表类型主要有:

①各类保护动作次数统计;

②变电所设备操作次数统计;

③电流、电压越限次数统计,显示越限时间和越限值;

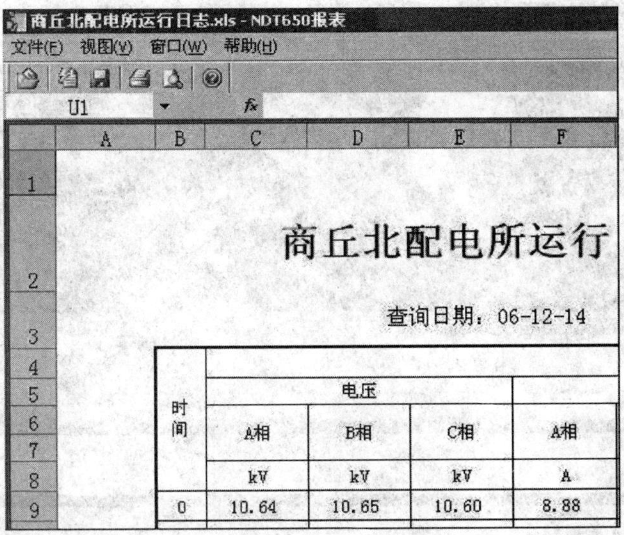

图 7-20　报表显示窗口

④变电设备故障次数统计；

⑤主要变电设备电流值统计；

⑥主要变电设备电压值统计；

⑦主要变电设备功率值统计；

⑧主要变电设备电度日、周、月、年统计。

3. 报表保存

将当前报表保存到本机上。弹出标准文件保存对话框，提示用户输入文件名，并选择保存路径。文件保存后，系统将自动生成以 . xls 为后缀的报表文件，便于用 Excel 等通用表格编辑软件编辑、修改报表。

4. 报表自动生成和打印

报表可支持按照小时、日、月、年时间间隔在指定时刻报表生成并保存文档和自动打印。

五、保护管理功能

1. 保护压板投退

鼠标左键点击"保护管理"，弹出对话框如图 7-21 所示对话框，本选项栏中有：保护定值、保护模拟量、保护压板、事故分析、保护复归、校对时钟、遥控授权释放等。

点击"保护压板"，弹出如图 7-22 所示窗口。

双击"全站保护信息"，选择你需要操作的线路，点击"召唤"如图 7-23 所示。召唤成功后，在新状态下选择"投入"或"退出"，然后点击"下装"，选择用户名，输入密码；下装并固化成功后再次召唤确认压板是否修改成功。

2. 定值的整定

定值整定的范围：①电压越限整定；②电流越限整定；③录波整定；④通过故障电流报警整定；⑤上传数据阀值整定。

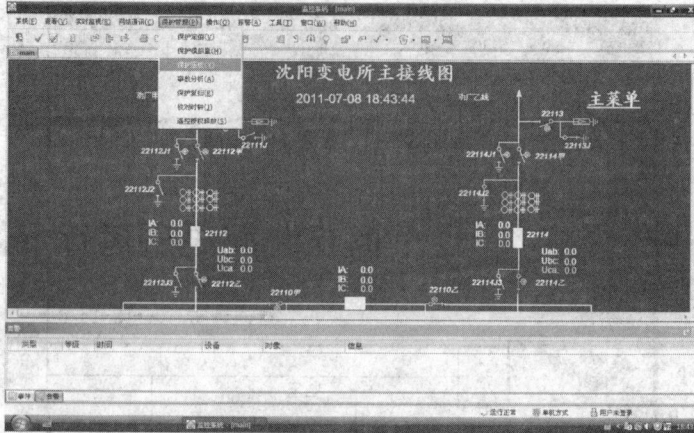

图 7-21　保护管理窗口

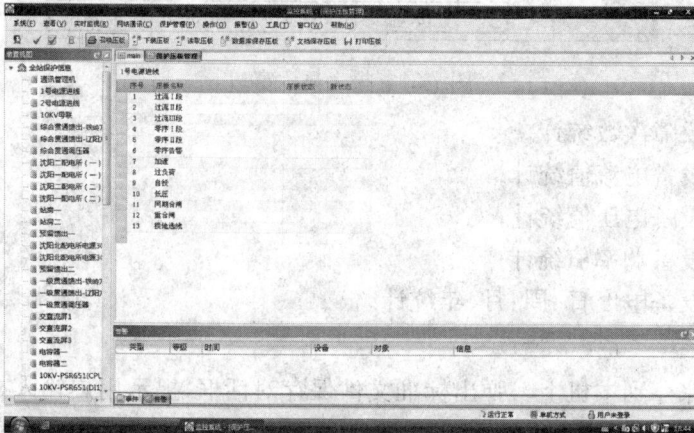

图 7-22　保护压板管理窗口

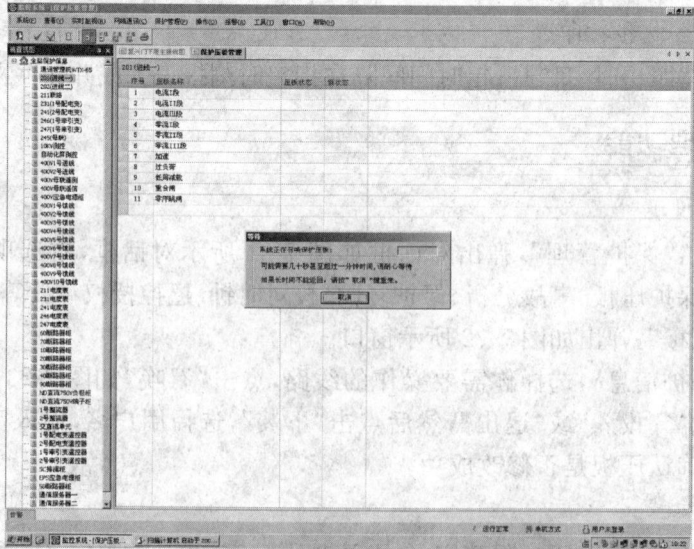

图 7-23　保护压板召唤窗口

鼠标左键点击"保护管理",弹出对话框如图 7-21 所示对话框,点击"保护定值",弹出如图 7-24 所示窗口。

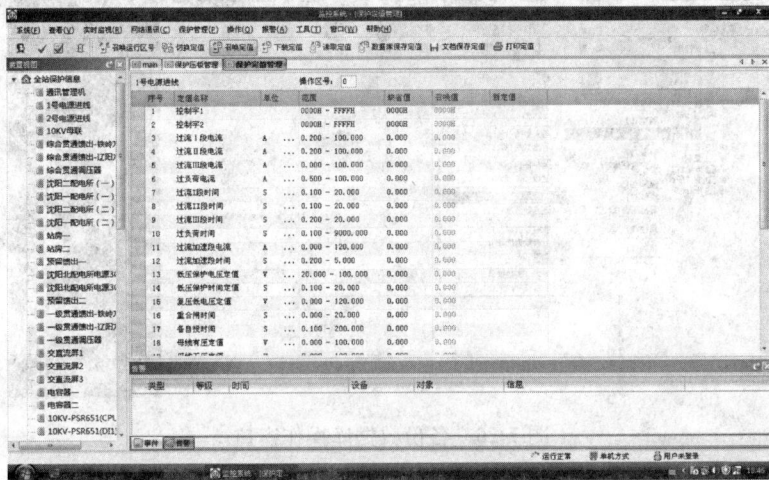

图 7-24　保护定值管理窗口

双击"全站保护信息",选择你需要操作的线路,点击"召唤定值"。召唤成功后,在新定值中填入新设定的保护整定值。然后点击"下装定值",选择用户名,输入密码;下装并固化成功后再次召唤确认保护定值是否修改成功。

六、数据库的备份与恢复

1. 备份

鼠标点击"企业管理"进入数据库界面,如图 7-25 所示。

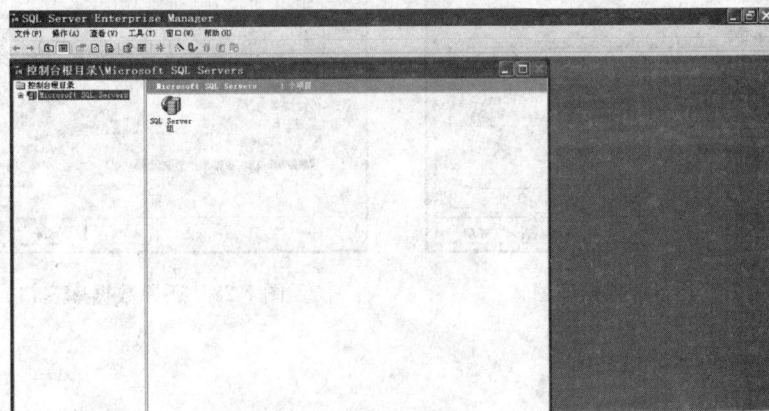

图 7-25　数据库界面窗口

右键点击后台监控系统 ndt6 的数据库,点击"所有任务",选择"备份数据库",屏幕显示如图 7-26 所示。

进入数据库备份界面,如图 7-27 所示。点击"添加"按钮选择数据库保存的目录。给备份的数据库定义名称,备份文件可拷贝至移动硬盘/U 盘等作为存档资料。

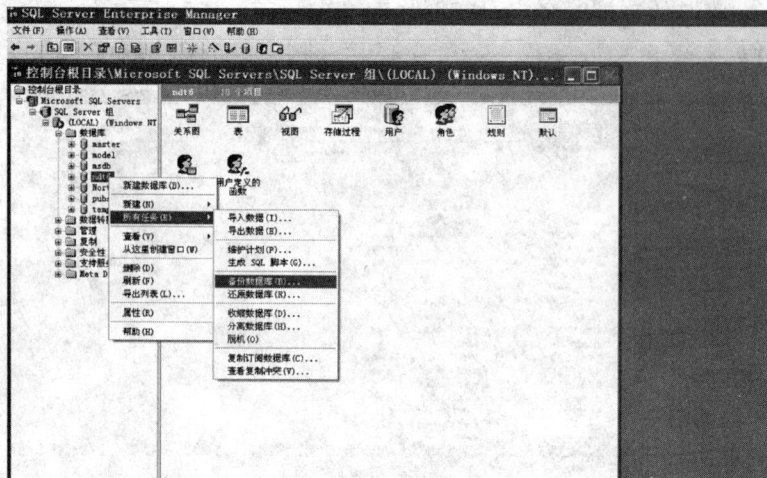

图 7-26　备份数据库操作窗口

2. 恢复

需要对某站的数据库进行恢复。同样在企业管理器图 7-26 所示窗口中选择"还原数据库",进入如图 7-28 所示的还原数据库界面。从设备—选择设备—添加选择还原数据库的位置,对现有数据库进行还原,然后打开后台监控系统就会还原到需要恢复的数据库。

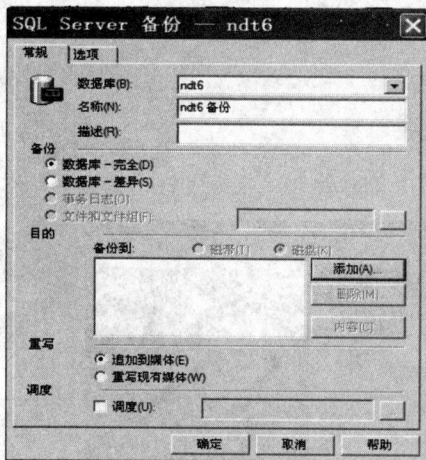

图 7-27　备份数据库窗口

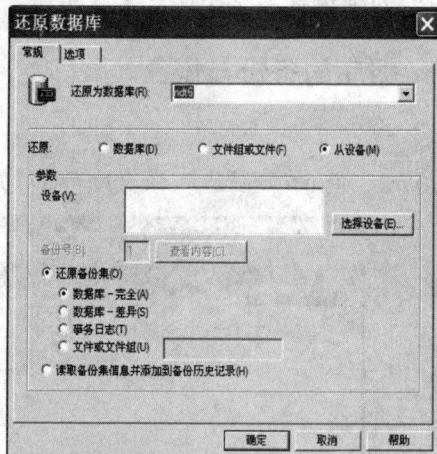

图 7-28　还原数据库窗口

任务小结

1. 掌握变电所综合自动化系统的监视与控制功能

熟悉系统的启动操作、监控画面的显示控制操作。

2. 掌握变电所综合自动化系统的数据显示与查询功能

包括实时数据的显示查询、历史数据查询、历史数据处理、历史事件查询。

3. 掌握变电所综合自动化系统的报警、报表功能系统报警有越限报警、变位报警、事故报警、工况报警,要求能查询报警信息并进行处理。

报表的功能有:报表编辑、报表显示、报表打印、报表自动生成。

4. 掌握变电所综合自动化系统的保护管理功能

能进行保护压板投退、保护定值的整定。

任务二　变电所综合自动化系统设备的维护

学习目标

1. 了解变电所综合自动化系统的巡视与维护。
2. 培养学生具备变电所综合自动化系统的维护能力。

一、运行方式

正常情况下,为了使调度主控站实时掌握设备运行工况,智能监控装置应处于运行状态。有人值班的变配电所监控开关的控制方式位置会因各单位的设备运行要求而有所不同,有的要求正常在远方位,有的要求正常在当地位。

无人值班变配电所,无论是电磁保护还是综合自动化系统,都要将开关的控制方式置远方位,并保证智能监控装置及所有保护模块运行正常,以保证调度主控站的远程操作和实时监视。

二、定值的整定

变配电所智能监控装置除越限报警定值、录波定值、上传数据阀值外,主要是保护定值的整定。

电磁保护变配电所保护功能是由二次回路的电压、电流、中间、时间等继电器通过逻辑组合实现的,对保护定值的整定是对电压、电流、时间继电器的启动元件进行整定,并经试验校准。一般不能进行远程整定。

综合自动化系统的变配电所保护功能的实现由微机保护模块完成,所有的电压、电流、时间定值存储于保护模块内,需要通过装置的人机界面,在一定的权限要求下,进行输入和修改,并经试验校准。

三、日常巡视

在交接班时和要求的巡视时间间隔对变配电所智能监控装置进行巡视。主要有以下内容:对智能监控装置进行外观巡视,检查各接线端子接续是否良好,有无发热、有无异味;检查二次回路元件及电压、电流互感器运行是否正常;检查监控设备的状态及电压、电流等显示是否正常;检查智能监装置各模块运行指示灯是否正常;检查监控装置各模块与主控模块的通信是否正常;检查通信管理机、调制解调器等通信设备的运行情况,随时监视变配电所智能监控装置与后台主机、远动主控站的通信是否正常；检查 GPS 运行是否正常，与系统通信是否正常；及时查看并确认各种报警信息、事件记录，分析产生原因并及时处理。

四、保养及维护

变配电所智能监控装置一般均属免维护产品。保养时只需清扫、紧固端子等。当装置发生故障须更换时，应关闭电源，用专用工具操作。更换端子板时应注意：交流采样输入端子板上电流不能开路，电压不能短路；机箱内的各个印制板上多是静电敏感器件，打开机箱时必须佩戴接地良好的防静电手环。

定期对保护模块的功能和定值的准确性进行检验，一般一年一次。

五、故障处理

1. RTU 故障处理

当远动智能监控装置与调度主控站通信失败时，在调度允许的情况下，音频通信模式可对通道做环路试验，以区分 RTU 故障与通道故障。网络数据平台业务的可通过调度主控站 Ping 网关和 IP 地址来初判故障范围。当判断可能为通道问题时，通知通信部门检查通道。

当智能监控装置需要复位时，可在当地对其复位。分别将交流电源各直流电源停掉，使装置彻底断电，几分钟后再依次反方向恢复送电，复位完成后与调度联系，查看通信状况。

2. 综合自动化系统故障处理

根据铁路供电系统运行的特殊要求，一旦自动化系统发生故障，必须及时迅速排除，使之尽快恢复正常运行。为此，要求维护检修人员应掌握一些基本的故障分析及检查的方法。故障处理的一般原则如下：

①因变配电所智能监控装置程序出错、死机及其他异常情况产生的软故障的一般处理方法是"重新启动"。若监控装置的单一应用功能出现软故障，可重新启动该应用程序；若某台计算机完全死机（操作系统软件故障等情况），必须重新启动该台计算机并重新执行监控应用程序；若监控网络在传输数据时由于数据阻塞造成通信死机，必须重新启动传输数据的集线器或交换机；任何情况下发现监控应用程序异常，都可在满足必需的监视、控制能力的前提下，重新启动异常计算机。

②两台监控后台正常运行时以主/备机方式互为热备用，当发生两台主机同时抢主机而无法运行时，应人为将备用机器退出运行，待主用机启动并运行为主机正常后，再启动备用机器。

③某测控单元通信网络发生故障时，监控后台不能对其进行操作，此时如有调度的操作命令，值班人员应到保护小间进行当地手动操作，同时立即汇报调度通知专业人员进行检查处理。

④微机监控系统中发生设备故障不能恢复时应将该设备从监控网络中退出，并汇报调度部门。

⑤当通信中断时，应判断通信中断是由保护装置异常引起的，还是由站内计算机网络异常引起的，若装置通信中断是由计算机网络异常引起的时，处理时不得对该保护装置进行断电复位。

六、变电值班人员操作变电所综合自动化设备注意事项

①禁止在当地计算机上装载游戏。

②禁止使用 USB 等外设设备及接口。

③不准更改计算机上任何数据，更不得删除。

④不得随意关闭计算机电源，也不准任意退出系统。

⑤知道如何运行系统，以及系统运行状态的简单判断。

⑥熟练操作一次图。值班人员很大的工作是在一次图上完成的。在一次图上可以遥控开关，观察电流，电压等数据，观察各开关刀闸状态是否在线信号。

⑦学会查阅历史采样。历史采样存放了变电站先前运行的数据，包括遥测和电度量。可以方便的查找你想要的数据。

⑧学会查阅历史事件，事件查阅器里存放了变电站先前运行的事件信息，可以方便的查找历史事件的发生情况。

⑨学会看实时数据图表。在实时数据图表中你可以看到各条线路，各个进线的遥测量（U、I、P、Q、$\cos\phi$……），也可以看到各个开关的状态及保护动作信号，还可以看到电度量，可以说只要是系统采集到的数据在这里都可以观察到。

⑩必须学会观察和处理异常数据报警和异常数据监视。如果有什么异常信号，你可以随时了解，并能向上级反应。能把异常数据报警中的内容清除。

任务小结

1. 了解变电所综合自动化系统的运行方式、定值的整定。
2. 掌握变电所综合自动化系统的运行巡视、保养与故障处理。
3. 掌握变电值班人员操作变电所综合自动化设备注意事项。

项目小结

变电所综合自动化系统是电力监控系统对设备监控的变电站层设备，运行维护与检修人员需要通过变电所综合自动化系统的软件完成相关的操作，学习铁路电力监控，需要熟悉变电所综合自动化系统运行软件的操作和硬件的运行维护。完成本项目的学习主要实现两个目标。

1. 变电所综合自动化系统功能界面与操作

掌握变电所综合自动化系统的监视与控制功能、数据显示与查询功能、报警、报表功能、保护管理功能。

2. 变电所综合自动化系统设备的维护

了解变电所综合自动化系统的运行方式、定值的整定。掌握变电所综合自动化系统的运行巡视、保养与故障处理，变电值班人员操作变电所综合自动化设备注意事项。

复习思考题

1. 如何进入 NDT650 界面？
2. 变电所综合自动化系统能监视哪些信息？
3. 如何进行开关的控制操作？
4. 如何进行实时数据的查询？
5. 如何进行历史数据的查询？
6. 变电所综合自动化系统报何时启动报警显示？
7. 报表管理功能主要包括哪些？
8. 如何进行保护压板管理？
9. 如何进行保护定值管理？
10. 变电所综合自动化系统的巡视的内容有哪些？
11. 综合自动化系统故障如何处理？
12. 变电值班人员操作变电所综合自动化设备注意事项有哪些？

电力监控的抗干扰措施及常见故障分析与处理

📝 项目描述

　　随着铁路电力监控系统越来越广泛的应用和技术的发展,设备越来越复杂,特别是电力监控系统内部各个子系统都为低电平的弱电系统,但它们的工作环境是电磁干扰极其严重的强电场所,模拟电路和数字电路混合的情况越来越多,因此对电力监控系统的可靠性要求更高。如果不充分考虑可靠性问题,在强电场干扰下,很容易出现差错,使整个电力监控系统无法正常运行或出错误(误跳闸事故等),甚至损坏元器件,无法向站场和区间供电,影响铁路行车安全。因此必须采取必要的抗干扰措施,保证系统正常工作。本项目主要介绍了电力监控系统的干扰源和抗干扰措施,以及在运行中的常见故障的处理方法。

任务一　电力监控系统的抗干扰

📖 学习目标

1. 了解电力监控系统中电磁干扰产生的原因及特点。
2. 掌握电力监控系统抗干扰的措施。

　　电力监控系统的可靠性是指电力监控系统内部各单元的部件、元器件在规定的条件下、规定的时间内完成规定功能的能力。通常以平均无故障间隔时间 MTBF 来表示。

　　电磁干扰的三要素是干扰源、传播途径和电磁敏感设备。针对电磁干扰的三要素,提出三种解决电磁干扰问题的方法是:

①抑制干扰源产生的电磁干扰(滤波、屏蔽和接地);

②切断干扰的传播途径;

③提高敏感设备抗电磁干扰的能力(降低对干扰的敏感度)。

一、电磁干扰产生的原因及特点

仔细分析电磁干扰产生的原因是采取正确的抗干扰措施的先决条件。根据干扰的三要素,干扰形成的途径为干扰源—耦合通道—电磁敏感设备。

(一)电磁干扰源分析

目前与铁路供电系统有关的电磁干扰源有外部干扰和内部干扰两方面。

1. 外部干扰

外部干扰源指的是与电力监控系统的结构无关,而是由使用条件和外部环境因素决定的干扰源。对电力监控系统来说,外部干扰源主要有交、直流回路开关操作、扰动性负荷(非线性负荷、波动性负荷)短路故障、大气过电压(雷电)、静电、无线电干扰和核电磁脉冲等。概括为如下三类:

①交、直流电源受低频扰动现象;

②传导瞬变和高频干扰;

③场的干扰。

(1)交、直流电源受低频扰动现象

①电压波动。由大负荷变化引起的周期性或非周期的电压波动,幅值一般不超过额定电压值的 ±10%。

②电压突降和中断。电压突降指电压突然降低,并低于额定值的 90%;电压中断指电压消失,主要由大负荷突变、短路、故障切除及重合闸等引起。

③谐波污染。由电气设备的非线性电压、电流特性所产生,如大功率整流器、换流器、感应炉、电弧炉或某些家用电器等。

④非工频频率整数倍的间谐波。主要来源是电焊机、电弧炉、静态变频器、换流器等。

⑤电力线附加信号扰动。电力部门利用供电网络,在工频电压上叠加信号电压以传送某种信号时(如负荷控制、远方读表、分时计费、电力线载波、通信等)信号电压对交流电源产生干扰。这些低频扰动对电力监控系统都会产生干扰。

(2)传导瞬变和高频干扰

传导瞬变和高频干扰是指通过传导进入电力监控系统设备的各种浪涌和高频瞬变电压或电流。其特征为:

①$1.2/50\ \mu s$(电压)和 $8/20\ \mu s$(电流)单向浪涌。产生这类单向浪涌的原因有雷击、操作和短路故障等。除变配电所遭受雷击外,还可能有沿送电线路进入的雷电浪涌。如果接收设备阻抗很高,则浪涌对设备形成电压脉冲;如果设备阻抗低,则形成电流脉冲。

②$10/700\ \mu s$浪涌。这是雷击通信线路的典型瞬变过电压波形,这类浪涌有较长的持续时间和较大的能量。

③$100/1\ 300\ \mu s$浪涌。当大容量熔断器断开低压馈电线路时,由于电路内蓄存能量的释放,可能引起这类瞬变过电压,其特点是持续时间长、脉冲上升时间慢、能量大,但幅度低。

④快速瞬变干扰。快速瞬变干扰多产生于断开小电感负载时,如断开电磁式继电器、接触器等。它的特点是电压上升时间快、持续时间短、重复率高,相当于一连串脉冲群,脉冲电

压幅值一般为 2~7 kV,频率可达数兆赫兹,脉冲群的持续时间为数十毫秒。

⑤阻尼振荡波。在高、中压变电所,断器器和隔离开关操作或短路故障时会产生阻尼振荡波。特别是投切高压母线时,这种干扰最显著,这是由于断路器断口的电弧重燃所引起的。干扰波的特性是一连串断续出现的阻尼振荡波,上升时间快、重复率高、持续时间长,振荡频率从 100 kHz 至数兆赫兹。

⑥衰减振荡波。这是由于雷电、操作等波前陡峭的浪涌在低压网络内传播时,因电路中阻抗不匹配而引起反射现象形成的振荡波。典型特性是上升时间为 0.5 μs、频率为 100 kHz 的衰减振荡波,常出现于低压供电网及控制信号回路中。

(3)场的干扰现象

①工频磁场。可分为正常运行情况下的稳态磁场和短路事故时的暂态磁场两种。前者数值较小,后者数值较大,但持续时间短。工频磁场的产生是导体中电流或带电设备的漏磁引起的。当外界工频磁场强度超过 3.2~7.2 A/m 时,对 CRT 显示器的工作情况有影响,可能使画面变形扭曲、抖动和变颜色。

②脉冲磁场。脉冲磁场由雷击、短路事故和断路器操作产生,磁场强度为数百安/米至千安/米。磁场脉冲波的典型特征是,上升时间为 6.4×(1±30)% μs,持续时间为 16×(1±30)% μs。

③阻尼振荡磁场。在高、中压变电所中,操作隔离开关时,将产生阻尼振荡瞬变过程,也将产生相应的磁场,磁场强度为 10~100 A/m,振荡频率从 100 kHz 到数 MHz。

④辐射电磁场。电磁辐射源有多种,如无线电台、电视台、移动式无线电发信机及各种工业电磁辐射源。

2. 内部干扰

内部干扰是由电力监控系统结构、元件布置和生产工艺等决定,主要有杂散电感、电容引起的不同信号感应;交流声、多点接地造成的电位差干扰;长线传输造成的波的反射;寄生振荡和尖峰信号引起的干扰等。

从物理分析来看,外部干扰和内部干扰具有同一物理性质,因而消除和抑制的方法没有质的区别。

按干扰对电路的作用,干扰分为差模干扰和共模干扰。

①差模干扰是串联于信号源回路中的干扰,主要由长线路传输的互感耦合所致,如图 8-1(a)所示。

②共模干扰是由网络对地电位变化所引起的干扰,即对地干扰,如图 8-1(b)所示。共模干扰信号可为直流,也可为交流,是造成自动化装置不正常工作的主要原因。图 8-1 中,U_s 为信号,U_{nm} 和 U_{cm} 为干扰信号。

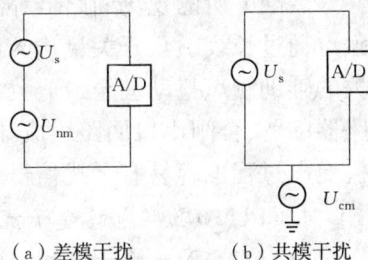

(a) 差模干扰　　(b) 共模干扰

图 8-1　差模共模干扰示意图

(二)电磁干扰的耦合途径

电磁干扰侵入电子设备的途径可分为辐射和传导两大类:

第一类为辐射干扰,干扰信号通过电磁波辐射传播。

第二类为传导干扰,干扰信号通过干扰源与被干扰设备之间的阻抗进行传播。

两者会相互转换,辐射干扰经过导线可转换成传导干扰;传导干扰又可通过导线形成辐射干扰。

电磁干扰耦合的途径可归纳如下几种：

①电容性耦合。又称静电耦合或电场耦合，它是由于两个电路之间存在分布电容，使一个电路的电荷影响另一个电路。

②电感性耦合。又称电磁耦合或磁场耦合，它是由于两个电路之间存在电感，使一个电路的电流变化，通过磁交链影响到另一电路。

③共阻抗耦合。当干扰源和感受器共用一个主回路或共用一根接地电流返回路径时，由于干扰源和感受器的电流流经共同的路径则产生共阻抗耦合，这种路径可能是电阻、电容或电感组成，故称共阻抗。

④辐射耦合。当高频电流流过导体时会发射电磁波，此空间电磁波作用于其他导体，感应出电动势，形成电磁耦合干扰。变配电所综合自动化系统的输入信号线、外部电源线、机壳都相当于接受电磁波的天线。

(三)电磁干扰对电力监控系统的影响

电磁干扰的共同特点是频率高、幅度大、前沿陡，可以顺利通过各种分布电容或分布电感耦合到变配电所综合自动化系统中，一旦干扰侵入电力监控系统内，便将对系统的正常工作造成影响，其干扰的后果各式各样，归纳起来有以下几类。

1. 电源回路干扰

电力监控系统计算机的电源不论采用交流电源供电还是直流电源供电，电源与干扰源之间的直接耦合通道都相对较多，而且电源线直接连至各部分，包括最要害的 CPU 部分。

如果计算机电源受干扰，往往造成计算机工作不稳定，甚至死机。

2. 模拟量输入通道干扰

电磁干扰的可能后果是从 TA 或 TV 的二次引线引入浪涌电压，造成采样数据错误，轻则影响采样精度和计量的准确性，重则可能引起微机保护误动，甚至还可能损坏元器件。

3. 开关量输入、输出通道干扰

变配电所的现场断路器、隔离开关的辅助触点处于恶劣的强电磁干扰环境中，这些辅助触点通过长线引至开关量输入回路，必然带来干扰信息，干扰结果常见的有断路器或隔离开关的辅助触点抖动甚至造成分、合位置判断错误。开关量的输出通道由计算机的输出至断路器的跳、合闸出口回路组成，除了易受外界引入的浪涌电压干扰外，自动装置内部、微计算机上电过程也容易有干扰信号，导致误动。

4. CPU 和数字电路受干扰

电磁干扰侵入电力监控系统中的数字电路后，影响 CPU 正常的工作，其干扰的后果有多种表现形式。首先，当 CPU 正通过地址线送出一个地址信号时，若地址线受干扰，使传送的地址出错，导致取错指令、操作码或取错数据，结果有可能误判断或误发命令，也可能取到一个 CPU 不认识的指令操作码而停止工作或进入死循环。如果 CPU 在传送数据过程中，数据线受干扰，则造成数据错误，逻辑紊乱，也可能引起装置误动或拒动，或引起死机。计算机的随机存储器 RAM 是存放中间计算结果、输入输出数据和重要标志的地方，在强电磁干扰下，可能引起 RAM 中部分区域的数据或标志出错。所引起的后果与数据线受干扰一样，也是严重的。大部分自控装置的程序和各种定值存放在 EPROM 或电子盘中,如果 EPROM 受干扰使程序或定值遭破坏,将导致相应的自动装置无法工作。

二、抗干扰的措施

消除或抑制干扰应针对电磁干扰的三要素进行,即消除或抑制干扰源;切断电磁耦合途径;降低装置本身对电磁干扰的敏感度。

(一)抑制干扰源的影响

外部干扰源是电力监控系统外部产生的,无法消除。但这些干扰往往是通过连接导线由端子串入电力监控系统的,因此可从两方面抑制干扰源的影响。

1. 屏蔽措施

①一次设备与电力监控系统输入、输出的连接采用带有金属外皮(屏蔽层)的控制电缆,电缆的屏蔽层两端接地,对电场耦合和磁耦合都有显著的削弱作用。

②二次设备内,远动装置所采用的各类中间互感器的一、二次绕组之间加设屏蔽层,这样可起电场屏蔽作用,防止高频干扰信号通过分布电容进入电力监控系统的相应部件。

③机箱或机柜的输入端子上对地接一耐高压的小电容,可抑制外部高频干扰。由于干扰都是通过端子串入的,当高频干扰到达端子时,通过电容对地短路,避免了高频干扰进入电力监控系统内部。

④电力监控系统的机柜和机箱采用铁质材料,本身也是一种屏蔽。

2. 减少强电回路的感应耦合

为了减少电力监控系统以外由一次设备带来的感应耦合,可采用以下办法。

①控制电缆尽可能离开高压母线和暂态电流的入地点,并尽可能减少平行长度。高压母线往往是强烈的干扰源,因此增加控制电缆和高压母线间的距离,是减少电磁耦合的有效措施。避雷器和避雷针的接地点,电容式电压互感器、耦合电容器等是高频暂态电流的入地点。控制电缆要尽可能离开它们,以便减少感应耦合。

②电流互感器回路的 A、B、C 相线和中性线应在同一根电缆内,避免出现环路。

③电流和电压互感器的二次交流回路电缆,从高压设备引出至监控和保护安装处时,应尽量靠近接地体,减少进入这些回路的高频瞬变漏磁通。

(二)接地和减少共阻抗耦合

接地是铁路供电系统一、二次设备电磁兼容的重要措施之一,也是电力监控系统抑制干扰的主要方法。把接地和屏蔽很好地结合起来,可以解决大部分干扰问题。

地球是导体而且体积非常大,因而其静电容量也很大,电位比较稳定,因此人们把它的电位作为基准电位,也即零电位。而当雷雨云集结,并靠近地面时,由于正、负电荷相吸,也会使地面上部分地区的电位产生变化;计算机及其他电子设备工作时,接地电位的变化,是产生干扰的最大原因之一。

1. 一次系统接地

一次系统接地是以防雷、保安(系统中性点接地)为目的,但它对二次回路的电磁兼容有重要的影响。如果接地合适,可以减少开关场内的高频瞬变电压幅值,特别是减少地网中各点的瞬变电位差,抑制地网中的瞬变电位升高,这对二次设备的电磁兼容很有好处。

处理一次系统接地时,应注意对于引入瞬变大电流的地方应设多根接地线并加密接地网,以降低瞬变电流引起的地电位升高和地网各点电位差。例如:

①设备接地线要接于地网导体交叉处。

②设备接地处要增加接地网络互连线。

③避雷针、避雷器接地点应采用两根以上的接地线和加密接地网络。

2. 二次系统接地

二次系统接地分安全接地(保护接地)和工作接地两大类。

①安全接地。

安全接地主要是为了避免工作人员因设备绝缘损坏或绝缘降低而遭受触电危险,同时保证设备的安全。安全接地是将电力监控系统的各机柜和机箱设备的外壳接地,以防电击或静电放电。安全接地的接地网通常就是一次设备的接地网。接地线要尽量短和可靠,以降低可能出现的瞬变过电压。

②工作接地。

工作接地是为了给电子设备或微机控制系统或保护装置一个电位基准,保证其可靠运行,防止地环流引起的干扰。接地线还可作为各级电路之间信号传输的返回通路。从电磁兼容的角度,对工作接地的要求是:

①工作接地网(总线)各点电位应一致。

②多个电路共用接地线时,其阻抗应尽量小。

③由多个电子器件组成的系统,各电子器件的工作接地应连在一起,通过一点与安全接地网相连。

采用以上措施的目的是为了降低多个电路共用地线阻抗所产生的噪声电压,避免产生不必要的地环路,或不同接地点之间电位差。

3. 电力监控系统的工作接地

正确的工作接地对电力监控系统安全可靠的工作来说关系重大,而且必须根据实际情况灵活处理。

(1)地线种类

①微机电源地和数字地(即逻辑地),这种地是微机直流电源和逻辑开关网络的零电位。

②模拟地,这是 A/D 转换器和前置放大器或比较器的零电位。

③信号地,这种地通常为传感器的地。

④噪声地,继电器、电动机等噪声地。

⑤屏蔽地,即机壳接地。

对这些不同的地线应如何处理? 是浮地还是共地? 是一点接地还是多点接地? 是分散接地还是集中接地等问题,都是电力监控系统设计、安装、调试过程中需认真考虑的问题。

(2)微机电源地(0 V)和数字地的处理

电磁干扰可能进入电力监控系统弱电部分的主要途径是通过微机电源。因为电源与干扰源的联系比较紧密,同时电源线直接连接至各部分,包括 CPU 部分,因此来自电源的干扰很容易引起死机。如何处理微机电源的地线问题,一直是人们关心的问题。下面对浮地和共地,一点共地和多点共地等几种接地方式进行分析。

①微机电源地采用浮地的方法

微机电源地和数字地采用浮地方法是指微机电源的零线不与机壳相连。由于干扰造成的流过电源的浪涌电流可大大减少,从而增加了抗共模干扰的能力,可明显地提高系统的安全性、可靠性。这种方法的关键是必须保证尽量减小微机电源地对机壳的耦合。可以采用的方法有:

a. 微机系统的印刷电路板周围都用电源线封闭起来,这样可以隔离印刷板上的电路与机壳的耦合。

b. 印刷电路板上电路的要害部分不要走长线,特别不要引至面板。

c. 尽量减少地线长度,在允许的情况下尽量加粗线径,同时,印刷电路板上的支线、干线和总线应根据电流大小按比例加粗。

d. 印刷板中的地线应成网状,并且电源地与机壳的绝缘电阻应大于 50 MΩ。

②微机电源地与机壳共地

针对微机电源地采用浮地方式存在的缺点,有另一种观点认为,"浮地"或不良接地不仅破坏了接地系统的完整性,而且可能成为一个干扰分配系统。因此,对含有模/数转换和高增益放大器的微机装置,宜采用微机电源地与机壳和大地共地的接地方式。这种共地方式可切除放大器正反馈通道,并可消除通过分布电容间导线耦合的低频干扰的影响。

电源地与机壳共地存在的主要问题是,电源零线与机壳接地线间总有一定的阻抗,很难避免浪涌电流流过电源线对微机系统造成干扰的情况,而且这种干扰容易造成微机系统工作紊乱,甚至死机。

③一点接地和多点接地问题

对微机电源地或数字地的接地方式,一般认为:高频电路(10 MHz 以上)宜采用多点接地;而低频电路(1 MHz 以下)常采用一点接地。对于 1~10 MHz 的系统,接地导体的长度小于干扰波长 1/20 的,则采用一点接地为好;接地导体的长度大于干扰波长 1/20 的,则采用多点接地。电力监控系统属低频系统,应尽量采用一点接地。因为在低频电路中,布线和元件间的电感并不是什么大的问题,但是接地电路若形成环路,则对干扰影响大。采用一点接地,对避免地线形成环流有利。

电力监控系统中的各单元都由多块插件组成,各插件板之间应遵循一点接地的原则。

(3)数字地和模拟地的处理

由于 A/D 转换器的数字地通常和电源地是共地连接,实践证明,数字地上电平的跳跃会造成很大的尖峰干扰,会影响 A/D 转换器的模拟地电平的波动,影响转换结果的精度。为了解决此问题,对数字地和模拟地间的关系有如下两种处理方式。

①数字地和模拟地共地

模拟地的电平随数字地电平同时波动,有利于保证 A/D 转换的精度;另外,有些 A/D 转换器芯片内部的数字地和模拟地就没有分开,其引脚上只出现一个公共的地,因此其连接方式显然只有上述这种共地方式。

对于一些精度比较高的 A/D 转换器芯片,厂家在出厂时,提供了分开的数字量(电源地)和模拟地两个引脚,这就使得有可能用多种方法处理两种地的关系。一种是上述数字地和模拟地共地的连接方法,另两种方法将在下面介绍。

②模拟地浮空的接线方式

这种连接方式的特点是将模拟地和信号地连在一起,然后浮空,不与数字地连在一起。

③模拟地和数字地通过一对反相二极管相连接

这种接线方式使模拟地和数字地有所隔离,而又使模拟地对数字地的电位漂移被二极管所钳制,其连接方法如图 8-2 所示。实践证明,这种连接方式对保证 A/D 转换精度也较为有利。

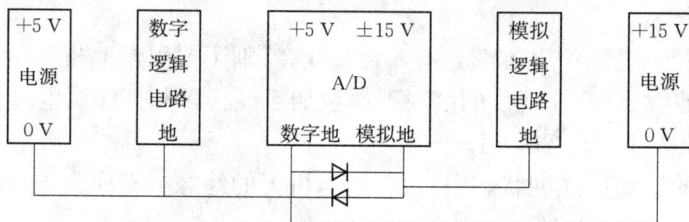

图 8-2　模拟地与数字地通过二极管连接

(4)噪声地的处理

对于继电器或电动机等回路的噪声地,采用独立地的方式,不要与模拟地和数字地合在一起。

以上几种接地方式,在实际应用中,并不是简单地采用某一种接地方式,而往往是根据地线分流的原则,综合运用上述几种接地方式。地线分流的原则是:强、弱信号分开,信号、噪声分开,走线时,模、数分开。

(三)隔离措施

采取良好的隔离和接地措施,可以减小干扰传导侵入。在电力监控系统中,行之有效的隔离措施有以下几种。

1. 模拟量的隔离

电力监控系统、微机保护装置以及其他自动装置所采集的模拟量,大多数都来自一次系统的电压互感器和电流互感器,它们均处于强电回路中,不能直接输入至自动化系统,必须经过设置在自动化系统各种交流输入回路中的隔离变压器(常称小电压互感器 TV 和小电流互感器 TA)隔离,这些隔离变压器一、二次之间必须有屏蔽层,而且屏蔽层必须接安全地,才能起到比较好的屏蔽效果。

2. 开关量输入、输出的隔离

电力监控系统开关量的输入主要是断路器、隔离开关的辅助触点和主变压器分接头位置等。开关量的输出,大多数也是对断路器、隔离开关和主变压器分接开关的控制。这些断路器和隔离开关都处于强电回路中,如果与电力监控系统直接相连,必然会引入强的电磁干扰。因此,要通过光电耦合器隔离或继电器触点隔离,这样会取得比较好的效果。光电隔离或继电器隔离的原理已在项目四说明,这里不再赘述。

3. 其他隔离措施

二次回路布线时,应考虑隔离,减少互感耦合,避免干扰由互感耦合侵入。

①强、弱信号电缆的隔离。强、弱信号不应使用同一根电缆;信号电缆应尽可能避开电力电缆;尽量增大与电力电缆的距离,并尽量减少其平行长度。

②二次设备配线时,应注意避免各回路的相互感应。

③印刷电路板上的布线要注意避免互感。

(四)滤波

滤波是抑制电力监控系统模拟量输入通道传导干扰的主要手段之一。模拟量输入通道受到的干扰有差模干扰(也称常态干扰)和共模干扰(也称共态干扰)两种。对于串入信号回路的差模干扰,采用滤波的方法可以有效地滤除。因此,各模拟量输入回路都需要先经过一个滤波器,以防止频率混迭。滤波器能很好地吸收差模浪涌。

如果差模干扰信号 U_{nm} 的频率比被测信号 U_s 的频率高,则采用低通滤波器来抑制高频差模干扰;若 U_{nm} 的频率比 U_s 的频率低,则采用高通滤波器;若干扰信号 U_{nm} 的频率落在 U_s 频率的两侧,则采用带通滤波器。

1. 对抗电磁干扰滤波器的要求

①在阻带范围内,要具有足够高的衰减量,将传导干扰电平降低到规定的范围内。

②对传输的有用信号的损耗,应降低到最低程度。

③电源滤波器对电源工作电流的损耗应降到最低程度。

2. 滤波器的种类及作用

常用的滤波器有以下几种:

①电容滤波器

最简单的低通滤波器有旁路电容器,利用电容器的频率特性,使高频干扰旁路掉。在电力监控系统的交流输入回路中,小电压互感器和小电流互感器的输入端子上和印刷电路板上常采用这种电容滤波器。电容式滤波器接在线间,对抑制差模干扰有效;接在线—地之间,对消除共模干扰有效。

②电感滤波器

电感滤波器常称扼流圈,按其作用分差模扼流圈和共模扼流圈两种。差模扼流圈串接在电路中,用于扼制高频噪声;共模扼流圈有两个线圈,当出现共模噪声时,两线圈产生的磁通方向相同,通过耦合使电感加倍,起到很强的抑制作用。但是,共模扼流圈对差模噪声基本上不起抑制作用。

③R—C 滤波器

R—C 滤波器是最常采用的滤波器。在交流采样的小电压互感器和小电流互感器的二次侧采用 R—C 滤波,如图 8-3 所示,可以滤去高频干扰信号。

对于电磁干扰严重的环境,可采用电容和非线性电阻组成的并联浪涌吸收器,以抑制暂态干扰。这种浪涌吸收器能有效地抑制共模和差模暂态干扰。因此,常用在电力监控系统的交流输入回路的小电压互感器和小电流互感器的二次侧,以及直流电源的入口处。

电容器的电容量一般可取 0.5 μF 以下;非线性元件一般可用碳化硅 SiC 或氧化锌 ZnO、放电管等;理想的非线性电阻应具有热容量大、响应快、电容电流及泄漏电流小、启动电压低和非线性特性好等特点。

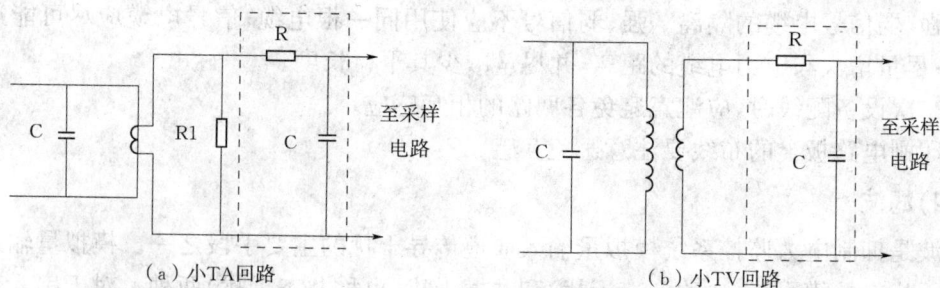

（a）小TA回路 （b）小TV回路

图 8-3　交流输入回路的 R—C 滤波电路

3. 抑制共模干扰的方法

上述在模拟量信号回路加滤波器的措施，多数对抑制差模干扰比较有效。对于共模干扰可采用双端对称输入，抑制共模干扰。图 8-4 是一个双端输入的采样回路。

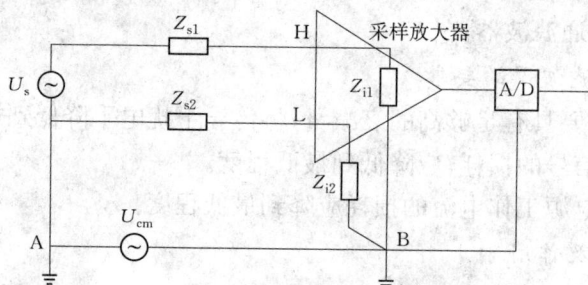

图 8-4　双端输入采样回路示意图

U_{cm} 通过传输线等阻抗形成回路电压：

高端：
$$U_{cmH}=\frac{Z_{i1}U_{cm}}{Z_{s1}+Z_{i1}}$$

低端：
$$U_{cmL}=\frac{Z_{i2}U_{cm}}{Z_{s2}+Z_{i2}}$$

采样开关和放大器输入端的干扰电压：
$$U'_{cm}=U_{cmH}-U_{cmL}=\left(\frac{Z_{i1}}{Z_{s1}+Z_{i1}}-\frac{Z_{i2}}{Z_{s2}+Z_{i2}}\right)U_{cm}$$

式中　U_s——被采样信号。

Z_{s1}、Z_{s2}——信号源输入线共阻抗。

Z_{i1}、Z_{i2}——分别为输入高端 H 和输入低端 L 对 B 的阻抗。

U_{cm}——共模干扰信号。

如果传输线的 $Z_{s1}=Z_{s2}$，而且 $Z_{i1}=Z_{i2}$，则 $U'_{cm}=0$，即干扰被抑制。但实际很难实现 Z_{s1} 和 Z_{s2}、Z_{i1} 和 Z_{i2} 分别完全相等，实际应用中应使它们尽量接近。

为了使 Z_{s1} 和 Z_{s2} 尽量接近，有效的办法是尽量缩短信号线长度，并采用双绞屏蔽线。双绞屏蔽线两线长度基本相同，对屏蔽层的分布电容也基本相同，不仅可使 Z_{s1} 和 Z_{s2} 很接近，而且沿线上的干扰电流互相抵消，因此对抑制共模干扰和差模干扰都有效果。

如果输入信号为电流型信号（0～10 mA 或 4～20 mA），双绞线屏蔽层在接收端接保护地，则抑制干扰的效果更好。

任务小结

1. 了解电力监控系统的电磁干扰产生的原因及特点

目前与铁路供电系统有关的电磁干扰源有外部干扰和内部干扰两方面。

电磁干扰耦合的途径:电容性耦合、电感性耦合、共阻抗耦合、辐射耦合。

电磁干扰对远动系统的影响范围:电源回路、模拟量输入通道、开关量输入、输出通道、CPU和数字电路。

2. 掌握电力监控系统抗干扰的措施

(1)抑制干扰源:屏蔽措施、减少强电回路的感应耦合。

(2)接地和减少共阻抗耦合:一次系统接地、二次系统接地、远动系统的工作接地。

(3)隔离措施:模拟量的隔离、开关量输入、输出的隔离、其他隔离措施。

(4)滤波:电容滤波器、电感滤波器、RC滤波器。

任务二 常见故障的分析与处理

学习目标

1. 掌握主控站常见故障的分析与处理。
2. 掌握被控站常见故障的分析与处理。

一、主控站

对于主控站设备,常见的故障主要有以下几种:

1. 主控站与被控站通信故障

对于Polling方式通信规约,主控站发送数次(一般为3次)报文,子站若没有应答或应答错误,即认为通信失败。此时应分段检查各部分设备是否正常,首先检查主控站报文发送是否正常,若没有报文发送,说明是主控站问题。若报文发送正常,而被控站没有回应,则说明主控站设备正常,故障可能在通道或被控站设备上。对于采用串口连接的通道,可将被控站设备甩掉,将通道直接做环路,判断主控站发送的报文是否可以返回主控站,从而判断通道是否正常,也可利用通信测试仪表来判断。当通道判断正常后,被控站智能监控装置就是通信故障的故障点。

2. 主控站遥控无法下达

此时首先判断通信和被控站智能监控装置是否正常,可先利用试验遥控进行判断,若试验遥控正常,则主控站设备、通信和被控站智能监控装置的遥控回路正常。再分段判断是开关的问题还是控制电缆的问题,可采用分段封接点的方法,将故障范围缩小。

3. 遥测没有或不准确

现场实际测量(使用标准表),确定实际值。检查主控站设定的变比是否正确,检查采样输出是否正确,检查压互、流互的精度是否满足要求等。

4. 遥信显示不正确

检查主控站的对象点表配置是否正确,检查主控站是否收到了遥信,检查开关的辅助接点是否到位。可采用分段封遥信的方法进行判断。对于综合自动化系统也可以用调度主站后台和当地后台信息核对的方法进行判断。

5. 主站服务器或工作站与系统不同步

先检查网线连接是否紧密,对不同步的机器进行重新启动,检查机器的通信程序是否运行等。

6. 系统时钟不正确

检查 GPS 运行是否正常,检查系统对时程序运行是否正常。

7. 打印机无法打印

检查打印机本身是否正常,检查网络连接是否正确,检查打印驱动安装是否正确。

8. 报警音响没有输出

检查音响是否良好,检查音响连接是否正确,检查机器中音响的配置情况。

二、被控站

1. 通信故障

当确认为是监控装置原因造成的通信故障时,可现场检查装置的通信设备(如调制解调器和通信转接口)的电源情况及工作情况。当通信设备正常时应检查装置本身,检查电源是否正常。装置无电源或电源异常时,可逐级检查电源,以确定故障点。装置电源正常的情况下,可通过测试口用便携式电脑的测试程序对装置进行通信检查和设备参数检查。对于新更换的主控板,一定要注意通信地址和通信速率的选择。

2. 遥信显示不正确

当现场测试程序监测到的遥信与显示不一致时(主要是现场为状态合,显示状态为分),首先通过在监控装置的遥信输入端对该遥信进行短封(常开引入)或断开(常闭引入)来判断是装置故障还是输入端子之前的设备问题。当确定为监控装置故障时,则应检查遥信的电源是否正常,不正常时要更换(一般为直流 110 V 或 48 V 或 24 V)。电源正常情况时,检查遥信采集板。当确定非监控装置故障时,可到该遥信采集的开关处的遥信输出端子排上对该遥信进行短封(常开引入)或断开(常闭引入)处理,若遥信有变化则可排除控制电缆故障,否则为控制电缆故障。当判断为开关处遥信输出端子至开关辅助接点故障时,再逐级排查,必要时对辅助接点进行更换。

对于综合自动化系统应首先检查遥信所在模块与当地的监控后台以及通信管理机的通信是否正常,并检查当地监控后台的显示情况。

3. 遥控无法控制开关故障

当确定为监控装置原因造成的遥控无法执行时,先检查遥控板的电源情况,电源正常可检查遥控板的工作情况,若没有一级遥控输出,应更换遥控板,确认遥控有输出后,再检查遥控的出口继电器是否损坏,若损坏则更换。当确认非监控装置原因时,对被控开关进行当地控制,若当地能控制则检查控制电缆,若当地无法控制,则检查控制回路相应元器件,必要时进行更换处理。

对于综合自动化系统应首先检查遥控对象所在模块与当地的监控后台以及通信管理机通信是否正常,并检查当地监控后台的遥控的执行情况。

4. 遥测显示不准确

在确认主控站设置变比正确后,现场检查流互、压互是否损坏,必要时更换流互和压互,对精度进行校准。检查电流采样回路是否连接正确、接续紧密,检查电压采样回路保险及接续。当有功功率为负值或者有功功率为 0 时,应检查电压、电流线的方向是否接反。

对于综合自动化系统应首先检查遥测所在模块与当地的监控后台以及通信管理机的通信是否正常,并检查当地监控后台的显示情况。

5. 监控装置与主控站的对时问题

当监控装置的时钟与主控站的时钟不同时,根据对时方式的不同进行不同的处理。当采用当地 GPS 对时,应检查 GPS 设备运行情况,分别检查 GPS 装置与卫星的通信以及 GPS 装置与监控装置主 CPU 的通信是否正常。当采用主控站软件对时时,应检查主控站对时命令是否下发,子站是否接收到对时命令并修改了当地时钟。

6. 测控单元与通信机通信不通故障

当发现测控单元与通信机不通信时,应检查测控单元的地址是否正确(若为既有所,只有在更换测控单元时可能存在此问题),不正确时重新进行设置。检查通信连线接触是否良好,检查测控单元本身是否存在问题,若有问题,进行维修或更换。检查通信机通信口是否损坏,必要时更换。

任务小结

1. 掌握主控站常见故障的分析与处理

掌握主控站与被控站通信故障、主控站遥控无法下达、遥测没有或不准确、遥信显示不正确、主站服务器或工作站与系统不同步、系统时钟不正确、打印机无法打印、报警音响没有输出等故障的处理方法。

2. 掌握被控站常见故障的分析与处理

掌握通信故障、遥信显示不正确、遥控无法控制开关故障、遥测显示不准确、监控装置与主控站的对时问题、测控单元与通信机通信不通等故障的处理方法。

项目小结

电力监控系统的干扰主要来自于信息产生、传递、接收的过程中,电力监控系统的故障主要包括主控站故障和被控站故障。学习铁路电力监控,需要熟悉电力监控系统的抗干扰措施及常见故障的分析处理方法。完成本项目的学习主要实现两个目标。

1. 电力监控系统的抗干扰

了解电力监控系统的电磁干扰产生的原因及特点,掌握电力监控系统抗干扰的措施:屏蔽、隔离、接地、滤波。

2. 常见故障的分析与处理

掌握主控站常见故障的分析与处理、掌握被控站常见故障的分析与处理。

复习思考题

1. 解决电磁干扰问题的方法是什么？
2. 目前与铁路供电系统有关的电磁干扰源有哪些？
3. 电磁干扰耦合的途径有哪些？
4. 电力监控系统抗干扰的措施主要包括哪些？
5. 主控站常见的故障有哪些？如何处理？
6. 被控站常见的故障有哪些？如何处理？

参 考 文 献

[1]王亚妮.变电所综合自动化技术[M].北京:中国铁道出版社,2008.

[2]柳明宇.牵引供电综合自动化技术[M].成都:西安交通大学出版社,2007.

[3]许惠敏.铁路供电远动系统的运行与维护[M].北京:中国电力出版社,2010.

[4]王远璋.变电站综合自动化现场技术与运行维护[M].北京:中国电力出版社,2004.

[5]黄益庄.变电站综合自动化技术[M].北京:中国电力出版社,2000.

[6]阎晓霞,苏小林.变配电所二次系统[M].北京:中国电力出版社,2004.

[7]零距离电脑培训学校丛书编委会.局域网组建与管理培训教程[M].北京:机械工业出版社,2004.

[8]杨新民,杨隽琳.电力系统微机保护培训教材[M].北京:中国电力出版社,2000.

[9]刘家军.微机远动技术[M].北京:中国水利水电出版社,2005.

[10]王亚妮.变配电技术[M].北京:中国铁道出版社,2006.

[11]路文梅.变电站综合自动化技术[M].北京:中国电力出版社,2006.

[12]丁书文.变电站综合自动化原理及应用[M].北京:中国电力出版社,2002.

系统：通过执行规定功能来实现某一给定目标的一些相互关联单元的组合。

控制：在系统中，为某一特定目的而执行的操作。在变配电所中控制包括：断路器、隔离开关的操作，变压器分接头的调节、保护定值修改，特殊控制等。

监控：通过对系统或设备进行连续或定期的监测来核实功能是否被正确执行，并使它们的工作状况适应于变化的运行要求。

信息：人们根据表示数据所用的约定而赋予数据的意义。

信息容量：调度中心、主站或子站可处理的各种远动信息的总和。

状态信息：双态或多态运行设备所处状态的信息。

监视信息：传送到主站的子站设备的状态或状态变化的信息。

事件信息：有关运行设备状态变化的监视信息。

遥信：指对状态信息的远程监视。

遥信信息：指供电系统中主要的断路器和隔离开关的位置状态信号，重要继电保护与自动装置的动作信号，以及一些运行状态信号等。

遥控：指具有两个确定状态的运行设备进行的远程操作。

遥控信息：指通过远程指令遥控供电系统中的各级电压回路的断路器、投切补偿装置、调节主变压器分头、自动装置的投入和退出等。

通信：在信息源和受信者之间交换信息。

串行通信：两台设备之间（或称点对点之间）通过单一通道串行传输信息的一种方式。

并行通信：两台设备之间（或称点对点之间）通过多个通道并行传输信息的一种方式。

光纤通信：在光导纤维中传送信息的一种有线通信方式。

告警：当发生某些不正常状态，需提醒人们注意而使用的信息。

遥测：指运用通信技术传输所测变量之值。

遥调：指对具有不少于两个设定值的运行设备进行的远程操作。

遥视：指运用通信技术对远方的运行设备状态进行远程监视。

遥脉：指运用通信技术对远方的运行设备的脉冲量（如电能量）进行远程累计。

监视：用比较的方法对系统或其某一部分的运行进行观察。在综合自动化系统中指通过彩色显示器（大屏幕）上调看主接线图、系统图、表格等，查看变配电所运行实时数据、设备状态、事件记录等。

报文：以一帧或多帧组成的信息传输单元。

远动系统:对广阔地区的生产过程进行监视和控制的系统。

远程命令:应用通信技术,完成改变运行设备状态的命令。

通道:在数据传输中,传输信号的单一通路或其中一段频带。

远方控制端:指设置在与无人值班变配电所相关的调度机构或某中心变配电所或一个独立的集中控制中心的远方控制装置。

远方监控终端:指设置在被监控变配电所内的远方监控装置,包括信息采集、处理、发送,命令接收、输出和执行的设备。

主站,控制站:对子站实现远程监控的站。

子站,被控站:受主站监视和控制的站。

远方终端(RTU):指在微机远动装置构成的远动系统中,装在变配电所内的远方数据"终端"装置。在变配电所综合自动化系统中是指由主站监控的子站,按规约完成远动数据采集、处理、发送、接收以及输出执行等功能的设备。

馈线远方终端:安装在配电网馈线回路的柱上联和开关柜等处,并具有遥信、遥测、遥控和故障电流检测(或利用故障指示器检测故障)等功能的远方终端,称为馈线终端设备(FTU)。安装在配电网馈线回路的开闭所和配电所等处,具有遥信、遥测、遥控和故障电流检测(或利用故障指示器检测故障)等功能的远方终端,称为开闭所终端设备(DTU)。

配电变压器远方终端(TTU):用于配电变压器的各种运行参数的监视、测量的远方终端。

前置机:对进站或出站的数据,完成缓冲处理和通信控制功能的处理机。

后台机:对本站设备的数据进行采集及处理,完成监视、控制、操作、统计、报表、管理、打印、维护等功能的处理机。

调制解调器:对远动设备所传送的信号进行调制和解调的设备。

实时数据:指在线运行时实时记录和监视的物理量。

历史数据:指在线运行时按规定的间隔或时间点记录的物理量。在变配电所中历史数据是指按指定时间间隔或特殊要求保存下来的运行实时数据、各记录和报表、曲线等。

运行实时参数:指为监测和控制所内设备运行所需的各种实时数据。

设备运行状态:指各馈线断路器、隔离开关的实际运行状态(合闸、分闸)。主变压器分头实际位置、主变压器状态,压力、气体继电器是否报警。保护运行状态,被监控变配电所系统状态,监控系统运行状态等。

事件记录:指记录铁路供电系统运行过程中计算机监测的各种越限、异常、报警、断路器变位、设备状态变化以及通过计算机系统执行的各种控制操作事件。

事件顺序记录(SOE):特指在电网发生事故时,以比较高的时间精度记录的下列一些数据。发生位置变化的各断路器的编号(包括变配电所名)、变位时刻,动作保护名、故障参数、保护动作时刻等。

报警:铁路供电系统运行参数越限,断路器变位或保护动作时,计算机将弹出窗口(登录窗)显示事件内容并进行报警,报警类型分为不报警、普通报警、预告报警、事故报警等。

不报警:正常拉合闸或人工禁止报警,遥信画面闪烁,遥测数值变色。

普通报警、预告报警、事故报警:可根据用户要求进行不同声音区分。

双机切换：指在双机（主副机）配置的情况下，当主机（值班机）发生故障时，副机也可自动切换为主机，主机切换为副机。

通道监视及切换：指计算机系统通过通信控制器，统计与被控站测控装置、保护或其他变电站自动化系统、电网调度自动化系统通信过程中接收数据错误和长时间无应答的情况。根据通道监视情况，系统可以告警或采取相应控制措施。如果通道配置有冗余，即某子站有双通道的情况下，当一个通道故障时，系统可自动转到另一个通道上进行通信。

数值量：能反映数据断续变化的量，如断路器、隔离开关分/合，保护动作等。

模拟量：能反映数据连续变化的量，通常可以反映到的小数点后的变化。在线运行时可反映的物理量有电压、电流、温度、功率、频率等。

模拟信号：以连续变量形式出现的信号。

数字信号：在数字和时间上均是断续的信号。

脉冲量：反映累计变化的量，物理上对应的是有功功率、无功功率等。

配置文件：配置文件用来规定一些程序在启动时读入设定，给用户提供了一种修改程序设置的手段。

航海图：在线运行时，每一个图都有设置航海图的功能，若当前图太大，可以通过缩小了的航海图来寻找位置。

事故追忆：对事件发生前后的运行情况进行记录。

间隔层：由智能 I/O 单元、控制单元、控制网络和保护等构成，面向单元设备的就地控制层。

站控层：由主机和操作员站、工程师站、远动接口设备等构成，面向全变电站进行运行管理的中心控制层。

数据采集：将现场的各种电气量及状态信号转换成数字信号，并存入计算机系统。

数据采集与监控系统（SCADA）：对广域生产过程进行数据采集、监视和控制的系统。

数据处理：对相关设备的各种数据进行系统化操作，用于支持系统完成监测、保护、控制和记录等功能。

接口：指两个不同系统或实体间的界面或连接设备。由功能特征、通用的物理互连特征、信号特征和其他特征等定义。

规约：在通信网络中，为了保证通信双方能正确、有效、可靠地进行数据传输，在通信的发送和接收过程中有一系列的规定，以约束双方正确、协调地工作。

通信规约：启动和维持通信所必要的严格约定，即必须有一套信息传输顺序、信息格式和信息内容等约定。

远方通信接口：经远方通信网络链路与远方控制中心相连的接口。

以太网：IECTC57 推荐使用的变电站通信网络，局域网的一种。

同步传输：一种数据传输方式，代表每比特的信号出现时间与固定时间合拍。

异步传输：一种数据传输方式，每个字符或字符组可在任意时刻开始传输。

广播命令：向远动网络的部分或全部子站同时发出的命令。

地址：报文的部分，用以识别报文来源或报文目的地。

电磁骚扰：使器件、设备或系统性能降低的任何电磁现象。

电磁干扰（EMI）：由电磁骚扰所引起的设备、传输通道或系统性能的降低。

抗扰性：器件、设备或系统在电磁骚扰存在时，不降低性能运行的能力。

电磁兼容性（EMC）：设备或系统在其所处的电磁环境中正常工作，并要求不对该环境中其他设备造成不可承受的电磁骚扰的能力。

无人值班变配电所：所内不设置固定运行、维护值班人员，运行监测、主要控制操作由远方控制端进行，设备采取定期巡视维护的变配电所。

工厂验收测试：包括用户认可的、使用特定应用的参数，特别制造的远动系统或远动系统部件的功能测试。

现场验收测试：是对远动系统的每一个数据、每个控制点、功能的正确性进行验证。还包括对远动系统与其周围运行环境条件测试，使用最终参数对全部安装的设备的测试。现场验收测试为远动系统做运行准备。